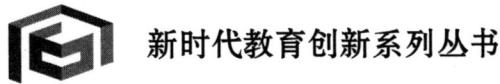

新时代教育创新系列丛书

大平台+
——走向产教融合2.0

刘志敏 ◆ 主编

中国财经出版传媒集团
中国财政经济出版社

图书在版编目（CIP）数据

大平台+：走向产教融合 2.0 / 刘志敏主编 . -- 北京：中国财政经济出版社，2019.5
（新时代教育创新系列丛书）
ISBN 978-7-5095-8974-8

Ⅰ. ①大… Ⅱ. ①刘… Ⅲ. ①高等学校－产学合作－研究－中国 Ⅳ. ①G640

中国版本图书馆 CIP 数据核字（2019）第 081220 号

责任编辑：马　真　　　　　　　责任校对：黄亚青
版式设计：南博文化　　　　　　责任印制：张　健

中国财政经济出版社 出版

URL：http：//www.cfeph.cn
E-mail：cfeph@cfemg.cn
（版权所有　翻印必究）

社址：北京市海淀区阜成路甲 28 号　邮政编码：100142
营销中心电话：010-88191537
北京中兴印刷有限公司印刷　各地新华书店经销
787×1092 毫米　16 开　21.25 印张　273 000 字
2019 年 11 月第 1 版　2019 年 11 月北京第 1 次印刷
定价：85.00 元
ISBN 978-7-5095-8974-8
（图书出现印装问题，本社负责调换）
本社质量投诉电话：010-88190744
打击盗版举报热线：010-88191661　QQ：2242791300

《新时代教育创新系列丛书》编委会

主　编：陈　锋

副主编：邬国强　陈建荣

编　委（按姓氏笔画排序）：

　　　　王　晴　王丽萍　王真龙　刘志敏

　　　　关　欣　张　智　张振笋　张海昕

　　　　郑德林　耿　育　郭　军　葛佑勇

《"大平台+"丛书》本书编委会

主　编：刘志敏

副主编：王丽萍

编　委（按姓氏笔画排序）：

　　　　于　竞　王　宇　王子行　王子铭

　　　　王友磊　王大鹏　王佳敏　左玉珍

　　　　史少杰　史玉丁　卢博超　兰天一

　　　　任　峰　李　鹏　李广平　张　伟

　　　　张　泳　张　煜　张阅肆　张维贤

　　　　张景胤　胡雪丹　徐梦阳　黄大伟

《新时代教育创新系列丛书》总序

党的十九大报告明确提出，到2035年基本实现社会主义现代化，到本世纪中叶把我国建成富强民主文明和谐美丽的社会主义现代化强国，建设教育强国是中华民族伟大复兴的基础工程，必须把教育事业放在优先位置，深化教育改革，加快教育现代化，办好人民满意的教育。这明确了新时代教育事业改革发展的总体方向，教育要承担起新的历史重任。

习近平总书记在全国教育大会上指出："新时代新形势，改革开放和社会主义现代化建设、促进人的全面发展和社会全面进步对教育和学习提出了新的更高的要求。"从现在开始到2050年的30多年时间里，将有6亿多学生进入国民教育体系，他们是到2035年和2050年实现国家现代化的生力军和主力军。教育工作者必须面向未来，思考未来。当前，随着中国特色社会主义进入新时代，我国经济由高速增长阶段转向高质量发展阶段，落实创新驱动发展战略，提高国家综合竞争力，需要加快培养创新人才；人民对美好生活的期盼要求教育不断提高质量、优化结构、促进公平，进行结构性改革；新兴产业的蓬勃发展与传统产业的深刻重塑对未来人才培养结构和人的知识技能结构也提出新的需求；科学技术革命，特别是人工智能、大数据、云计算、区块链等新技术正在不断改变人类社会生活，正在对学校形态和教学方式产生重大冲击；"一带一路"建设的全面推进和人类命运共同体获得更广泛的认可，全球化格局深刻变化，同样对教育提出了一系列新任务、新挑战。

创新是民族进步的灵魂，是国家兴旺发达的不竭动力，我们必须跟上国家战略的需求和时代发展的步伐，致力于以未来为导向，认真思考教育面临的重大问题，不断推动教育创新发展。教育部学校规划建设发展中心自成立之初，就同相关学校、地方政府、行业组织、科研院所、专业化服务机构、新闻媒体和国际组织等广泛合作，汇聚来自理论研究、行政管理、产业发展、一线工作的专家学者，聚焦教育改革创新发展和人的全面发展等重大教育问题，开展了多层次、多领域、多方面的理论研究和实践探索，推动实施"建设绿色、智慧和面向未来的新校园""智慧学习工场"和"未来学校研究与实验计划"，致力于将中心打造成为教育创新要素聚集的平台和全球教育变革影响力的中心，在这一过程中，我们形成了一些阶段性研究和实践的成果。现遴选其中部分内容形成了这套"新时代教育创新系列丛书"，供各级政府、教育战线的同志和研究人员参考。由于时间仓促、水平有限，本系列丛书难免存在不足之处，敬请各位读者批评指正。

陈锋

前　言

党的十九大明确提出了深化产教融合、校企合作的重要任务。习近平总书记在全国教育大会上指出，要提升教育服务经济社会发展能力，调整优化高校区域布局、学科结构、专业设置，建立健全学科专业动态调整机制，推进产学研协同创新，积极投身实施创新驱动发展战略，着重培养创新型、复合型、应用型人才。产教融合作为一项重大政策，相继写入"双一流"建设、地方本科高校转型发展、现代职业教育体系建设和产业、科技、人才等领域的重大文件中。

教育部学校规划建设发展中心（以下简称"中心"）以"汇聚创新要素，引领教育变革"为核心使命，以产教融合为核心机制，汇聚全球教育创新要素，坚持平台化、生态化的发展模式，通过平台化运行，促进产教融合向网络化、生态化演化，构筑创新生态，设计并推出一系列引领性的产教融合项目，形成产教深度融合的体系化运作机制，构建产教融合创新生态的自我演化系统，推动面向未来的学校新形态的探索实验。

中心积极服务国家创新驱动发展战略，先行先试，在持续的理论创新与落地实践中不断完善产教融合业务架构，做优做强产教融合业务集群，以深化产教融合、校企合作，提升教育服务经济社会发展能力为目标，积极参与实施国家"十三五"产教融合发展工程，深化实施产教融合系列工程项目，大力推进"智慧学习工场"创新实验，在实践中概括理论、集成经验，将全国教育大会精神升华到教育规律层面，转化为中心事业发展的强大动力。在现有基础上，推动产教融合深化发展和加速增长，朝着创建新型创新生态系统的既定目标前进，需要我们继续创新思路，推动"大平台+"战略向纵深发展。

高校是产教融合的核心主体之一，在中心全力推动产教融合平台化演进升级过程中，一批又一批高等院校参与其中，通过实验创新，不断开拓学校产教融合平台演化新局面，构建校企协同育人新模式，在应用型转型发展过程中，闯出了一条适合时代要求、产业需求、学生渴求的发展之路。2019年3月，国家发展和改革委员会、教育部联合印发了《建设产教融合型企业实施办法（试行）》，推动校企共同打造高质量"学习工场"。长期以来，在中心的平台演化过程中，相关项目企业、行业企业积极参与到产教融合深化改革过程中来，为应用型人才培养提供了广阔空间，为行业应用型人才的持续供应提供了渠道保障，为产教融合校企合作的平台化运作提供了可推广的机制支撑，为产教融合平台运作的生态化提升提供了可参考的模式借鉴。

中心围绕"大平台+"，广泛征集产教融合发展过程中来自高等学校、行业企业、社会组织、政府机构，具有代表性、可推广、可复制的实践经验与运作模式，形成产教融合"大平台+"案例数据库，编写系列丛书，不断推广产教融合平台演化经验，不断深化产教融合发展机制，不断满足国家深化产教融合，全面提升人力资源质量的时代要求。

本书通过案例和观点呈现的方式展现新时代产教融合发展态势。在内容上，上篇从"合作机制创新　激发要素活力""育人模式创新　提高培养质量""大舰平台演化　创新转型升级"三个维度征集入选了24个高等院校"深化产教融合——向平台+演化"案例，下篇从"大平台导航""项目平台化演进"两个维度选择了28个"产教融合2.0——向大平台+迈进"经验观点。在逻辑上，上篇按照合作机制、育人模式、平台演化层层递进，下篇按照思路导航、平台+演化逐渐细化。接下来，丛书将从产教融合项目案例、产教融合企业案例等方面，持续征集入选并推出有价值、可借鉴的经典案例。

本书编委会

2019年9月

上篇

深化产教融合——向"平台+"演化 / 1

◆ 主题一 合作机制创新 激发要素活力 / 3

名企+名校：成都工业学院打造校企合作新平台 / 3

专业工作室+企业项目体：商丘师范学院破解转型发展"四难题" / 11

教学生产融通：西安外事学院重构产教融合教学新体系 / 20

行业需求引领：沈阳工程学院深度校企合作新模式 / 28

厂校一体、工学结合：漳州理工职院探索合作办学新机制 / 39

校企共建师资：贺州学院"新工科"育人新实践 / 50

战略联盟+文艺品牌：湖南文理学院规划艺术专业建设新方案 / 57

◆ 主题二 育人模式创新 提高培养质量 / 65

校企协同育人：成都工业学院探索产教融合育人新路径 / 65

培养环节对接：长沙学院推进设计类专业育人模式转型发展 / 74

"四大观"相协同：徐州工程学院构建人才培养新格局 / 81

课程体系重构：常熟理工学院设计新工科课程新体系 / 90

课程体系重构：黔南民族师院设计社会工作专业课程新体系 / 101

能力模块化导向：沈阳工程学院构建物流管理育人新模式 / 110

真实项目引领：保定学院实用文体写作人才培养新路径 / 120

岗位模块式培养：西安外事学院构建美容专业人才培养新模式 / 127

校企分层培养：苏州工艺美院艺术专业"双创"新探索 / 135

◆ **主题三　大舰平台演化　创新转型升级** / 143

　　全过程多维度：常熟理工学院人才培养平台新布局 / 143

　　三连接三打通：衢州学院平台集成的新探索 / 156

　　开放·融合·创新：北华航天工业学院平台发展新特色 / 162

　　校地企＋产科教：湖北文理学院水产专业育人平台新模式 / 172

　　无边界课堂：淮海工学院涉海专业育人平台新试验 / 180

　　学校＋基地＋产业：昆明学院食药专业育人平台新框架 / 188

　　项目平台演化：贺州学院新道平台商科人才培养新改革 / 196

　　多途径全方位：温州大学开发机械工程专业建设新模式 / 205

下篇

产教融合2.0——向"大平台＋"迈进 / 217

◆ **主题一　大平台导航** / 219

　　陈锋：坚持以"大平台＋"战略推动产教融合指数级发展 / 219

　　声音！产教融合"大平台＋"怎么建 / 224

　　中心擘画"大平台＋"演化图 / 228

　　"大平台＋"精装施工图来了 / 233

　　《意见》一周年，产教融合从制度供给到集成突破 / 237

　　趋势：高校联盟的"朋友圈"在壮大 / 242

　　应用型高校联盟新年新起跑 / 246

　　推进"大平台＋"，高等学校产教融合创新实验再出发 / 250

　　枣庄学院：要开启产教融合2.0新航程 / 254

　　北部湾，将"立起"一个产教融合新标杆 / 258

　　新试验："大平台＋"赋能滇西大 / 261

　　平台导入滇西大，打造发展新引擎 / 264

◆ **主题二　项目平台化演进** / 267

"百校工程" 2.0：构建新型创新应用型人才培养路径 / 267

"大平台+" 赋能！应用型文科人才培养蓄力再出发 / 271

中美高校互通更便利！服务向平台，资源正汇聚 / 275

科学工作能力提升计划　培养更多新时代应用型文科人才 / 279

产教融合 "再上一城"，从欧洲走向了大洋洲 / 283

准备就绪！人工智能人才培养按下 "快进键" / 286

虚实双平台 "全线布局"　新金融人才培养 / 289

新一代信息技术 "智慧学习工场（2020）" 驱动教育教学模式深度变革 / 292

"互联网+中国制造 2025 产教融合促进计划" 平台演化 / 296

增材制造产业要加速崛起，要走这个发展路径！ / 299

构建教育创新实验大平台：智慧学习工场编码规则发布了 / 303

长三角合作计划启动，中英职业教育迎接 "黄金时代" / 307

机遇来了！这里将构建一个世界级 "数字湾区" / 312

数字新丝路！产教融合的国际教育共同体有了 / 316

互学互鉴，数字经济架起中美 "两湾" 人才培养合作之桥 / 319

产教深度融合的 "数字丝路" 路线图有了 / 324

上篇

深化产教融合
——向"平台+"演化

◆ **主题一　合作机制创新　激发要素活力**

名企+名校：成都工业学院打造校企合作新平台

成都工业学院　成和平　李可为　王　飞　周　咏

一、基本情况与背景

京东方科技集团股份有限公司（BOE）创立于1993年，是全球领先的半导体显示技术、产品与服务提供商。2007年京东方落户成都，投资34亿元人民币，成立成都京东方光电科技有限公司，主要从事4.5代TFT-LCD（中小尺寸液晶显示器件）显示器件、模块及显示光源产品的设计与制造。2016年新建第6代LTPS/AMOLED生产线项目，总投资465亿元，是集团单笔最大的投资项目，公司员工也从初期2000人达到6000人以上，人数还将持续增加。

成都工业学院是一所具有百年建校历史，以电子机械人才培养见长的地方名校。学校以"建设一所特色鲜明的地方高水平应用型高等学校"为发展目标，坚持"根植地方、魂在应用、产教融合、协同育人"的办学思路，始终服务行业发展。学校基于与英特尔产品（成都）有限公司长达十余年的校企合作，有着与世界500强企业进行产教深度融合、校企协同育人的基础（2008年四川省教学成果一等奖）。学校围绕四川省、成都市传统支柱产业转型升级和战略新兴产业发展需求，结合学校学科专业优势，逐渐形成了"智能制造""电子信息"和"现代服务业"三个紧密对接地方产业和行业需求的应用型学科专业发展重点面向领域，学校的学科专业体系与京东方公司的战略需求相契合。同时，京东方公司与学校毗邻而居,都处于成都市电子信息产业功能区内,相距仅5分钟车程,地理优势得天独厚,双方合作条件十分明显。

早在2008年10月,成都京东方人力资源部到学校就开展校企合作、共建专业、实现定制式人才培养等事宜进行合作洽谈。2009年,成都京东方在首批员工中招收34名成都工业学院学生。2010年,学校为公司特设的光电显示技术专业获批,招收首批学生40人。2015年公司进入第二次创业和建设时期,与成都工业学院的合作得到了进一步提升。2016年,成都工业学院获批全国100所"十三五"产教融合发展工程"应用型本科高校建设"项目。2018年,成都工业学院成为首个"厅委共建"本科院校。这些都成为催化双方不断探索合作方向、拓展合作深度、创新合作模式的契机。

学校以"厅委共建、产教融合"为抓手,探索以培养应用型工程人才为特色的新建本科转型发展路径,各学院积极构建产教"五融合"应用型工程人才培养模式,培养"明德广识、技精能强、融通善用"的应用型工程技术人才。

图1 政、行、企、校专家论证人才培养方案图

图2 校企专家审核人才培养方案

二、特色做法

学校抓住"厅委共建"及产教融合建设项目机遇,全面贯彻落实国务院办公厅《关于深化产教融合的若干意见》,紧紧围绕把学校建设成为四川省应用

型本科示范高校的阶段性目标要求，在本科教学中坚持工学结合，强化实践教学，在人才培养规格、课程建设、师资队伍建设、教学环境建设等方面进行改革，构建以"培养规格与行业标准相融合""教学内容与工程实际相融合""教学过程与工作过程相融合""教学场所与真实工厂相融合""教师队伍与工程师队伍相融合"为主要特征的产教"五融合"应用型工程人才培养模式。学校与成都京东方光电科技有限公司签署长期合作协议，建立战略合作关系，就人才培养、科技成果转化及产业化发展进行合作，共同推进产教深度融合。

1. 对接产业发展需求，共同确定人才培养规格

电子信息产业是四川省第一大支柱产业，是四川省确定的首先突破万亿元产值的重点发展产业。校企双方以服务四川省电子信息产业发展需求为导向，主动对接行业产业需求，明确培养规格，实现培养规格与行业标准的有效融合。学校成立由行业、企业专家和学校教师组成的专业建设委员会，深入开展人才需求分析，结合学校定位，在对标行业产业人才标准基础上制定应用型工程人才的培养规格，注重理论素养与工程实践能力并重，有效解决了人才培养规格与社会、行业需求脱节，与产业链、创新链匹配不够的问题。

2. 多维度引入工程实际，共同调整课程体系

以京东方公司真实工程项目为逻辑主线，协同行业、企业共同进行学科知识体系和技术逻辑体系的分析，通过"五增五减"方式，重构基于行业标准的课程体系。一是增加第二、三、四课堂，减少第一课堂的学分、学时；二是增加选修课减少必修课，选修课比例均达到总学分的15%以上；三是增加实践课，减少理论课，实现了实践教学环节学分比例工科专业稳定在35%左右；四是增加创新创业等柔性方式获取学分，减少传统考试等刚性方式；五是增加过程性评价，减少终结性评价的比重。优化了基础实践、专业实践、创新实践、社会实践等四个部分组成的实践教学体系。采用了"五嵌入"方式，将工程实际融入教学内容，即：教师科研成果嵌入教学案例、生产技术成果嵌入课程章节、合作研发课程嵌入课程模块、企业真实项目嵌入学生毕业设计（论文）、实际生产环节嵌入实践教学体系。

3. 服务产业科技需求，共同开展应用型科研

围绕西部电子信息产业发展方向共建实验室、技术研究院等，发挥企业在行业技术、对接产业、市场和资源整合等方面的优势，以及学校在科技人才储备方面的优势，共同开展应用型课题研究和科技成果转化，为行业企业和区域经济社会发展做贡献。学校还自主设立了科研项目的"企业专项"。"企业专项"采用"企业出题、学校资助、教师作答"的形式，由企业发布需求指南，学校科研基金提供资助，学校教师联合企业人员进行申报并开展项目研究，为企业解决实际问题。

4. 开展人才培养合作，共建制造工程师学院

校企在现有共同开设企业定向培养班、互派人员进行师资培训实习、开展企业职工在职培训、共同开展大学生电子信息创业大赛、开展高层次非学历继续教育等多种形式的协同育人的基础上，在成都工业学院校内共建制造工程师学院。学院建设目标为电子信息领域产教融合应用型本科教育。校企将依托制造工程师学院，围绕"环成都工业学院电子信息知识经济圈"建设在产业学院、工业文化基地、产业服务平台等方面开展广泛合作。

5. 提升人才培养能力，共建"双师双能"型师资队伍

培养应用型人才，"双师双能"型师资队伍是关键，校企双方合作建设"双师双能型"人才培养培训基地，定期开展教师、企业职工实践教学技能交流培训，共建师资队伍。一方面，学校聘用具有丰富工程实践经验的企业工程师做兼职教师或专业专家顾问，公司先后有30余名工程师担任了学校兼职教师，4人被学校聘为相关专业的专家顾问。另一方面，鼓励专业教师到企业工程实践，承担企业科研项目，提升教师的职业技能。学校现有具备专业（行业）职业资格和任职经历的"双师双能"教师197人，占比为30.2%，通过人员的校企双向流动，共建了一支"双师双能"型师资队伍，使教师队伍与工程师队伍相融合。

图3　校企合作座谈总结交流　　　　图4　学生到工厂实习

三、突出成效

1. 紧密对接产业链、创新链的学科专业群初步建立

学校围绕四川省"5+1"产业发展战略和电子信息产业发展要求，联合企业建立了对接产业链、创新链的学科专业群，专业和学科建设水平稳步提升。学校与公司保持长期稳定的合作，校企先后共建"光电显示技术"和"电子科学与技术（光电方向）"两个专业，并在此基础上形成了以两个专业为核心，包括微电子科学与工程、电子信息工程、机械电子工程、电气工程与自动化和物流管理等专业在内的专业群，逐渐形成了"智能制造""电子信息"和"现代服务业"三个紧密对接地方产业和行业需求的应用型学科专业发展重点面向领域。截至2018年6月，仅进入京东方公司的毕业生就达200余人，学校的人才培养有力地支撑了四川电子信息产业的发展和转型升级。

2. 共建校企融合实践教学基地，丰富实践教学资源

2016年，成都工业学院获批全国100所"十三五"产教融合发展工程"应用型本科高校建设"项目，随即着手与公司共建成都工业学院光电实验教学中心。在规划的7个实验室中，现已建成"光电实验室"和"光电检测技术实验室"两个校企联合实验室。为更好地利用企业资源和技术，计划将"光电生产设备实验室"和"新型显示技术实验室"设在公司内。学校依托上述实验室挂牌成立了"成都工业学院光电信息创新实践基地"。学校每年组织学生到公司专业认知实习、生产实习、毕业实习,累计达2000人次。在与京东方合作的基础上,学校广泛开展产学研合作教育融合对接,与企业共建教学资源,学校先后与长虹电子控股集团、九洲电器集团等知名企业共建105个稳定的校外实习实训基地,与富士康科技集团在校内共建智能制造实训基地。一批校内外实习实训基地的建立促进校企利益融合的同时有力支撑了学校应用型人才培养。

3. 校企合作渠道拓宽,融合机制初步形成

依托学校电子工程中心和成工富创公司举办了5届光电设备工程师培训,培训围绕区域企业员工技能提升现实需求,由校企双方人员共同构成讲师团队,有效地支持了区域企业产业升级和人才提升。

2016年首届成都京东方产业人养成特训营在学校成功举办,这是校企合作新模式的一次探索,通过本次特训营合作,有效促进了校企双方互相支持、互相渗透、优势互补、资源互用,进一步推进了产教融合深化纵向发展。

图5　企业员工培训　　　　　　　　图6　企业教师上课

学校与京东方在人才培养、员工培训、师资培养、科研服务、平台建设等方面开展了广泛合作,校企将进一步促进校企技术融合、人才融合、资源融合、利益融合和文化融合,探索产教深度融合的长效机制,开创校企深度融合的新局面。

4. 人才培养质量显著提高,服务行业企业能力增强

学校人才培养质量逐步提高,近三届本科毕业生初次就业率均超过95%,

毕业生在成都市就业的占比超过60%，在四川省就业的占比超过76%，超过80%的毕业生认为"就业岗位与专业对口率较高"，体现了学校立足成都、服务四川的地方性定位和服务行业的应用型定位。

依托学科专业平台，校企共同成立的以博士牵头的光电显示技术科研团队，近5年共发表SCI论文20篇，获得发明专利和实用新型专利11项。其中1项成果被美国化学文摘转载报道，有1人获得国家自然科学基金青年基金项目。近两年，学校已联合地方或企业设立专项指南49项，教师申报39项，直接指向地方、企业实际问题200余项。为更好地服务四川电子信息产业发展，学校与京东方拟和电子信息类行业、企业、高校、科研院所共同发起成立"四川省电子信息产教联盟"，联盟方案及章程已获共同发起单位认可，将于近期正式成立。

5. 主管部门充分认可，辐射效应显著增强

2018年4月，由国家发改委牵头组成的国家产教融合调研组来学校调研，充分肯定了学校在产教融合方面的深入探索与实践。6月，教育奋进之笔"1+1"采访团走进四川，选择四川大学和学校作为深度采访报道对象，人民日报、光明日报、中央电视台、中国教育报等20多家中央媒体，重点报道学校厅委共建、校企合作、产教融合、协同育人的新模式，产生了广泛的社会影响。11月，四川省应用型本科高校建设现场推进会在学校召开，与会领导和专家充分肯定学校强大的"应用型基因"，有坚守应用型人才培养的初心，有破解体制机制障碍的勇气，有改革创新的举措和实效。

四、总结与思考

成都工业学院以四川省纳入国家全面创新改革试验区以及成为首批四川省高校创新改革试点单位为契机，紧紧围绕"建设一所特色鲜明的地方高水平应用型高等学校"的发展目标，大胆尝试，与成都京东方的合作初见成效，初步建立起校企合作长效机制。"名企+名校"的合作模式受到政府、行业、企业、高校及学生的一致好评，进行了广泛推广，学校校外学生实习基地、就业基地、产学研合作关系、教师工程实践双基地等广泛建立。学校与京东方等企业的深入合作同时也促成一批政产学研用一体化的升级产教融合平台入校落地。

但是在产教融合持续推进中也遇到一些问题，一是学校自身内功不强，学校科学研究的深度和学术文化的高度、整合资源能力不够，双师型师资队伍建设有待加强；二是产教融合体制机制不健全，产教深度融合的利益平衡机制、沟通协调机制、资源配置机制、法律保障制度、经费保障机制等机制体制有待进一步健全；三是产教融合具体细节需进一步磨合，学校已构建起与区域产业人才需求相适应的学科专业设置和调整机制、应用型人才培养模式，已实现校企双方共定人才培养方案、课程体系，但校企双方在既符合单个企业的需求，又广泛适应行业要求的具体课程内容、课程教材、课程教学等方面的建设需要磨合协同，教学内容的工程应用型特色需要凝练，教学过程与工作过程的融合还需加强。

学校将通过"厅委共建"机制，破解产教深度融合的体制机制障碍，继续实施应用型人才培养产教融合工程、师资队伍建设产教融合工程、实践教学产教融合工程、学校治理体系产教融合工程，以行业学院建设为重点探索并实践产业需求导向的应用型人才培养新模式，建成一批高度契合产业需求的科技研发及产业服务平台，有效构建起高校与行业产业协同发展的格局，形成地方应用型本科高校创新发展四川模式。

专业工作室+企业项目体：商丘师范学院破解转型发展"四难题"

商丘师范学院传媒学院　冉祥华

一、基本情况与背景

长期以来，新闻传播教育被诟病最多的是教学与实践脱节，特别是随着信息化时代的到来，这一问题变得更加突出。因为业界实践走得太快，所以高校教学的滞后性就更加突出。近年来，在地方本科高校转型发展大背景下，新闻传播类各专业在实践教学、服社会务等方面都作了许多有益的探索，但探索的广度和深度还不够。新闻传播类专业建设还普遍存在着四大难题：一是实践教学模拟问题。实践教学改革不彻底，模拟项目多，实战项目少，满足于"自娱自乐"，缺乏"真刀真枪"的实战感，与新闻传媒业界实际情形相比，差距甚远。二是专业特色不明问题。当前，新闻传播类各专业教学方法、教学内容、教学手段等几无区别，教师相似、教学相似、课堂相似、学生相似，专业特色打造几乎成为传媒人的"呓语"。三是技能培养欠缺问题。新闻传播类各专业的实践性、应用性极强，但普遍的问题是，专业理论教学有余、技能培养不足，特别是近十几年来升格本科的地方高校，师资力量和社会资源不足，导致学生实践技能培养陷入黑暗"盲区"。四是服务社会能力不强问题。由于模拟实践多，实战项目少，专业教师和在校大学生的技术技能水准往往处于业界水准之下，甚至被业界讥为"高分低能"，因而很难有机会接触或进入地方经济文化建设需求的上层，服务社会能力不强问题暴露无遗。基于以上四个问题，如何搭建一个基于实践教学的校内实战平台，既能照顾到各专业的不同特点，又能确保实践教学效果；既能凝练专业特色，又能服务地方经济文化建设、产出一系列高层次应用型教学科研成果，是每一个新闻传媒人朝思暮想的大问题。

2015年以来，随着"校企合作、产教融合"逐步上升为国家高等教育改革和人才开发的一种整体性制度安排，地方本科高校转型发展也进入了快车道。2016年3月，商丘师范学院第三次党代会确立了"全面深化改革，加快转型发展，建设高水平应用型大学"的奋斗目标，在"十三五"发展规划等重要文件中，对专业结构调整、专业集群建设、教学范式改革、师资队伍建设、实训平台建设等作出了制度性安排。同年，学校获批"河南省示范性应用技术类型本科院校"、国家"十三五"产教融合工程规划项目建设单位。根据学校转型发展统一部署和安排，传媒学院以广播电视编导、广播电视学（新媒体方向）、播音与主持艺术、广告学四个专业为依托，成立并品牌化运作"智朴"影视工作室、"应天骄子"融媒体中心、"好人之声"朗诵艺术团、"灵感"广告工作室四个实践教学平台，积极探索、着力建构工作室"（1+1）N"合作模式，以专业工作室及其团队为基础，以专业特长和真实项目寻求合作伙伴，利用专业实践教学的机会，积极承担地方文化建设重大项目，打造专业特色和亮点，收到良好效果。

二、特色做法

传媒学院现有广播电视编导、广播电视学（新媒体方向）、播音与主持艺术、广告学四个专业，都有一定的专业建设基础。在制定传媒学院"十三五"发展规划过程中，对四个专业的办学基础、取得成效、面临问题等进行了深入调研和分析，明确了各专业的发展方向、目标和战略举措。近两年来，学校根据专业的比较优势和发展方向，结合教师专业特长和发展诉求，调整优化基层教学组织人员构成，在此基础上，成立四个专业工作室及师生团队，寻求校企双方共同的利益点和兴奋点开展项目合作，逐渐摸索、构建了新闻传播类专业工作室"（1+1）N"合作模式：一个专业重点建设一个工作室，结合专业实践教学，在一段时期内与一家企事业单位合作，重点运作一项有影响力的项目；"1+1"领跑，新的合作项目接踵而至，"N"的倍数效应不断放大，有效破解了转型发展过程中实践教学模拟、专业特色不明、技能培养欠缺、服务社会能力不强"四大难题"。

1. 广播电视编导专业——智朴影视工作室

广播电视编导专业成立并品牌化运作智朴影视工作室，努力在微视频拍摄制作方面打造特色。2017年3月，与商丘市委宣传部、商丘日报社、商丘市旅游局、睢阳区委区政府等单位合作，重点开展了"游商丘古都城，读华夏文明史"大型全媒体探访聚集活动，其中商丘日报社负责图文推介，智朴影视工作室师生团队负责商丘历史文化史前篇、夏商篇、春秋战国古宋篇、秦汉篇、隋唐篇、宋元篇、明清篇、现代篇8集专题片的拍摄与制作。

一年多来，赴商丘市三区六县一市及其他相关市县150余个景点采集素材，参与人员2000多人次，全部行程2万多公里；12名专业课教师、100余名学生参与解说词起草、视频剪辑与后期特效包装。

市委书记王战营看过样片后给予高度评价，并作重要批示："商丘师院围绕市委提出的'游商丘古都城，读华夏文明史'的要求，做了富有成效的工作，要大力支持，推向全省全国，走向世界，让华夏文明永续弘扬。"市委常委、宣传部部长王全周批示，从市文产基金中先期拨付50万元予以扶持。

在"（1+1）N"模式引领下，广播电视编导专业先后与多家影视文化公司合作，拍摄了网络大电影《我的青春》以及微电影《孙子去哪儿了？》等，为10余家企事业单位拍摄制作了宣传片，切实提高了学生的实践能力，打造了专业特色，提升了服务社会能力。2017年底，智朴影视工作室先后入选学校首批"双创"基地、首批文创工作室。

图1 智朴影视工作室师生团队在拍摄《我的青春》等

2. 广播电视学专业（新媒体方向）——应天骄子融媒体中心

广播电视学专业（新媒体方向），围绕专业方向，与大河网络传媒公司合作共建"商师云"融媒体平台（见图2）；与学校党委宣传部新闻中心合作，成立并品牌化运作"商丘师范学院应天骄子融媒体中心"，努力在新媒体方面打造专业特色。

图2 商丘师范学院与大河网络传媒公司合作共建"商师云"融媒体平台

2017年以来，"应天骄子"微信、微博围绕"商师故事""商师TA说""商师光影"三大主题，先后创作了《商师春景·含英咀华》《商师夏景·行云之美》《商师秋景·大美不言》《商师冬景·踏雪访诗》等视频作品和《另一个商师》《杨云霞：我没有什么好报道的》等图文作品，提高了学生文字创作、图文编排、视频制作能力，弘扬学校发展正能量，传播商师好故事，受到校领导和师生多次点赞。

另外，还承担了学校各种重大活动、重要会议视频新闻拍摄制作任务。与河南省科学技术协会合作，共建河南省新媒体科普中心创作基地，每年为省科普之声频道创作50部以上的原创优秀科普视频作品。

3.播音与主持艺术专业——"好人之声"朗诵艺术团

播音与主持艺术专业成立"好人之声"朗诵艺术团，与市委宣传部、"商丘好人"联谊会合作，围绕"商丘好人"道德品牌建设、商丘传统文化挖掘，利用专业汇报演出的机会，2017年、2018年分别举办了"商丘好人"大型诵读会（17远航）、"商之颂"大型诵读会（18骊歌），市领导王全周、刘兵、岳爱云、李德民等观演后给予高度评价。

在"远航""骊歌"品牌项目带动下，"好人之声"朗诵艺术团先后参加了"商丘好人——我为正能量代言"颁奖活动、"海纳英才，通达商丘"——河南各族各界青年学习十九大精神青春诗会、第二届民权槐花节大型诗歌朗诵会等一系列大型文化活动，其中原创作品《胸怀大爱，初心未改》受到省委常委、宣传部部长赵素萍，省委宣传部常务副部长王耀等领导的充分肯定。与商丘市新华书店、河南省演讲与口才学会合作，举办"传承端午神韵，诵读中华经典"诵读会，河南卫视"新闻联播"予以报道。

4.广告学专业——灵感广告工作室

广告学专业成立灵感广告工作室，重点在广告创意与策划方面打造专业特色。2017年6月以来，灵感广告工作室与张弓老酒酒业有限公司合作，开展"皇封广告策划案"大赛，9项优秀策划案得到张弓老酒酒业的充分认可，公司董事会讨论后予以实施。

在多次成功合作的基础上，2018年5月，商丘师范学院与张弓老酒酒业成功签署了战略合作协议。张弓老酒酒业对公司采用的9项策划案进行了表彰。这份合作协议是先实践、后签约，是在校企双方深入合作的基础上达成的共识。

在皇封广告策划项目的带动下，广告学专业先后与河南邮政商丘分公司合作，为中国第十一届园林博览会门票销售活动提供了10项创意策划案，受到邮政公司和举办方的充分肯定；与北京栋梁眼镜连锁有限公司（商丘分公司）合作，策划并组织了"线上线下"一体化大型营销活动。

三、突出成效

1.倍数效应不断放大

"1+1"领路，"N"的倍数效应不断放大。2017年以来，在商丘8集历史文化专题片、应天骄子微信微博、17远航和18骊歌、皇封广告策划等项目带动下，各专业工作室师生团队与市委宣传部、神州泰岳集团、河南发贵商贸、河南云联池讯等26家企事业单位建立了稳定合作关系，开展横向项目19项，累计经费219万元，既提高了学生实战能力，又凝练了专业特色；既产出了高层次应用型科研成果，又服务了地方经济文化建设，收到了良好的产教融合效应，赢得业界和高校的广泛好评。

2.辐射效应日趋凸显

"（1+1）N"模式，有效解决了产教融合"校热企不热"问题，企业寻求合作的意愿明显放大。近半年来，来校考察交流的兄弟院校、洽谈合作的企事业单位明显增多，他们对工作室"（1+1）N"合作模式给予充分肯定，认为这一模式立足于学校、企业、教师、学生四方共赢，在校企双方共同的利益点和兴奋点上寻求合作项目，把企业营利的功利性和高校育人的公益性有机整合在一起，表现出强大的生命力和无限复制、拷贝的可能性，对校企合作双方有重要的启迪意义。基于专业工作室的探索，学校制定了《商丘师范学院文创工作室管理办法》，首批遴选了8个文创工作室，予以资金扶持。《河南日报》、大河网、凤凰网等新闻媒体对传媒学院的改革举措及成效予以报道。

3.培养质量不断提升

新闻传播类"（1+1）N"模式，重在实践教学、重在培养技能、重在打造特色、重在提升服务能力,有效激发了学生的创新创业热情。两年来,先后获省部级以上各种专业赛事等级奖200余项,在校大学生成立并成功运营6家文化传媒类公司。在腾讯"我的幸福平安年"全国万名大学生新媒体日志活动中,应天骄子核心成员、2017级广播电视学专业(新媒体方向)刘天胤同学折桂大赛最高奖——最具人气奖(全国仅一名),获奖金1万元,其个人企鹅号"天裔立言"注册短短1个多月,图文浏览量就达到130万次;应天骄子核心成员、2016级广播电视学专业(新媒体方向)李靖、张港环获最佳图文设计奖,孙旭获最佳短视频奖,分别获奖金1000元。此次大赛,河南高校获奖学生7名,其中4名是学校广播电视学专业(新媒体方向)学生。

智朴影视工作室核心成员、广播电视编导专业张芳敏、代仁林、菅悦等同学创作的《看见六枝》《六枝,你好!》荣获全国高等学校大学生微拍大赛二等奖和三等奖;菅悦、张芳敏同学创作的微电影《关于爱》斩获第14届中国大学生广告艺术节学院奖(春季赛)金奖,菅悦同学创作的广告文案《你会被孤独杀死吗》荣获第16届中国大学生广告艺术节学院奖(春季赛)铜奖。

"好人之声"朗诵艺术团核心成员、播音与主持艺术专业常子诚同学,在第二届全国学生"学宪法·讲宪法"演讲比赛河南赛区决赛中荣获特等奖;"好人之声"朗诵艺术团核心成员、播音与主持艺术专业王富力同学为央视《音乐与人生》《幸福账单》、北京卫视《传承者》《中国故事大会》、江苏卫视《不凡的改变》《超凡魔术师》、浙江卫视《喜剧总动员》《小镇故事》等多个栏目及广告、视频配音。

灵感广告工作室核心成员、2015级广告学专业杨远扬同学成立并成功运营了千景文化传媒公司。2017年底,商丘市市长张建慧在考察EGO商丘示范区互联网双创园时视察了千景文化传媒公司,并与杨远扬同学亲切交谈;2018年1月,在第五届商丘青年创业者峰会上,杨远扬被评为"商丘青年创业新锐人物"。"(1+1)N"合作模式对"四个重在"的坚守,清晰地勾勒出产教融合的鲜明轮廓,成为大学生创新创业的"孵化器"、高层次应用型教学科研成果的"策源地"。

四、总结与思考

1.通过产教融合凝练专业特色

高校二级学院办学就是办专业,特别是随着高招一本、二本、三本批次的取消,高等院校逐步过渡到"专业为王"的时代。换句话说,高校只有把专业办出特色,才能获得旺盛的生命力。打造专业特色需"抓住一点不及其余",而找到这个"点"就显得非常重要。近两年来,在工作室"(1+1)N"合作模式引领下,在校企合作、产教融合过程中,学校逐步摸索找到了各专业的发展"点":广播电视编导专业的"点"在于微视频制作,广播电视学专业的"点"在于新媒体运营,播音与主持艺术专业的"点"在于朗诵与礼仪,广告学专业的"点"在于创意与策划。正是在这四个"点"上,学校成立智朴影视工作室、应天骄子融媒体中心、"好人之声"朗诵艺术团、灵感广告工作室;也正是在这四个"点"上,学校强化核心课程建设,引进和培养"双师双能型"教师,组织专业教师团队开展应用型学术研究;也正是在这四个"点"上,学院有重点地与合作单位共同运作有影响力的项目,以此来服务地方经济文化建设。

2.寻求校企双方共同的利益点和兴奋点

尽管产教融合已经上升为国家意志,但是,产教融合"校热企不热"问题还会在一定时期内存在。在人们经验的视野里,学校才是人才培养的主体,而企业则不是,"企业要盈利,不盈利就不叫企业,盈利是企业的天职;学校要育人,不育人就不叫学校,育人是学校的天职"。在企业不是人才培养主体的情况下,要推进产教融合,必须解决好一个最根本的问题,即如何才能把"企业盈利的功利性"和"学校育人的公益性"有机地整合在一起。众所周知,产教融合是一种"多主体合作","尽管主体间利益取向不同,但'利益'的杠杆仍在"。要从根本上解决好"校热企不热"问题,高校必须紧紧扣住利益多赢的"命脉",在校企双方共同的利益点和兴奋点上寻求合作。也只有这样,企业才能把自己当作人才培养的主体,合作才能进入"蜜月期"。事实上,近两年来，商丘8集历史文化专题片、"商丘好人"大型诵读会（17远航）、"商之颂"大型诵读会（18骊歌）是围绕商丘文化旅游品牌、道德文化品牌建设需求来做的；应天骄子微信微博，是围绕学校对外宣传需求来做的；皇封广告策划是围绕企业需求来做的。换句话说，只有合作项目是对方所需要的，他才会向你抛出"橄榄枝"。

3.打造高水平的创新创业型师生团队

陆征祥说过："弱国无公义，弱国无外交。"这里并不是说弱国不能建立外交关系，而是说弱国不容易与强国建立合理、对等的外交关系。对校企合作而言，又何尝不是如此。如果你的团队没有能力、没有水平，就意味着价值意义不大，那么企业就不愿意与你交往合作。即使建立了合作关系，也可能是不对等的。高校各专业要想寻找心仪的合作伙伴，建立平等、互惠、互利、共赢的合作关系，必须首先依托专业工作室，汇集人才，确立方向，凝练特色，形成核心，组建一支高水平的创新创业型师生团队。只要有高水平的师生团队，就不愁心仪的合作伙伴。

教学生产融通：西安外事学院重构产教融合教学新体系

西安外事学院 廖 娜

一、基本情况与背景

产教融合的提出及内涵。"产教融合"这一概念最早是在1991年国务院颁布的《国务院关于大力发展职业技术教育的决定》中提到"提倡产教结合，工学结合"。2016年，党中央印发《关于深化人才发展体制机制改革的意见》，明确要求"建立产教融合、校企合作的技术技能人才培养模式"；2017年国务院办公厅印发的《关于深化产教融合的若干意见》，根据国家一系列政策的提出，赋予产教融合在经济发展中新的职能。新时代下，产教融合就是要让学校教育在产业转型中更好发挥引领作用，通过应用型、创新性人才培养为科技发展提供人力支撑。学院通过对各种政策、文件的研究，认为产教融合是根据一定时期国家经济转型需要，通过与行业、企业开展深度合作，以培育实现高质量发展所需的高素质、高技能人才为目的一种人才培育模式。

学院产教融合培养体系。根据国家教育部、发展和改革委员会2015年提出的《引导部分地方普通本科高校向应用型转变的指导意见》（教发〔2015〕7号），西安外事学院工学院贯彻落实文件精神和学校的决策部署，推动学院转型工作发展，提出"坚持服务地方经济社会发展"这一办学定位，围绕服务陕西地方经济发展制定西安外事学院工学院应用型转型发展规划。应用型人才培养注重基础理论教学的同时，更要注重实践能力培养和实验实践技能训练。在教育过程中，西安外事学院工学院坚持"以服务为宗旨、以就业为导向、以质量求发展",不断创新人才培养模式,加大实习实训力度,加强校企合作。积极推进与西安高新区、三星电子、软件园、渭北工业园、西咸新区、上海贝电、陕西子竹电子有限公司等企业的校企合作,推行毕业证、专业技能证"双证制"。近三年,已经形成比较完备、特色鲜明的应用型人才培养体系,取得了较好的成果。

二、特色做法

1.强化实践教学活动,提高学习兴趣

开放实验室是应用型人才培养中至关重要的组成部分,是培养学生创新能力、提高综合素质教育的重要基地。学院为进一步落实"以教师为主导、学生为主体、学生自主实验"的教学理念,信息工程实验中心根据自身实际情况,充分发挥实验教学资源,制定出开放实验室管理规定及运行机制。开放实验室的具体运行模式分为学生自选实验型、大赛活动为背景型以及学生参与科研型,采用以学生为主体、教师加以启发指导的实验教学模式。开放实验室开设验证型、综合设计型、创新型等多层次的实验内容,满足不同层次学生的需求,做到真正的全员参与,因材施教。

学院教师利用开放实验室指导学生完成"耀州关庄电商智慧物流创业园动态沙盘模型"的制作,该模型是铜川耀州关庄电商智慧物流创业园委托学院制作的大型沙盘演示项目。该模型应用了智能交通管制系统、智能路灯管理系统、智能空车位检测系统、仓库智能温控系统、智能称重系统、太阳能供电系统和3D打印等多项技术,直观展现由学院物流专业设计的集公路港、冷链仓储、电商创业孵化基地、中药材展示交易、快递分拨和综合配套等功能于一体的电商创业物流园,将"互联网+"与传统产业相结合。这是学院跨学科合作和科研成果产业化的新成果。2016年6月26日至28日在西安市曲江国际会展中心,由陕西省委高教工委、陕西省教育厅主办,陕西教育报刊社有限责任公司、陕西华商国际会展有限公司承办的"2015年第五届陕西高等教育博览会"上,大学生制作的该沙盘模型展列在西安外事学院展馆内,并受到教育厅领导和同行专家的一致好评(见图1)。

图1 大学生研制开发制作的耀州关庄电商智慧物流创业园动态沙盘模型

2. 重视学科竞赛，提高应用实践能力

学院注重以学科竞赛基地推动应用型人才的培养。针对学生感觉"学无所用"，用人单位反映"学生不好用"这一问题，学院加大实践教学环节，一是采取老生带新生的方法，利用学生晚自习开放实验室；二是在一定规模的现实生产基础上开展所有实践教学环节，合理安排"课程实验、课程实习、课程设计、生产实习、毕业实习、毕业设计"这6个实践教学环节；三是在实践教学内容上，加大生产实习和毕业实习的力度，根据行业需求不断充实新的实践教学内容。学院成立数码影像学科竞赛基地、电子设计大赛学科竞赛基地、计算机网络竞赛基地、计算机辅助设计竞赛基地、数学建模竞赛基地等，以此增强学生的实际创新和动手能力，有效地推动学院电子创新科技活动，提高学生工程实践素质培养。这一措施为推动工学院应用型人才培养转型起到了成效。其中包括全国TI杯电子设计大赛、计算机网络应用技能大赛、数学建模大赛等。

3. 优化师资队伍结构，打造双师教师队伍

师资队伍建设是培养应用型技术型人才的关键，学院的师资队伍在应用技术人才培养方面普遍存在缺乏实践经验、没有技术专长、知识结构不够宽泛、理论水平有待提高、工程实践能力不够强等问题。这样的师资队伍无法满足应用型人才培养的需求。为了进一步提高学院师资队伍水平，满足应用技术型人才培养的需要，学院提出了"提高两个水平、增强两种能力"的教师发展思路，即不断提高教师的理论知识水平和实践工程能力，不断增强教师的教学水平和科研工作能力，力争在五年内使教师的理论素养、专业水平、技术创新能力和实践应用能力得到有效提高。

为提高专业教师的教育教学水平，注重工学结合，实现应用型本科院校与企业生产实际的"零距离"对接，加强"双师型"教师队伍建设，有效利用社会资源加强师资培训，真正实现让教师"上了讲台是教师，进了企业是工程师"的"双师型"师资队伍建设目标，近三年，西安外事学院工学院先后派6名青年教师去西安丝路软件有限公司培训移动APP开发与应用，同时，选派6名青年教师去北京尚观科技有限公司西安分部培训单片机应用及嵌入式系统开发（见表1）。

表1　　　　　　　　近三年工学院青年教师入企挂职培训情况

姓名	专业系部	培训时间	培训单位	培训方向
李峰泉	计算机工程系	半年	西安丝路软件有限公司	移动APP开发与应用
高文玲	计算机工程系			
姚卫国	计算机工程系			
马军红	计算机工程系			
贺君鹏	信息实验中心			
李秀萍	信息实验中心			
马丽娟	通信电子系	半年	北京尚观科技有限公司西安分部	单片机应用及嵌入式系统开发
魏西媛	通信电子系			
李曼	电气自动化系			
王建锋	信息实验中心			
高宏洋	信息实验中心			
魏霞	信息实验中心			

4.企业参与人才培养，促进校企深度融合

产教融合、校企合作已成为高校提质增效的重要措施，也是实现应用型人才培养转型的必要条件。西安外事学院工学院与多家校企合作单位进行了深层

次的融合。近三年，西安外事学院与上海贝电集团、陕西子竹电子有限公司、广东粤嵌通信股份有限公司等企业进一步研讨深度校企合作模式，在应用型人才培养的组织机构、培养方向、课程设置及培养重点、协同育人的多个方面开展深入的校企合作。

西安外事学院工学院与上海贝电实业（集团）股份有限公司在2010年就建立良好的校企合作，并在信息工程实验中心传感器技术实验室挂牌设立"企业人才培养基地"，进行教学培训活动。企业为学生制定了详细的人才培养计划，主要包括：岗前培训课程安排、实习项目分配、技术成长管理等。同时制定入职实习生现场培训计划（LTE）。

三、突出成效

西安外事学院工学院通过产教融合探索校企的"零距离"对接，对所取得合作经验进行总结与提炼，推进应用型人才培养向更高层次发展，合作的内容和深度进一步加深，形成校企互动的应用型人才培养机制，并由此获得了学院在专业建设、师资培养、课程调整、教材开发的全面发展。

1. 应用型人才培养成绩显著

通过探索应用型人才培养的可持续发展之路，实现了校企合作的"共赢"，西安外事学院工学院在实践创新、校企合作方面取得的成绩显著，受到了政府和同行的认可。获得电子信息工程专业为省级综合改革试点专业立项；工学院与西安丝路软件公司共同成立的"校企联合软件创新人才培养"基地，被陕西省教育厅授予省级大学生校外实践教育基地；电子信息实验中心获得省级实验示范中心；"鱼化龙"创客空间被陕西省高教工委评为"陕西省实践育人创新创业基地"，被陕西省科技厅授予"陕西众创空间孵化基地"；"西安外事学院—上海贝电实验有限公司校外实践教育基地"被评为校级大学生校外实践教育基地。

2. 学生实践成绩优异

近三年，学院学生在各类大赛中取得优异的成绩。全国电子设计大赛获奖8

项，全国"互联网+"创新创业大赛获奖10项，工业设计大赛获奖9项，省级大学生创新创业训练计划项目立项36项（见表2）。

表2　　　　　　　　　部分同学学科竞赛获奖情况

序号	竞赛名称	获奖名次	获奖人	专业班级	指导教师	级别	获奖时间
1	"思科网院杯"2016年度大学生网络技术大赛	一等奖	郭子豪	计科1501	李峰泉	国家级	2016.10
2	第二届"互联网+"大学生创新创业大赛陕西赛区	铜奖	代波/白婷	电气1303	张改莲/李曼	省级	2016.09
3	第二届"互联网+"大学生创新创业大赛陕西赛区	铜奖	郝有有/薛亚波/刘向臻	电子15	张阿梅	省级	2016.09
4	第十五届西安国际家具设计大赛	金奖	闵清月/翁慧	产设1401	张燕/潘登	省级	2016.10
5	2017年全国大学生电子设计竞赛 陕西赛区	三等奖	陈星/汪永坤/黄开伟	电子1401	余龙/赵世强	省级	2017.12
6	2018年全国大学生电子设计竞赛 陕西赛区	二等奖	樊成蕊/蔡蔚云/薛阿康	电子1501、电气1602、电气1701	赵世强	省级	2018.07
7	2018年全国大学生电子设计竞赛 陕西赛区	三等奖	邬帅/高迪/李泽康	电子1501、电气1601、电气1601	王剑锋	省级	2018.07
8	中华职业教育创新创业大赛	二等奖（专）	张建/石鑫磊/王婷/王姿涵	汽车营销与服务1601/智能控制技术1601	兰晓斌/高宏阳	国家级	2017.12
9	2016年陕西省大学生创新创业训练计划项目	立项	于俊强	电气1502	彭丽霞	国家级	2016.06

3.创新创业成绩突出

国务院总理李克强提出：大学生是实施创新驱动发展战略和推进大众创业、万众创新的生力军，既要认真扎实学习、掌握更多知识，也要投身创新创业、提高实践能力。西安外事学院工学院认真贯彻国家决策部署，积极开展教学改革探索，把创新创业教育融入人才培养，切实增强学生的创业意识、创新精神和创造能力。积极组织学生参加"互联网+"大学生创新创业大赛,以"互联网+"成就梦想,以创新引领创业、创业带动就业,推动学院毕业生更高质量创业就业。近三年,工学院学生在中国"互联网+"大学生创新创业大赛陕西赛区取得优异成绩。

2015年11月9日,陕西省第三届"鱼化龙"大学生创业节在西安外事学院隆重开幕,本届大学生创业节历时两日,由陕西省委高教工委、陕西省人社厅、陕西省教育厅、陕西省科技厅、共青团陕西省委、中国教育学会创新创业分会共同指导,西安外事学院主办,旨在构建"政、校、企"相互结合的创新创业指导与支持体系和运行机制,探讨高校创新创业教育体系构建及发展趋势,探讨提升大学生创业指导服务的有效途径,展示大学生创业成果,以利于开创陕西"大众创业,万众创新"新局面。在展会上,工学院学生的创新创业成果作品是本次创业节的一大亮点。信息工程实验中心完成的作品有四旋翼飞行器、智能机器人和手机APP远程医疗设备(见图2)。

图2 工学院创业导师在陕西省大学生创业节进行作品展示

四、总结与思考

学院在实现向应用型大学转型的过程中,始终围绕"产教融合"这一主线,在教学、科研、服务等方面都以应用为导向，坚持为地方经济发展服务，为行业和人才市场需求办好专业，为学生就业提供好的平台。

学院在应用型人才培养改革中，为使社会人才需求能及时反馈到人才培养过程中，积极探索，吸收行业专家共同参与人才培养，重构课程体系，进一步制定以应用型、创新型人才为目标的实践教学体系，最终使人才培养方案更具合理性和实效性。

由于应用型人才的培养不仅需要科学的培养目标、合理的人才培养方案，还需要教师有扎实的理论素养和较高的教学水平，更重要的是具备较强的专业实践能力和丰富的实际工作经验。因此，学院为每个专业引进具有较高科研能力、实践能力的学科带头人，探索"学科带头人+创新团队"的师资队伍培养模式；聘请校外具有丰富实践经验的人员为兼职教师；同时制定"双师型"教师的激励措施，使"双师型"标准成为专业教师的成长方向。学校通过访问学者、企业挂职锻炼、专业技能短期培训等多种方式，不断增强教师实践应用能力，在实践中促进"双师型"教师队伍的成长，内外结合落实应用型人才培养目标。

在应用型人才培养改革实践中，学院在教学体系、人才培养方案、校企合作、双师型教师队伍建设方面取得了较好的成果，今后，努力把学院建设成为地方高层次应用型人才的培养基地和科技创新基地。

行业需求引领：沈阳工程学院深度校企合作新模式

沈阳工程学院　许晓峰　王秀平　曲春雨　刘　莉　王晓文　白　迪

一、基本情况与背景

沈阳工程学院是一所以工为主，工、管、经、法多学科协调发展的工科类应用型院校，是辽宁省内唯一一所以能源电力为主干学科的地方本科高校，是"辽宁省普通本科高等学校向应用型转变示范高校"。电力学院现有电气工程及其自动化、农业电气化、电气工程与智能控制三个本科专业。其中电气工程及其自动化专业入选教育部第六批特色专业建设点、辽宁省优势特色专业、辽宁省示范专业、辽宁省综合改革试点专业。

教育部、国家发展和改革委员会、财政部下发的《关于引导部分地方普通本科高校向应用型转变的指导意见》明确指出，要引导地方本科高校转型发展。高校转型就是要主动融入产业转型升级和创新驱动发展，坚持试点引领、示范推动，转变发展理念，增强改革动力，强化评价引导，推动转型发展高校把办学思路真正转到服务地方经济社会发展上来，转到产教融合校企合作上来，转到培养应用型技术技能型人才上来，转到增强学生就业创业能力上来，全面提高学校服务区域经济社会发展和创新驱动发展的能力。

沈阳工程学院充分发挥在能源电力行业的突出优势，与国家电力投资集团、辽宁省电力有限公司等电力企业共建电力学院，签订了共建协议并开展了实质性合作。企业全程参与人才培养过程，实现培养方案与企业需求对接，课程体系与电力岗位需求接轨、课程建设与电力生产实际对接、工程实践平台与电力生产实际接轨，促进了应用型人才培养水平，取得了显著成果，为兄弟院校开展校企合作提供借鉴。

二、特色做法

1. 以企业需求和岗位能力为目标,制定应用型人才培养方案

以"企业需求"为导向,以"专业应用能力"为主线,历经"四阶段九步骤",制定了企业全程参与的应用型人才培养方案。在学校专家、企业专家、兄弟院校专家全程指导下,经过大量的市场调研(涵盖本专业相关的各类企业),完成了本专业岗位能力分析,凝练了专业能力模块,并根据模块进行课程体系的构建,设置理论和实践课程,在课程、模块和能力方面,形成科学的有机体系。

培养方案的制定分为四阶段九步骤。四阶段指的是"需求调研""能力模块构建""课程设置"和"方案完善,分别有需求调研、专家论证、技能需求确认、岗位知识能力需求、知识获取途径、课程体系开发、课程设置和修改完善等九个步骤,如图1所示。

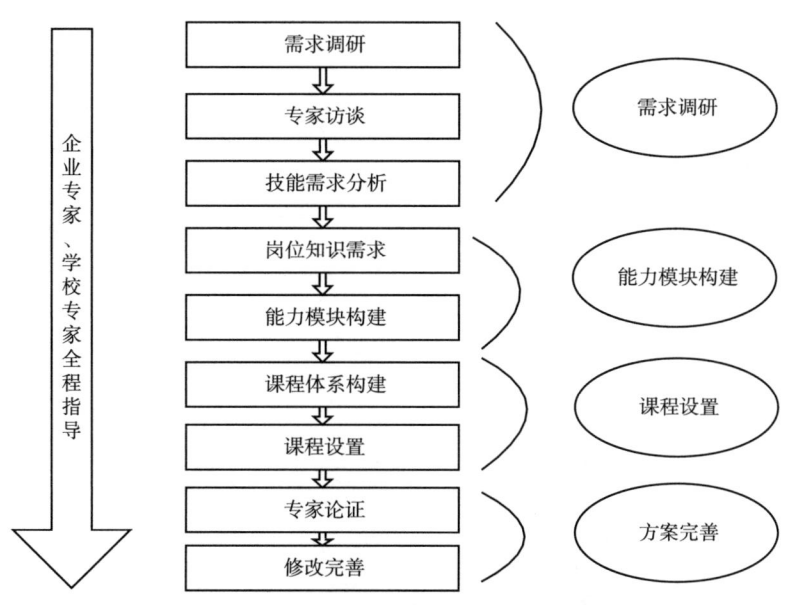

图1 应用型人才培养方案的制定总体思路

以电气工程与智能控制专业为例,来说明人才培养方案的能力模块与课程体系构建情况。图2给出了电气工程与智能控制专业的课程体系。专业核心能力

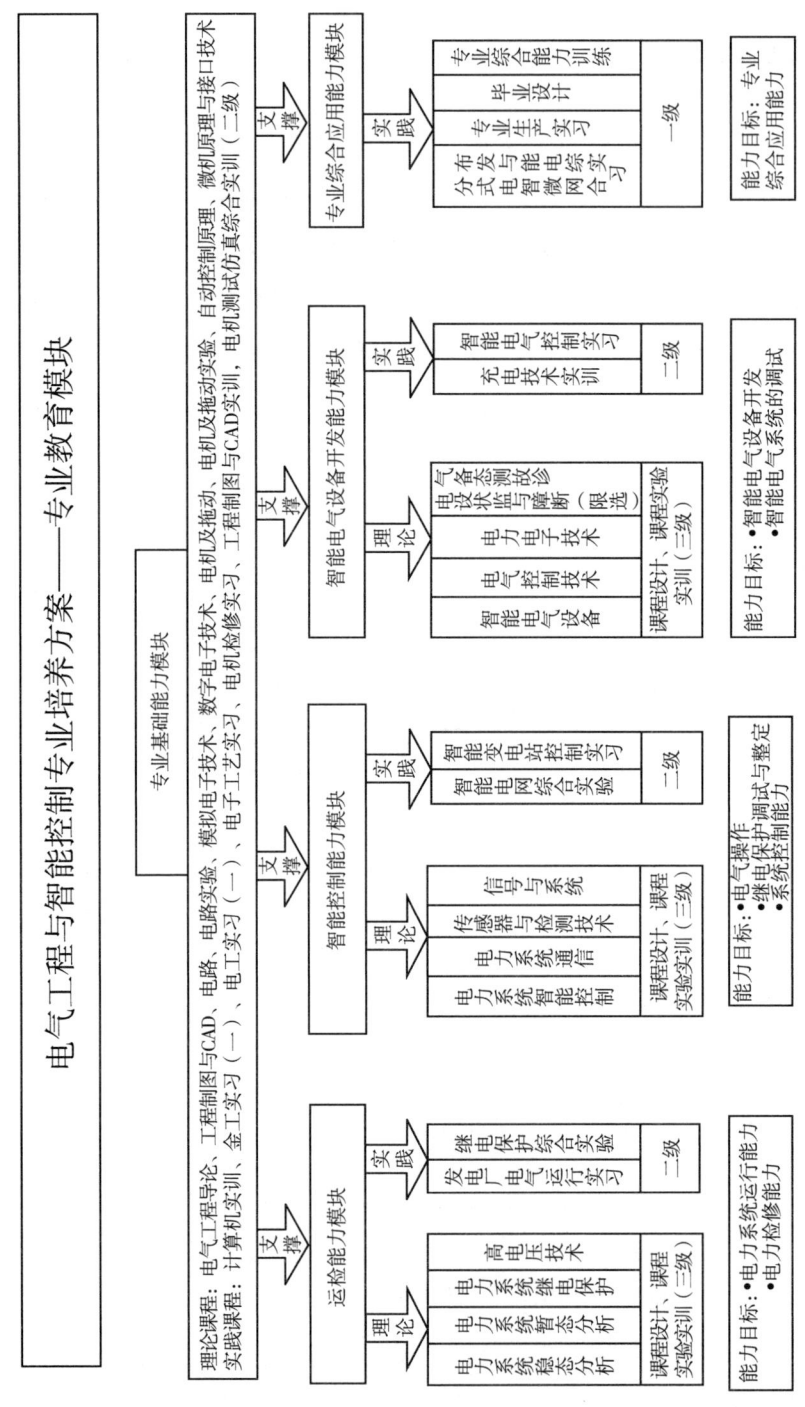

图2 电气工程与智能控制专业的专业能力模块与课程体系

分为五大模块：基础能力模块、运检能力模块、智能控制能力模块、智能电气设备开发能力模块、专业综合应用能力模块。基础能力模块培养学生电气工程基础知识与应用能力；运检能力模块主要培养学生在电力系统运行和检修方面的专业能力；智能控制模块主要培养学生在电力系统的远动、调度、保护与控制方面的应用能力；智能电气设备的开发能力模块主要培养学生智能化电气设备及系统的开发与电气系统的调试能力；专业综合能力主要培养本专业的综合应用能力。实践环节采用了一级、二级和三级项目规划，通过项目化的实践训练，学生的动手实践能力和创新能力获得充分的训练，培养高质量的应用型工程技术人才。图3是人才培养方案的现场调研与专家论证。

图3 人才培养方案专家论证

形成了以企业和岗位能力需求为目标，专业核心能力为主线，以项目化训练为实施方案的应用型人才培养方案的制定方法，进行培养方案的制定。企业技术专家全程参与人才培养方案制定全过程，实现校企合作共建，确保应用型人才培养的质量，为应用型人才的培养提供借鉴。

2. 校企深度合作，建立"三层、五位"的工程实践平台

电力学院工程实践平台如图4所示。"三层次"是指工程实践平台由三个层次平台组成，分别是：专业综合实践平台、专业技能训练平台、专业传承与创新平台。三层平台的关系是：专业技能训练为基础、专业综合实践为主体、文化传承与技术创新为目标。三层平台对应着实践教学体系，全方位、立体化培养学生工程能力和创新能力。其中科研与技术创新平台还兼顾了大学的"人才培养、科学研究、社会服务、文化传承"四项职能。"五位一体"是指工程实践平台的功能集课程教学与实验、专业实践、科学研究、企业培训、文化传承五大功能于一体。

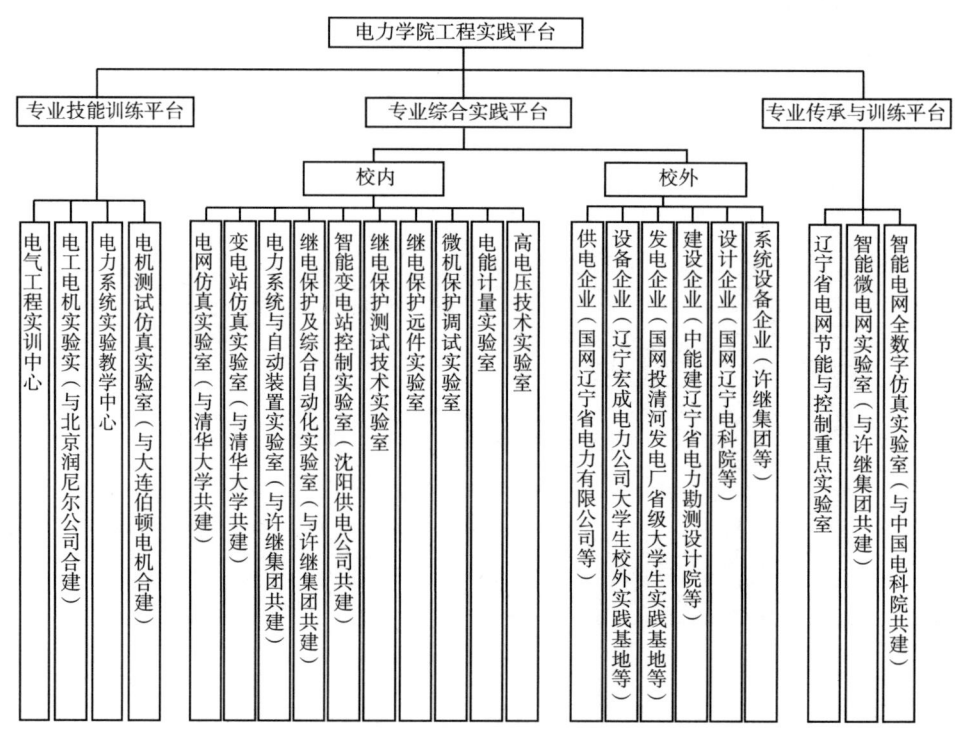

图4 电力学院工程实践平台

电力学院工程实践平台积极为学生创造了良好的实验实训条件，学生积极投入实践，提高了专业应用能力，带动人才培养水平的提升。图5—图10是学生参加实验实训情况。

图 5　220KV 户外变电站实训

图 6　电机检修实训

图 7　配电柜装配

图 8　变频调速测试

图 9　变电站智能控制实训

图 10　校企合作实验室

提出了"基于行业标准，营造工程环境，提高学生核心专业能力、工程实践能力和创新能力"的建设理念，建设了以专业综合实践为主体、专业技能训练为基础，专业传承与创新为目标的三层次立体化工程实践平台，师生共用，校企共享，培养应用型人才；与电力生产对接，用行业标准指导专业技能训练理念，构建了专业技能训练平台，并建设成为国家电工进网作业的培训单位，训练并培养学生面向现场的工程实践能力，并颁发国家电监会认证的国家电工进网作业许可证，为就业奠定了基础。提出了"校企共建共享"的建设模式，建设了集课程教学与实验、专业实践、科学研究、企业培训、文化传承功能于一体的"五位一体"的工程实践平台，校企合作，共同培养人才。

3.提出协同育人模型，构建多周期的校企协同人才培养模式

构建了协同育人和校企联合的双螺旋模型。打破传统长周期人才培养模式，按照学生"理论—实践—理论"的从"基础"到"应用"再到"高级应用"的学习规律构建了多周期的螺旋演进校企协同人才培养模式。创建了员工培训、人才输送、科技攻关、成果转化的学校为企业服务螺旋演进模式。学校、行业、企业共同组成教学指导委员会和专业指导委员会，围绕电力行业特色及人才培养质量开展调查研究进行建模分析，根据分析结果调整人才培养方案和教学实践课程设置，针对行业企业需求制定专业培养标准；与企业共建"专业基础认知、综合技能训练、工程实践与创新能力培养"的协同育人交替迭代模型。

将人才培养过程分解为螺旋演进的多个周期，在以学校作为人才培养主体的基础上引入行业企业的高度协同参与。企业在整个螺旋演进中承担多种角色，每个螺旋周期起始企业参与培养目标的制定，在学生专业学习的实践阶段企业参与应用培养，在周期结束阶段引入企业参与人才培养质量保障环节，从而达到企业的全周期全阶段高度参与，从而有效提升了应用型人才培养的质量。该模式可有效实现协同育人，为地方高校进一步强化特色办学，实现高校转型发展提供了成功借鉴。

构建了协同育人的交替迭代模型，形成了包含多个层次能力培养的能力需求模块。学校和企业两方面交替作为培养主体，开设一些针对学生应用能力培养的专门课程，把科研与工程实践融入教学。创新构建螺旋演进校企协同培养模式，通过基础教学实验、专业应用实践、工程实习实训、毕业设计四个层次，每个螺旋演进周期企业分别参与专业实践教学、现场实习指导、毕业设计指导等多维度的人才培养，并进行培养质量保障评测，与学校共同把关。

三、突出成效

1. 资源共享、合作共赢有效推进

校企双方建立利益共同体，在人才培养、科技研发、社会服务、产业转型升级等方面开展全方位的深入合作，充分发挥各自优势，实现资源共享、价值共享和合作共赢。每年带学生进企业顶岗实习（图11），为学生创造良好的实践条件；选派年轻骨干教师深入企业实践锻炼、开展技术交流（图12—图14）；聘请了企业专家为电力学院副院长、专业建设指导委员会委员，聘请了32位企业兼职教师；每年与电力相关企业签订横向课题10余项，为电力企业解决技术难题。

图11　毕业生进企业顶岗实习

图12　骨干教师进企业实践训练

图13　与企业进行技术对接

图14　技术专家指导工作

2. 学生培养质量显著提高

学生创新精神和实践能力明显提高。学生申请专利近30项，第一作者发表论文20多篇；近五年获各类竞赛奖项超过百项，省级以上大创项目30多项，取得省级竞赛二等奖1项、三等奖4项；毕业设计（论文）课题中行业企业实际题目达50%以上。

学生创业和就业能力大幅提高，毕业生就业率保持在95%以上，毕业生就业专业对口率连年达到98%以上。在国家电网、发电企业等公司的入职考试中位居前列，人才培养质量和培养模式得到了高度认可。国家电力投资集团公司与辽宁省政府共建沈阳工程学院（图15），辽宁省电力有限公司与沈阳工程学院共建电力学院（图16），沈阳华润热电有限公司等多家企业签署了校企合作协议（图17），行业企业支持能源电力等领域的人才培养及学科专业建设，走转型发展和特色创新之路，实现与"985""211"学校错位发展。

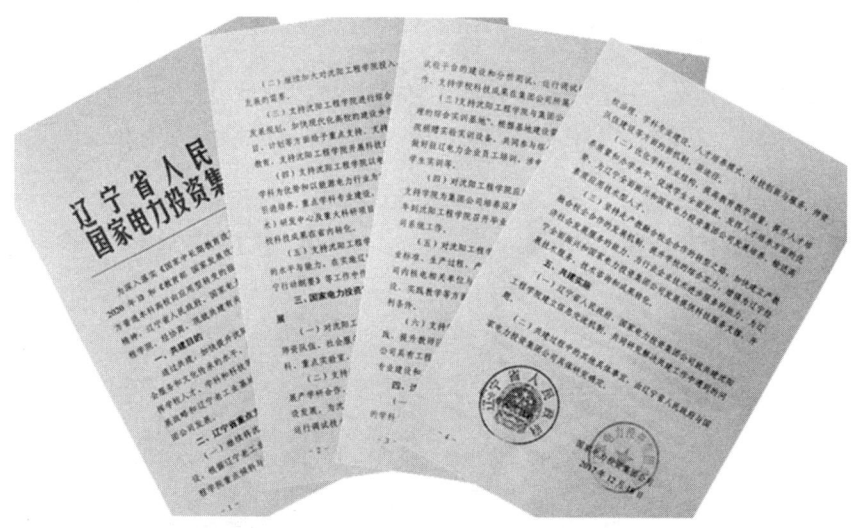

图15　国家电力投资集团公司与辽宁省政府共建沈阳工程学院

3. 成果示范效应凸显

电气工程及其自动化专业入选教育部第六批特色专业建设点、辽宁省优势特色专业、辽宁省示范专业、辽宁省综合改革试点专业。省级大学生校外实践

图16 与辽宁省电力有限公司共建电力学院

图17 与沈阳华润热电签署合作协议

教育基地3个,省级实验示范中心2个,省级工程中心1个。省级精品课程2门,省级精品资源共享课2门,省级教学团队1支。入选普通高等教育本科国家级规划教材和精品教材5部,省级规划教材10多部。建成企业实践基地14个。

学校获首批50所"全国毕业生就业典型经验高校""2018年度全国创新创业典型经验高校"(创新创业50强),教育部考察专家组认为沈阳工程学院在深化教育教学改革,构建校企合作培养应用型人才新模式和就业工作长效机制方面具有鲜明的特色,收到了良好成效,在全国高校具有典型的示范作用和推广意义。

获国家级、辽宁省、电力行业教学成果奖合计近20项;电力学院科研以服务社会、为企业创造价值为目标,与企业合作攻关,解决生产难题,科研和社会服务水平不断突破,服务社会能力得到了广泛认可,科研横向到款连年增加,持续位居学校首位。调查显示,近年企业对学院人才培养和教学方面满意度达95%以上;毕业生满意度达95%以上,其中对实践动手能力、团队合作和沟通能力等方面的满意度达96%以上。

国内外数十所高校慕名来学院参观考察，学习本成果构建的人才培养模式，课题组与教育同行、专家学者广泛交流，大家一致认为本成果具有先进的教学理念，为高校应用型转型提供了良好的借鉴作用和参考价值。

四、总结与思考

学院提出了应用型人才培养方案的制定方法：即以企业需求和岗位能力为目标，专业核心能力为主线，以项目化训练为实施方案，并与电力企业合作，共同完成了人才培养方案的制定。与企业开展深度合作，建设了"三层次""五位一体"的立体化工程实践平台，提高学生专业核心能力、工程实践能力和创新能力，满足快速发展行业企业人才需求。构建理论学习与实践应用的交替迭代模型，将人才培养从一个周期分解为螺旋演进的四个周期，每个周期设立能力目标，建立了"专业基础能力、运行与调控能力、运维与检修能力、规划与设计能力"周期能力，周期能力层层递进形成螺旋，螺旋演进过程按需分段引入企业协同参与，从而达到校企高度协同的育人模式。

人才培养的合作机制是高等学校长期以来不断探索和研究的主题。我国现行人才培养模式趋同，无法有效适应社会和经济的发展。工程类专业具有实践性强、动手能力要求高的特点，因此，工程类专业人才培养要以《国家中长期教育改革和发展规划纲要（2010—2020年）》为指导，结合专业实际，突出行业需求，围绕转变思想观念、勇于创新、学思结合、因材施教，深入开展人才培养模式的改革与实践，形成各类人才辈出、拔尖创新人才不断涌现的局面。

厂校一体、工学结合：漳州理工职院探索合作办学新机制

福建漳州理工职业学院 张海通

一、基本情况与背景

福建漳州理工职业学院的前身是漳州吉马印刷职业技术学院，2011年更名为漳州理工职业学院。学院举办方是福建吉马集团。该集团是以酒业经营为龙头，物流业、印刷包装业、房地产业、商品零售业等多业态并举的大型综合企业集团。为培养集团企业和国家高新技术蓝田经济开发区企业所需要的各类技术技能人才，吉马集团于2007年创办了漳州吉马印刷技术学院，依托吉马彩印公司，开设了印刷技术、包装技术与设计、印刷设备与工艺、印刷图文信息处理、市场营销等专业。

目前，学院设有机电与信息、交通、传媒、商学、建筑等5个二级院，在校生6500余人，教师280余人，其中具有副高级职称的教师占35%以上。学院占地524亩，建筑面积22.46万多平方米，有校内实训基地68个，教学设备总值达5834.48万元，另有校企合作的校级实训基地36个。学院注重产业文化建设，校园中处处体现企业元素，产业基因渗透人才培养全过程。

近年来，党和国家相继实施了"一带一路"倡议、"中国制造2025"和"互联网+"等。福建省制定了"十三五"发展规划，启动了中国（福建）自由贸易试验区试点；提出了要推进职业院校专业群对接产业群，重点培养集成电路、金融、工业机器人、电子信息、创意设计等9类急需的高端型人才。漳州大力发展石油化工、特殊钢铁、装备制造、食品工业四大主导产业和电子信息、新材料、新能源、生物新医药等战略性新兴产业的"4+4"产业格局，并提出要加快

发展现代物流、电子商务、金融服务、信息服务、商务服务、商贸流通、养老服务、社区康复等12项现代服务业。

面对经济社会高速发展对技术技能人才提出的新要求，学院不断调整和明晰办学定位，适应新常态、新经济、新发展。学院对办学进行了重新定位，形成了以印刷包装类专业为特色，以工科类专业为重点，以艺术设计、财经商贸类专业为补充，文理学科协调发展；立足漳州、面向福建、辐射全国，培养适应经济社会发展需要的专科层次的高素质理工类技术技能人才。目前学院办学规模不断扩大，生源质量不断提升。

职业教育是我国教育体系的一个重要类型。实施产教融合、校企合作，是党和国家对职业学院办学模式的必然要求；工学结合、知行合一是高职人才培养的主要模式；教学做研用为一体是职业教育的主体教学模式。学院董事会认为，学院要在激烈的生存竞争、人才竞争中永远立于不败之地，必须要利用好集团办学的优势，打好"厂校一体、工学结合"这张产教融合特色牌，将其做大做强，这是学院生存之根本所在。于是，全院秉承"立德，践行，精技，拓新"的校训精神，"以教育家理念治学，以企业家理念治校"的理念，全面改革创新，采取了一系列措施，不断凝练特色、提升质量，探索出了"厂校一体、工学结合"的产教融合办学特色。

二、特色做法

为打造好产教融合办学品牌特色，学院在集团办学的基础上，围绕"厂校一体、工学结合"，重点抓好顶层设计，不断改革创新，全面开放办学，全面实施四大战略，即以科学管理和深化人才培养模式改革相结合实现质量立校战略；以引进人才和自我能力提升相结合实现人才强校战略；以吉马集团为依托深化产教融合与构建企业人素质养成教育体系相结合实现特色兴校战略；以特色专业群建设和工程教育专业认证相结合实现品牌亮校战略。

1.精准聚焦，锚定特色建设目标

学院依托吉马集团人力资源优势、办学条件优势和资金优势，并引进社会企业实施校企合作，设定了特色建设预期目标：一是通过与吉马各产业在产业链、人才链、资金链的校厂一体的无缝对接,解决民办高校做大做强,实施可持续发展问题。二是通过校企双方技术管理人员交流,相互兼职,解决学院双师型教师培养渠道,同时通过企业搭建学院服务社会的平台。建设工学结合的双师型队伍,提高学员服务社会贡献率。三是通过与吉马集团各产业及校外企业密切合作解决专业人才培养所需的有专业背景的兼职教师和实习实训设施与真实的工作情景,进一步推进专业建设水平。四是通过校企合作共同开发专业人才培养方案,共同开发课程,共同实施工学结合人才培养模式,校企双方协同育人,培养企业用得上、留得住,深受企业欢迎的高技能人才。

2.突出需求,围绕产业办专业

建校伊始,白手起家,学院依托吉马集团自己的彩印公司(公司有高宝利必达162a五色印刷机、海德堡CD102印刷、利优比五色四开印刷机;配置柯达全胜CTP、自动裱瓦机、裱卡机、压纹机、自动模切机、烫金机、覆膜机、上油压光机、粘箱机、切纸机、折页机、配页机、套贴机、锁线机以及一整套完整的原材料及成品的检测设备),开设了印刷技术、印刷设备与工艺、印刷图文信息处理、包装技术与设计及市场营销这5个专业,学院从北京印刷学院聘任退休教授到校任教,部分专业课和实践指导由印刷包装公司技术管理人员承担,教学设备和实习车间均由企业解决,学生的实习实训在企业车间进行,使学生了解了企业文化和真实的生产工作环境,学生毕业后很快适应企业岗位工作(见图1)。

图1 学生在吉马彩印实训

近年来，学院依托吉马集团的印刷包装、物流、零售、房地产等产业形态，陆续开办印刷包装类、艺术设计类、企业管理类、物流类。财务类、汽车类、建筑类等22个相关专业，占学院专业设置数量的55%以上。

3. 内投外引，完善提升办学条件

实施"厂校一体，工学结合"产教融合改革，必须有自己的企业、筑巢引凤的场所设施，否则就是无源之水、无本之木。学院董事会紧紧抓住扩大办学条件的机会，吉马集团和学院千方百计筹措资金1.7亿元人民币，购入与学院毗邻的尧富家具有限公司厂地厂房，进一步改善办学条件。此举使学院用地增加200多亩，建筑面积增加11万平方米，为引企入校产教融合提供了广阔空间。

另外，学院新建一栋近3万平方米的实训楼，并新增投入1000多万元，添置了工业机器人等各类实训教学设备及软件，极大改善了实训实习条件。

4. 先行先试，实施校企协同育人

2016年6月，学院印刷媒体技术和应用电子技术两个专业被省教育厅确定为"二元制"人才培养模式试点专业，即以行业（企业）与学校二元主体、学徒与学生二元身份、师傅与教师二元教学、企业与学校二元管理、企业与学校二元评价、毕业证与职业资格证二元证书、全日制与非全日制二元学制为主要特征，以全面提升劳动者技术技能水平和职业素养为主要目标的现代职业教育人才培养新模式（见图2）。合作企业为吉马集团的漳州彩色印刷包装公司和漳州万利达生活电器有限公司。学院成立了以董事长林朱江先生为首的领导小组，学校主管教学领导和试点企业高管共同担任副组长。传媒学院、机电学院与合作企业具体实施。双方共同制定人才培养方案和实施课程体系，专业课完全在企业车间实施教学（见图3），实行师傅带徒弟的教学形式和教学做一体化的教学模式，职业岗位能力评价以企业评价为主体。对于考核成绩优异的学生企业给予奖励。目前，印刷媒体技术学生均能承担印刷机长岗位的工作，受到企业好评。

图2 开展"二元制"人才培养模式试点专业

图3 学生在汽车城开展实训

5.彰显企业人素养,培养学生全面发展

学院办学以工科为主,毕业生无论是学工科专业还是学管理类、财会类专业，绝大多数就业面向企业。因此，在校期间必须让学生了解以企业精神和企业价值观为核心的企业文化，在各专业人才培养方案中，将印刷概论、6S管理、ERP企业管理系统、ISO9001、合同法及写作、演讲与口才、现代礼仪、国学等列为必修课程，通过课堂主渠道向学生灌输诚信、管理、法律、社会交往等企业文化，培养学生企业精神（见图4）。

图4 学院举办校企师资交流会议

现代企业管理制度要求员工要有严格的组织纪律观念和时间观念。几年来，学院顶住社会的舆论压力，对学生上课实行打卡考勤，保证了上课出勤率，让学生接受企业管理文化熏陶，养成遵守纪律的习惯。学生就业能很快适应现代企业的管理模式。

6.突出"双师双能"，加强教师队伍建设

为满足学院教育教学改革的需要，深化实践教学环节，培养适应地方经济发展需求的应用型人才，建立与人才培养定位相适应的教师队伍，学院制定《漳州理工职业学院"双师双能型"教师培养方案》，加大"双师双能型"教师队伍的引进与培养力度，通过开展"双师双能型"教师（教师+工程师；教学能力+实践能力）培养工作，引导和促进广大教师，特别是中青年教师坚持"双师

双能型"发展方向，逐步建设一支数量充足、素质优良、结构合理、专兼结合，适应建设具有"动手能力强，综合素质好"人才培养特色需要的高水平、多用途教师队伍，使广大教师进一步树立现代高等教育理念，不断提高理论基础、专业技能和实践实训能力，提升教育教学质量，更好为区域经济发展服务。通过近几年培养和引进，目前学院"双师双能型"教师占专业课老师的80.21%。

7. 牵头引领，组建印包职教集团

2017年7月经省教育厅批准学院牵头成立了福建省包装印刷职业教育集团，并已在工商管理部门注册，目前集团成员已有12家。通过职教集团平台，学院与福建省印刷包装行业的学校、生产企业、研究院所、行业协会实行横向联合，就印刷包装专业人才培养、技术创新、技术服务等方面开展广泛合作，从而为校企合作产教深度融合拓展更广阔的空间。

三、突出成效

通过系列的特色建设，学院毕业生就业质量逐年提升，专业建设水平和社会服务能力不断增强，引企入校初见成效。

1. 毕业生就业率高、质量好，深受企业欢迎

学院建院十年来，为社会输送了30多个专业6500多名经济社会发展需要的高技能人才。在企业就业率逐年提高，最近3年均达到99%以上，在漳州就业率达67%以上。许多毕业生毕业后经过努力，有的已经担任公司总经理，有的成为小老板。如2010年毕业的物流管理专业学生魏毓斯从汽车销售员开始，几年后自己成立漳州雄业汽车贸易有限公司当上老板；2017年毕业生王毕苑一毕业就当上万达嘉华酒店的大客户经理。近年来，学院师生先后在国家、行业、省、市各类技能比赛中获得奖励194项，参加全国印刷行业职业技能大赛获一等奖，参加由中国职业技术教育学会主办"全国大学生网络企业沙盘模拟经营"大赛荣获全国总分第一名，参加全国职业院校"新道杯"互联网+企业经营管理大赛（杭州）全国总决赛一等奖。在福建省大学生机械创新大赛中先后获奖17项，

其中2018年5月获得福建省第12届大学生机械创新大赛获一、二等奖7项。全国一等奖1项、二等奖1项的好成绩。

2. 专业建设水平、服务社会能力不断增强

十年来，学院依托产业办专业，紧贴漳州市和福建省的主导产业、传统产业和战略新兴产业，专业数量由最初的5个扩展到40个，其中依托产业的专业达22个，形成了八大专业群。依托专业群成立了专业建设工作委员会，校企合作共同修订专业人才培养方案44部，制定课程标准329部，课程能力考核方案400部。智能制造专业群被评为福建省特色专业群，印刷媒体技术专业通过国际承认的IEET工程教育认证，被批准为福建省印刷包装教师培训基地。学院被批准为福建省印刷包装应用技术协同创新中心、福建省现代学徒制试点学校（见图5）。

图5 印刷媒体技术专业接受IEE认证

印刷技术等5个专业被省教育厅确定为福建省示范专业。教师参加各级各类技能竞赛获奖51项,其中有一名教师获全国印刷制版工冠军。教师已获专利35项。为企业解决印刷生产技术攻关项目5项。

学院与漳州印刷协会、漳州市文化广电新闻出版局合作,举办福建包装印刷职教集团"印刷前沿技术"专题讲座,培训服务全省160多家印刷企业。参与成立中国印刷高等教育联盟,并在2018年中国印刷教育与产学研协同创新论坛作主题发言;主动承办第六届全国印刷行业职业技能大赛(福建赛区)选拔赛;成功入选第45届世界技能大赛中国集训基地,承担7名参加国际印刷项目比赛选手的培养培训工作。

3. 引企入校初见成效

为了扩大学院办学条件,把校企合作引向深入,学院利用已购置的漳州尧富家具有限公司的200亩土地和11万平方米厂房,建立产教融合基地,以企业无偿使用土地厂房为条件,引企入校,借鸡生蛋。企业在完成生产任务同时利用企业技术人员和设备优势,实行产教融合,为学院相关专业培养技术技能型人才,实现企业得产品,学院得人才的双赢合作模式。目前已有7家与专业相关的企业与学院签订协议并正在进驻,同时有闽南民俗馆等3家文化企业也进驻校园。学院新成立的漳州理工驾驶员培训中心已正式运营。另外,已有福建满钇集团等5家企业与学院签订订单培养协议,目前正在实施中。电视台和相关报刊已对学院办学特色进行了系列报道,扩大了学院在全省的影响(见图6)。

回顾十多年的建设历史,学院依托吉马集团办学,"生在开发区,长在企业中",走出了一条"产教融合、校企合作、工学结合"的特色办学之路。通过办学定位与发展战略的顶层设计,特色建设目标的确立,围绕产业办专业服务地方经济、筑巢引凤、引企入校、改革人才培养模式、企业人素质养成教育等系列措施,使学院毕业生的就业质量逐年提高,深受企业欢迎。学院社会声誉不断提高,服务社会能力不断增强。福建省教育厅的领导多次视察学院,对学院的特色建设给予高度的肯定。

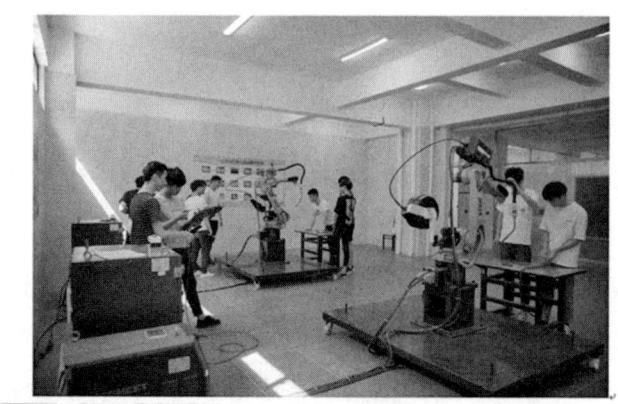

图 6　学生在"校中厂"开展实习实践

在新的形势下,学院将以习近平新时期教育思想为指导,进一步深化校企合作、产教融合的办学模式,探索工学结合人才培养模式的新机制,把学院的特色进一步发扬光大,为社会培养更多更好的高素质技能型人才。

四、总结与思考

通过"厂校一体、工学结合"的长期探索,对内涵与外延有了更加深刻的认知。所谓"厂校一体、工学结合",是指以学院为本位,在现有的教学系统(包括理论课、实验课和项目安排)的基础上,将工厂环境引入学校,在校内建起技术先进、设备完善、环境逼真的教学工厂,形成"前厂后校"或"前校后厂"的办学实体,让教学过程和生产过程融合在一起,在高职院校塑造一个企业环境与教学环境紧密结合的办学模式。或者可以理解为:把企业办在学校,实现车间教室合一、学生学徒合一、教师师傅合一、作品产品合一及育人创收合一的教学模式。"校企合一"与我们常说的"校企合作"是有区别的,两者虽然只有一字之差，却有着本质区别。"校企合一"是以学院为本位，而"校企合作"中的学校和企业都是独立承担责任的主体。"校企合一"是"校企合作"的高级阶段，随着高职工学结合人才培养模式的不断深入，各高职院校应该在加强"校企合作"的基础上，积极探索"校企合一"，稳步推进"校企合一"。

工学结合必须以密切的校企关系作为前提。虽然各高职院校在校企合作方面做出了不少成功的尝试，但是要真正实现"校企合作"还存在着难以克服的瓶颈。一方面是因为教育的公益性与企业的营利性之间存在着矛盾，学校以培养合格人才为最大目标，追求社会效益，企业以实现利润最大化为目标，追求经济效益。很多企业对工学结合并不十分积极，高职院校与企业的合作是建立在能够给企业带来利益基础上的合作。另一方面，由于工学结合还处在探索过程中，国家教育行政部门尚未制定具有现实意义的相关指导性文件，工学结合主要是靠学校自己去找企业，停留在以人情关系为纽带的基础上。

校企共建师资：贺州学院"新工科"育人新实践

贺州学院　凌永发　吴郭泉　王　辉　麦昌礼

一、基本情况与背景

在新工科和转型发展背景下，地方本科高校日益重视产教融合的今天，校企合作在校、企双方的共同推动下日渐成熟，大多能够建立以"共赢"为基础的合作平台。尽管具备了一定的合作基础，但在校企双方双主体合作办学的实际运营过程中，因为企业与学校所处体制环境不同，核心利益诉求不同，仍然存在着一些因素延缓了校企合作的进程，制约了校企合作的质量，降低了校企合作的效率：一是校方仍为办学的绝对主体，企业未能以主体人角色参与办学全过程，在专业建设过程中只是象征性地引入了企业内容；二是未建立体系化的专业共建标准，因此在专业共建过程中缺乏清晰的目标，校企的联动缺乏统筹；三是在校企合作逐渐大众化的背景下，未认真思考如何利用合作企业与高校自身的优势打造专业运营特色。

为此，贺州学院在2014年确立为广西壮族自治区转型发展首批试点学校的基础上，进一步贯彻落实2015年10月由教育部、国家发展和改革委员会、财政部印发《关于引导部分地方普通本科高校向应用型转变的指导意见》（教发〔2015〕7号）提出的"四个转到"的要求。大力推进校政企合作、产教研融合，坚定不移地走开放合作、协同创新和协同育人的发展路径，取得明显成效。

2015年2月，学校与中兴通讯签订了《贺州学院—中兴通讯ICT产教融合创新基地合作框架协议》，2015年6月，签订了《贺州学院—中兴通讯创新基地专业合作运营协议》《教育部—中兴通讯ICT产教融合创新基地共建协议》。成为首批教育部与中兴通讯共建“ICT产教融合创新基地”的30所合作院校之一，这是学校深化产教融合的一个标志性成果（见图1）。

图1 ICT基地入口

2015年9月，合作专业通信工程、物联网工程开始招生，首届招生197人。到目前为止，合作专业在校生规模达到921人。2016年9月，ICT产教融合创新基地全面建成，双方共同投入1900多万元，占地面积2000多平方米，包括数据通信、光传输、数据通信、云计算、三网融合等5个企业实验室和食品溯源、智慧农业两个平台。在中兴现有已经落地的校企合作项目中，贺州学院是投入资源最大、合作力度最大、融合程度最高的项目。

2016年12月，学校正式成立贺州学院信息与通信工程学院（中兴通讯信息学院）实体学院；2017年3月3日，信息与通信工程学院正式揭牌。2017年12月21日，贺州学院-华晟经世智慧学习工场、“互联网+”贺州生态产业发展研究院落成，正式揭牌，包括教育大数据中心、虚拟演播中心、微录播中心、双创中心等。2018年4月13日，教育部学校规划建设发展中心发布《关于公布教育部—中兴通讯ICT产教融合创新基地项目合作院校名单（第一批）并实施第二批认定工作的通知》（教规建中心函〔2018〕16号），贺州学院教育部—中兴通讯ICT产教融合创新基地项目通过了教育部验收（见图2）。

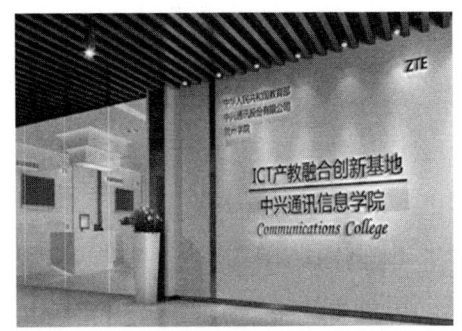

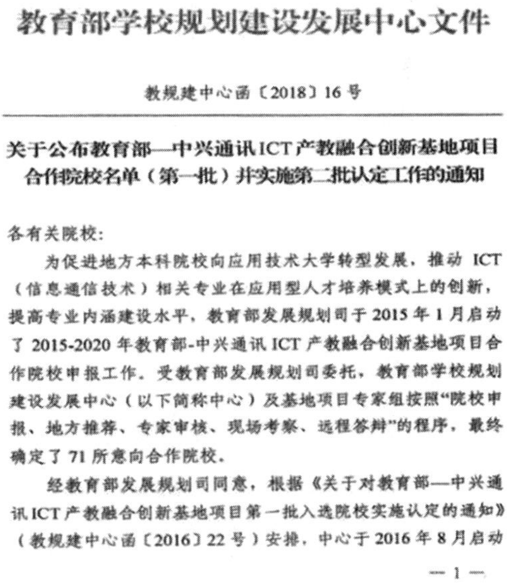

教育部学校规划建设发展中心文件

教规建中心函〔2018〕16号

关于公布教育部—中兴通讯ICT产教融合创新基地项目合作院校名单（第一批）并实施第二批认定工作的通知

各有关院校：

为促进地方本科院校向应用技术大学转型发展，推动ICT（信息通信技术）相关专业在应用型人才培养模式上的创新，提高专业内涵建设水平，教育部发展规划司于2015年1月启动了2015-2020年教育部-中兴通讯ICT产教融合创新基地项目合作院校申报工作。受教育部发展规划司委托，教育部学校规划建设发展中心（以下简称中心）及基地项目专家组按照“院校申报、地方推荐、专家审核、现场考察、远程答辩”的程序，最终确定了71所意向合作院校。

经教育部发展规划司同意，根据《关于对教育部—中兴通讯ICT产教融合创新基地项目第一批入选院校实施认定的通知》（教规建中心函〔2016〕22号）安排，中心于2016年8月启动

—1—

图2 ICT基地通过教育部验收文件

二、特色做法

1. 混编师资深度融合

校企深度融合，混合师资，按照“八个共同”（共同研究制定教学质量标准、共同修订人才培养方案、共同构建课程体系、共同开发教材更新教学内容、共同组建教学团队、共同建设实训实习基地、共同实施人才培养和共同评价人才培养质量）“三位一体”（传授知识、培养能力和塑造价值）要求，全面实施人才培养。2016年11月，贺州学院和中兴通讯公司共同发布《贺州学院—中兴通讯信息学院校企合作管理委员会章程》，并成立首届贺州学院—中兴通讯信息学院校企合作管理委员会；2016年12月，学校正式组建成立贺州学院信息与通信工程学院（中兴通讯信息学院）实体学院（见图3）。

以混编师资模式共同推动专业和课程建设。企业不仅仅是将设备投入高校实现企业实验室的建设，同时企业的工程师团队、课程资源、就业资源、行业资源等充分引入合作办学全过程，发挥双方各自优势推动专业和课程建设。中兴通讯常驻工程师团队分别划拨进各教研室和学工团队中按照专职教师及教辅人员统一管理和调用。充分发挥双主体合作办学中企业方的能动性，利用企业常驻师资共同进行行业调研、人才培养方案制定、课程交付、教材开发、学生管理、学科竞赛、工程师顶岗实习、毕业设计、就业等工作。

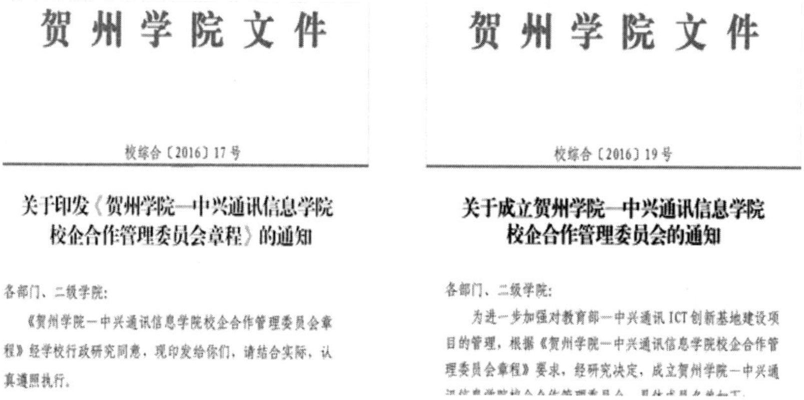
贺州学院文件

校综合〔2016〕17号

关于印发《贺州学院—中兴通讯信息学院校企合作管理委员会章程》的通知

各部门、二级学院：

《贺州学院—中兴通讯信息学院校企合作管理委员会章程》经学校行政研究同意，现印发给你们，请结合实际，认真遵照执行。

贺州学院文件

校综合〔2016〕19号

关于成立贺州学院—中兴通讯信息学院校企合作管理委员会的通知

各部门、二级学院：

为进一步加强对教育部—中兴通讯ICT创新基地建设项目的管理，根据《贺州学院—中兴通讯信息学院校企合作管理委员会章程》要求，经研究决定，成立贺州学院—中兴通

图3　校企深度合作和办学文件

2. 校企共建综合性实验室平台

强能力，重创新，突出实践教学，建立企业实验室，开设职业素质、企业和创新创业课程，努力增强学生应用水平、创新精神、创业意识和创造能力。与合作公司中兴通讯共同投入1900万元共建"教育部—中兴通讯ICT产教融合创新基地"，按"网络认知、基础技能、工程应用和综合实践"四个层次搭建阶梯式实践能力培养规划，并依据四个层次的实践教学体系构建了数据通信实验室、光传输实验室、4G LTE实验室、三网融合实验室、云计算实验室，以及智慧农业实训、开发平台，上述企业实验室的建立区别于传统实验室建设思路，而是以工程现场和实际应用为场景，实现"云""管""端"体系架设。以教育部慕课建设为契机，校企投入近500万元，搭建智慧学习工场，包括教育大数据中心、虚拟演播中心、微录播中心、双创中心等，助力传统课程教学，改变教师教学、学生学习和专业管理方式。

3. 企业资源支撑实践教学

面向新一代信息技术，对标"新工科"建设要求，按行业标准强化实践性教学，专业人才培养方案中的企业课程占38学分以上（总学分为170）。企业课程由校企共建的企业工程实验室支撑，企业驻校工程师完成课程交付、实训和课程设计环节。

企业工程实验室建设以实体设备高度还原当前行业工程现场，支撑批量化人才培养为原则。在企业工程师带领下，企业课程使学生在学校"理论学习"阶段就能够接触工程第一现场设备和工程案例，企业课程课内实践环节占比达到50%。实践内容的丰富和实验设备的保障，大大提升学生学习效果和应用型能力培养成效。

同时，引入企业行业资源，实现"理论学习"+"工程师顶岗实习"+"以实习过程为内容的毕业设计"+"实习和就业相结合"的实践一体化人才培养模式。基本完成100%学生工程师顶岗实习安排，使合作专业学生都输送到符合其人才培养定位的应用型工程师岗位进行实习，实习和毕业设计质量得到大幅度提升，就业质量明显改善。

4. 扎实推进"一课双师"

以智慧学习工场平台为依托，与中兴通讯在合作专业教师团队中共同开展"一课双师"嵌入式融合创新实践，全面提升教师行业应用和创新水平。

"一课双师"课程以企业课程和创新课程为主，建设周期两年，由企业工程师和大学专任教师共同负责建设。建设期内企业工程师担任课程负责人，大学专任教师作为课程助理跟班学习和逐步参与授课，共同完成课程教学、教学大纲、教案的制作以及线上线下所有课程资源，对课程质量负责。建设期结束，大学专任教师通过企业课程认证，颁发合格证，企业实现向学校交付该课程。校企合作期间，通过认证的大学教师可独立授课，企业工程师仍然担任课程实践环节负责人，双方各自发挥所长完成课程，在工作协同中开展嵌入式融合，真正聚集校企优势资源，加速专业和课程发展，在具体工作中持续提升高校教师的行业能力及企业工程师对教育规律的理解和应用能力。

三、突出成效

1. 共建成果初显

校企合作三年来，与行业龙头企业中兴通讯共建产业学院"中兴通讯信息学院"，共建企业实验室5个，共建包含"云""管""端"一体的智慧农业平台1套，共建基于智慧学习工场的信息化教学平台1套。获批教育部首批新工科研究与实践项目1项，自治区级教改项目3项，获得广西壮族自治区创优项目——ICT行业创新协同育人平台1个，通信工程专业被评为自治区特色专业，获得1000万元资金支持；全国大学生"互联网+"竞赛进入国家赛，获得区级金、银奖各1项；全国大学生电子设计竞赛获得国家级一、二等奖各1项，区级一、二等奖6和8项，大学生创新创业训练项目国家级立项5项，省级立项12项，挑战杯获得区级银奖1项，铜奖1项；校企合作主持参与地方性课题/项目15项，横向项目金额累计达到150万元，搭建"互联网+"贺州生态产业发展研究院校政企合作平台1个；教师行业应用和创新水平明显提升，本科人才培养质量显著提高（见图4）。

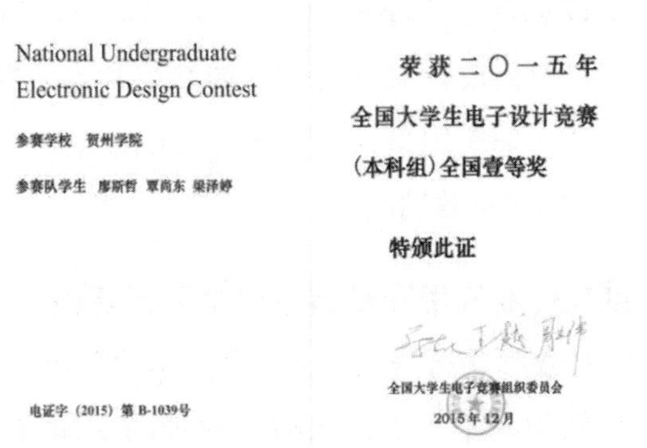
National Undergraduate
Electronic Design Contest
参赛学校 贺州学院
参赛队学生 廖斯哲 覃尚东 梁泽婷

荣获二〇一五年
全国大学生电子设计竞赛
(本科组)全国壹等奖

特颁此证

全国大学生电子竞赛组织委员会
2015年12月

电证字(2015)第B-1039号

图4 2015年获得全国大学生电子设计竞赛一等奖

2.区域内知名度提升

三年来，基于与中兴通讯校企合作的资源拓展，与包括粤港澳大湾区在内的近30家企业签订了校外实习基地协议，为合作专业大学生工程师顶岗实习提供了强有力保障；贺州学院校企合作工作起步早，近几年在创新与实践方面均形成了一定的经验，改革做法被地方主流媒体专题报道（刊发）多次，先后有100余所高校来学校学院实地考察，获得了广泛的社会影响，在省内外同类高校中具有很好的辐射和示范作用；近两年校领导及二级学院领导多次受邀在省内外重大教育教学会议上分享产教融合校企合作办学经验，有效推动了自治区区地方性本科高校的转型发展；校企合作以来，创新应用型人才培养方案初步形成，ICT协同育人模式获得教育部评估专家肯定，学生受益面广，人才培养质量提高明显，毕业生就业能力和就业质量获得较大提升，贺州学院在粤港澳大湾区区域社会知名度崭露头角。

四、总结与思考

1.建立长效工作机制，加强校企合作人才培养制度建设

在“以人为本”“转型发展”“校企合作办学”“内涵式发展”等办学理念实践中，我们的团队基本找到了地方本科高校在应用型人才培养中的定位和方向。

以互利共赢为原则，以创新应用型能力培养为目标，以产出导向为关键环节，通过建立相应的工作机制，校企双方合作开展知识和素质能力教育，促进学生就业和成为复合型的高水平应用型人才。实践表明，应进一步研究探讨建立校企合作长效工作机制，形成有效制度。

2.转变观念，重视行业应用和创新型教师队伍建设

长期以来，高校对教师实行身份管理，而身份管理的最大弊端表现为被管理者对管理者的人身依附和不平等，忽略了教师的主体自在性和主观能动性。实行契约化管理并实现管理关系法治化、双方关系的法权化是中国高校新一轮内部管理体制改革的必然。同时，非重点城市地方本科院校的大部分专任教师虽然都具有硕士和博士学位，因其直接从高校课桌走向高校讲台，社会实践经验不足，行业和应用能力较为欠缺，需要进一步认真落实教师主体地位，增强教师荣誉获得感，加强教师队伍的行业应用及创新型能力建设，以此推进高校转型发展。

3.教育行政主管部门应分类建立和动态调整专业和课程评价指标体系

较长时间以来，高校专业和课程评价的指标体系虽然有所改变，但主要还是师生比、博士硕士教师占比、项目、论文、撰写教材、仪器设备、就业率等指标，主要评价的仍然是学校和教师，而且所有高校基本统一用一个指标体系去衡量，这样得出的评价结果并不客观。教育行政主管部门应分类建立和动态调整专业和课程评价指标体系，尤其对于有校企合作的地方本科高校。当前，国家大力推动和引导地方高校转型发展，评价指标更应突出以学生为中心，强调学生产出。比如实质性的校企合作指标（如合同、合作时间、建设内容、实质投入、长期驻校师资）、学生职业素养和能力、课程成绩、"互联网+"竞赛获奖、学科竞赛获奖、毕业实习和毕业设计过程监控、就业专业对口率、薪资水平等。

战略联盟+文艺品牌：湖南文理学院规划艺术专业建设新方案

湖南文理学院　杨宗升

一、基本情况与背景

湖南文理学院坐落在拥有全国文明城市、国家卫生城市、国家园林城市、中国首届魅力城市、国际花园城市、全国交通管理模范城市等美誉的湘西北历史文化名城——常德，高等教育办学起源于1958年建立的常德师范高等专科学校，先后汇聚了常德高等专科学校、湖南农学院常德分院、常德教育学院、常德市城乡建设职业技术学校、常德艺术学校各自的学科专业优势，至今已发展成为一所综合实力较强的全日制公办本科院校。2013年，学校开始启动转型发展，2014年主动申请并被确定为湖南省两所转型发展试点高校之一，并成为全国应用技术大学（学院）联盟成员。2016年4月，学校被确定为"产教融合工程——应用型本科高校"国家转型试点学校。

根据习近平总书记对文艺工作的指示精神，文艺是文化的窗口、结晶、标志，我国文艺事业的大发展大繁荣，必须以文化自信为坚实基础。只有坚定中国特色社会主义文化自信，才能在充分吸收中华民族优秀传统文化的丰厚养料中，在坚持传承革命文化的红色基因中，在努力建设社会主义先进文化的创新成果中，创造出具有鲜明民族特色、反映当代中国崭新风貌、体现人民心声的丰富多彩的各种文艺作品。常德市政府报告也明确提出，传承发展优秀传统文化，实施文艺精品工程，推动文化市场和文化产业健康有序繁荣发展。办好各类群众性文化活动。

湖南文理学院，是一所地方本科院校，作为教育部全国大学生文化素质教育基地，学校不仅重视艺术学科专业的发展建设，也特别关注全校大学生的素质提升，出台相关文件并长期实施对全校大学生的"文化艺术素质与综合道德素质"为主题的"两个素质提升工程"。其中的文化艺术素质提升工程中的音乐类教育教学活动由艺术表演与传媒学院负责，长期面向各二级学院的学生办有合唱、器乐、舞蹈、常德丝弦、湘北大鼓等学生艺术团，自2011年起，各类艺术团统称为湖南文理学院"武陵风韵"艺术团，挂靠艺术表演与传媒学院统筹管理，主要目的是要将"大武陵地区"的本土文化特色植入当代大学生的教育教学实践中。

二、特色做法

2014年学校艺术表演与传媒学院的舞蹈编导专业被立项为学校转型专业，在学校的统一部署和学院二级管理制度框架下，以"六个转向"的转型发展共识为出发点，立足社会文化需求，以建立对接产业链、创新链的专业体系为总体目标，在协同创新、加强应用型人才培养、课程体系改革、双师型师资建设、学生就业创业、服务地方经济发展等方面，多管齐下，分阶段推进舞蹈编导专业"深度转型发展"工作。与湖南演艺集团、常德武陵区政府等单位和部门联合设立校企、校地合作的协同创新平台，打造了具有浓郁地方文化特色的"武陵风韵"演艺品牌，为地方文化传承、文化创意产业发展研究及产教融合等工作的开展起到了积极的推动作用。

1. 突出校企、校地合作，创建协同创新平台

2015年1月28日，湖南文理学院与湖南省演艺集团签订了艺术专业领域协同创新战略联盟协议。湖南省演艺集团为省管大型企业，由湖南省杂技艺术剧院有限公司、湖南省话剧院有限公司、湖南省歌舞剧院有限公司和湖南大剧院、湖南省演出公司、湖南文化娱乐中心、湖南文化音像出版社、湖南省文化物资公司等八家单位组建。按照协议约定，双方将资源共享、全面合作，共同组建"演艺人才"共享基地，提升学校"武陵风韵"演艺品牌。

学校与湖南省演艺集团将合作的目标定位于多方共同参与校企、校地合作，多方资源共建共享，在艺术表演教育教学、文化艺术产业发展研究等领域开展全方位的合作。强强合作，联合攻关，合力打造并共同提升"武陵风韵"演艺品牌；积极开展人才交流，合理调配，共同组建"演艺人才"共享基地，共同引领教学转型与就业对接。同时，以协同创新平台为依托，学校与湖南演艺集团、常德武陵区政府就艺术专业领域协同创新、双师型人才培养、学生就业创业等落实确定了一系列具体合作项目，包括：学校艺术表演与传媒学院分期安排学生到湖南演艺集团、常德武陵区政府下属单位开展见习、实习等实践教学环节，包括开展剧目创排、项目执行、艺术教育等工作；推荐多名教师成为两家合作单位的兼职编导或签约演员；还聘请了10名符合双师双能型导师条件的艺术表演领域专家为学院的客座教授，助力艺术表演与传媒学院的教育教学与人才培养。湖南演艺集团、常德武陵区政府下属文化事业单位不定期安排表演艺术家和其他文化艺术类专家来学校开设讲座，为学院师生带来表演艺术一线的实践经验分享，大大提升了艺术表演教育教学的实效性和丰富性，得到了师生们的一致认可。同时，学校与湖南演艺集团、常德武陵区政府下属文化事业单位合作申报并开展了文化事业、艺术表演领域相关科研课题共5项。湖南演艺集团、常德武陵区政府下属文化事业单位每年来学校安排两场次各类演出，并不定期协助学院创排重点剧目并提供场地、剧本创作、资金等必要支持。合作至今，两家单位与学院共同打造了3台制作精良、观众反响热烈的大型文艺节目。自合作以来，共有百余名学生参加了演艺一线的实践学习活动，学生艺术创编、表演等实践能力得到了明显提升，取得了良好的成效（见图1）。

2. 结合社会需求，打造应用型课程体系

学校充分利用校企、校地、校校间的深度合作，共建共管人才培养基地，建立地方、行业和用人单位参与的专业指导委员会，联合行业企业开发专业课程与教材，实现专业培养目标与实践需求的良性对接。为了与社会文化发展需求、专业发展趋势相适应，艺术表演与传媒学院不仅将舞蹈编导专业的教学、

图 1 学生舞蹈作品"苗鼓后生"

管理及培养目标建立在突出湖湘民族文化意识的基础上，而且实行了有特色教学体系的管理模式，将本地文化产业结构及人力结构结合起来，积极彰显湖南地方高校舞蹈编导专业的文化特色，主动对接市场对文化的需求，着力保障舞蹈编导专业人才培养的流通。

针对企事业用人单位的实际需求，在舞蹈编导课程设置体系中加大创编课程的比例，例如：开设课程即兴表演、舞蹈创编（群舞）、舞蹈创编（单人）、舞蹈创编（双人）、舞蹈创编（三人）、舞蹈编导（舞剧）、舞蹈排练共计14个学分（占总学分的8.5%），在原来基础上把创编课程的学分提高1倍，相对减少训练科目；创编课程的课程内容特别注意根据实际情况针对性选择地方舞蹈文化元素，并经常请用人单位委派教师指导，使学生在日常的课程学习中就接触甚至熟悉今后现实舞蹈工作的内容；转型发展过程中还充分利用并发挥选修课程作用，将选修模块的学分设置为总学分的23%左右（含全校性文化素质选修课程或文化素质教育拓展课程8学分），这些课程的设置搭建了学生个性化发展的平台，引导好这个个性平台与产教融合、校地合作结合，更能为培养定单式人才提供条件。

3. 面向实际应用，构建多元化的考核方式

与应用型人才培养和课程体系建设相适应的是考核评价方式构建。近几年来，艺术表演与传媒学院积极拓展探索适应现代大学教育的考试考核方式，完善应用舞蹈编导人才培养的质量评价体系，突出舞蹈综合素质，强调"一专多证、能力为先"的评价标准。为与用人企事业单位结合，"创编"课程系列、"现代舞"等课程考试考核，采用实践基地老师命题学生实地创编排练剧目形式，既锻炼学生的基本能力又展示学生水平，这种考核方式也增加了用人单位及实习基地对学生的了解，充分体现了产教融合、校地合作的模式中人才培养专门化、专业化的优势。将集中实践课程考核考试制度细化，"专业汇报"分班级专业排练、分方向比赛评比、综合性汇报演出、总结及点评算结构综合分，"艺术观摩"观摩演出或高层次舞蹈艺术讲座，分析观摩内容及总结算结构综合分，"艺术采风"实地考察地方音乐舞蹈形态、实地摄像、总结分析采风内容、简易改编与创作舞蹈作品算结构综合分，"社会实践与见习"实地参与艺术实践、参观学习艺术行业或音乐文化部门工作流程、分析与总结算结构综合分，"专业实习"实习前准备、下实习点实习、写实习日记及总结算结构综合分，"毕业演出"专业优秀的学生创编作品毕业音乐会及综合性毕业音乐会的排练、演出、总结算结构综合分。

4. 发挥文化优势，服务地方文化传承与振兴

舞蹈编导专业为服务地方文化，突出高校在地方文化的引领作用，积极推荐优秀教师参与或直接组织地方各类文艺活动。近年来，艺术表演与传媒学院共有10多名教师分别组织或参加了地方艺术团体的演出和文艺竞演，对地方艺术文化的发展、传统文化的传承与弘扬起到了积极的引导与推动作用。如：潘俊老师导演的2015年湖南省旅游节开幕仪式；高妍、吴波等老师连续三年在"湖南省雅韵潇湘"活动中指导常德百团大赛的文艺竞演活动；钱正喜老师在2016年石门柑橘节中担任导演和艺术指导；夏淼老师在2017常德桃花源开馆活动中担任艺术指导等。

三、突出成效

1. 高雅艺术进校园，品牌效益显著

组建的"演艺人才"共享基地，打造高雅艺术，打造的"武陵风韵"文艺品牌，获全国高校校园文化建设优秀成果一等奖，参加央视"五月的鲜花·我们的中国梦""雅韵三湘·高雅艺术进校园"等文艺演出40余场，得到社会各界高度赞扬。"中国桃花源"等系列演艺节目，已成为常德文化旅游产业的重要支撑，成效非常明显。其中长沙理工大学的演出还引起了媒体的广泛关注。湖南日报、湖南电视台卫星频道、湖南教育电视台分别对晚会进行了报道。湖南日报刊登报道《武陵风韵艺术团闪耀长沙理工》目前已被人民网、凤凰网、中国日报网、中国文化传媒网、华声在线等十多家权威网媒转载，产生了较好的社会影响（见图2）。

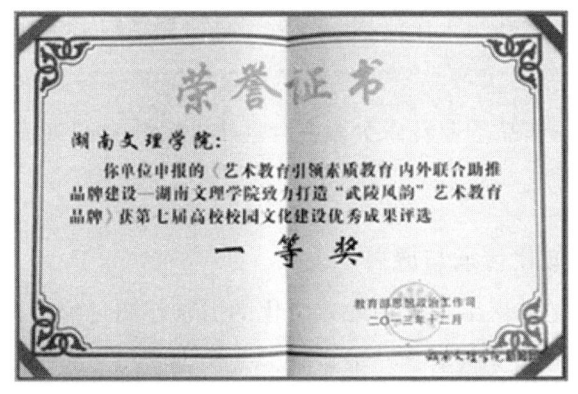 

图2 "武陵风韵"文艺品牌

2. 服务文艺需求，实现多方共赢

立足常德的社会文化需求，以协同创新平台为依托，以实践教学环节为中心，积极推动服务地方文化发展，学校艺术表演与传媒学院的转型发展近年来取得了十分丰硕的成果。如2016年由常德经投集团出资湖南演艺集团创作的大

型穿紫河风情旅游演艺（节目投资4600万元）项目、2016年7月由山水集团与常德市文投集团打造的桃花源记（节目投资2.5亿元）项目和2016年9月由常德城投集团打造的老西门剧场（节目投资4000万元）项目。近两年来，国家级主流媒体、网络、报刊等对以上3个项目频繁报道，其中穿紫河已成常德旅游的名片。这些地方大型文化活动项目的背后，包括整个项目的演职人员、项目策划、实施落地均有学院舞蹈编导专业师生的身影，同时，这些大型文化项目作为横向项目为学校进账科研经费200多万元，校企合作真正实现了学校、地方政府、演艺事业单位、企业、舞蹈编导专业学生多方共赢的局面。

四、总结与思考

作为地方本科院校的艺术类专业，应当主动作为，坚持"走出去"战略。积极参与地方重大文化活动，丰富地方文化活动内容，提升文化品位。学校艺术表演与传媒学院与地方政府签署"互联互促"合作协议，共同建造旨在提升当地群众剧团演员文化素质及剧目创作艺术水准的"十百千工程"；学校"武陵风韵"艺术团不仅参与穿紫河沿岸风光带、桃花源的演出，被省委宣传部纳为高雅艺术进校园的项目到各高校演出，成为传承地方文化的品牌。

学校与地方政府合作，充分发挥学校作为当地文化中心的辐射和带动功能，努力把学校建设成文化建设主阵地、文化研究主力军、文化传承和弘扬的先行者，是当前艺术类专业转型发展可借鉴可推广的方向和经验。

◆ 主题二 育人模式创新 提高培养质量

校企协同育人：成都工业学院探索产教融合育人新路径

成都工业学院 严余松 黄晓燕 郭成操

一、基本情况与背景

产教融合是办应用型大学的必由之路。培养应用型人才、服务行业、对接产业，既需要高校自身的努力，构建起一整套适合应用型人才培养的新模式，建立起与之相适应的师资队伍和管理机制，更需要行业、企业在人才培养过程中的参与和共同努力。建立以产教融合为主要特征的应用型人才培养新模式，仅仅依靠高校不能很好地形成一体化人才培养新机制，与行业、企业的合作往往在持续性、有效性上大打折扣，甚至是两张皮，或者是高校一头热、一厢情愿，究其根本，就是没有从机制上去破解这一老大难问题，只有建立起校企合作长效机制，实现合作共赢才是破解之道。

成都工业学院长期坚持"根植地方，魂在应用，产教融合、协同育人"的办学思路，通过制定《章程》《全面深化综合改革指导意见》等，明确了学校发展目标，将"构建产教融合、校企合作的多样化协同育人模式"纳入主要改革任务。近年来，学校在原有与成都地铁、士兰半导体等企业开办订单班，开展以就业为导向的校企合作的基础上，又与同在高新西区的富士康、华为、京东方、中芯国际等知名企业深入合作，积极探索协同育人新模式。学校以四川省纳入国家全面创新改革试验区以及成为首批四川省高校创新改革试点单位为契机，解放思想、先行先试，积极落实《国务院办公厅关于深化产教融合的若干意见》中"提高行业企业参与办学程度，健全多元化办学体制，全面推行校企协同育人"的要求，探索校企合作长效机制，打造协同育人新路径。

二、特色做法

为响应"中国制造2025"国家战略，满足中国西部地区智能制造人才发展需求及"中国制造2025四川行动计划"、成渝经济区和天府新区等区域重大战略任务，成都工业学院主动融入地方经济社会发展和产业转型升级，改革教育供给侧结构，对接区域经济发展需求，促进专业链、人才链与产业链、价值链有机结合。学校制定了《产教融合建设方案》，明确了发展目标、制定了时间表和路线图，落实了责任人，建立了跟踪检查、督察问责机制。

1. 探索解决应用型人才培养新路径，建立校企合作长效机制

2016年，学校与富士康集团高层多次交流洽谈，拟合作成立具有独立法人资质的实体运营机构，联合打造中国西部智能制造人才培训基地，共同搭建省、市智能制造政、产、学、研、用创新平台。双方建立利益共同体，携手在人才培养、科技研发、社会服务、产业转型升级等方面开展全方位的深入合作，充分发挥各自优势，实现资源共享、价值共通、合作共赢。2017年初，成都工业学院资产公司与富士康正式成立了"四川成工富创科技有限公司"（以下简称"成工富创"），公司注册资金人民币1200万元，成都工业学院资产公司控股51%。将产教两张皮、两个不同的利益主体，通过一种新型的合作模式和机制，形成了有着共同发展目标的利益共同体，这种"股权共持、利益共享、风险共担、优势互补"校企合作长效机制，探索了解决应用型人才培养"校热企冷"问题新路径。目前，基地已成为具有培训展示、实验实训、工程教学、科技创新、研发生产等功能较为完善的教学生产场所（见图1）。

图1　成工富创部分生产展示区

2. 推进信息化与工业化"两化"融合，打造西部智能制造示范基地

推进"两化"融合是国家重大战略决策。改造提升传统产业、加快产业结构优化升级、转变经济发展方式是特色产业发展的重要举措，智能制造是"两化"融合的主攻方向。为助推地方区域经济"两化"融合，校企双方积极将成工富创打造成西部智能制造示范基地，力争对西部地区的制造业升级发展起到引领示范作用。在成工富创建成智能制造产线1条，配套30余台FANUC数控加工中心、28台工业级机器人、智能仓储系统等各类生产教学设备200余台（套），价值人民币近千万元。围绕学校应用型人才培养目标，构建不同层次、针对不同学科专业对象的实践教学体系和模块，培养符合企业实际需要的应用型技术人才。打造科学研究和服务地方经济发展的协同创新平台。

3. 推动学科专业建设与产业转型升级相匹配，建立智能制造学科群

新一轮工业革命是以信息化与制造业的深度融合为主要特征，以制造业的数字化、网络化和智能化为核心技术。靠单一学科不能解决智能制造技术中的关键问题，必须将相关学科进行深度融合，发展智能制造学科群，寻求重点突破和整体提升。校企双方准备围绕智能制造领域，积极开展智能制造学科群建设，改变原来按单一学科分别建设的模式。学校将机械工程、计算机科学与技术、电气科学、自动化等核心学科统一纳入智能制造学科群，以合作建立的智能制造基地为载体，加强学科方向凝练，整体打造与产业转型升级相匹配的智能制造学科群。

4.成立智能制造学院，培养应用型智能制造人才

人才培养是产教融合的最终目的。成都工业学院和富士康以成工富创为基地，建立智能制造学院，培养适应地方需要的优秀的智能制造人才。在人才培养过程中，一是根据培养智能制造人才的需要，校企双方共同制定人才培养方案。二是学院内教师身份的变化，企业派遣实践经验丰富、理论水平高的工程师进入智能制造学院参与科研、教学活动，他们既是工程师，又是教师；学校派理论水平较高、责任心强的教师进入智能制造学院，同时参与企业的科学技术研究，他们既是教师，又是工程师。三是将一部分课程或部分课程的部分内容放到生产现场进行。四是校企双方共同开发应用型课程和教学案例。

三、突出成效

1.创新校企合作机制，成就"产学研用"的典范

富士康和成都工业学院发挥各自领域的优势，持续深化产教融合，合作建设中国西部智能制造人才培训基地。这种校企合作新机制，积聚了共荣共生新优势，构建了"产学研用"协同创新平台。双方在协同育人过程中，逐步实践了以"培养规格与行业标准相融合""教学内容与工程实际相融合""教学过程与工作过程相融合""教学场所与真实工厂相融合""教师队伍与工程师队伍相融合"为主要特征的产教"五融合"应用型工程人才培养模式。根据培养智能制造人才的需要，共同制定人才培养方案，共同建设"双师双能型"教师队伍，共同开发课程内容，共同编写教材，共同建设生产实训场地。例如，按照实际的生产组织形式采用模块化的体系结构编写了《认识工厂》系列讲义、《大学生生产实训教程》等教材。学校安排多位教师到富士康—鸿富锦精密电子（成都）有限公司进行工程实践。公司按照学校的要求和教师的学科背景将教师分配到

相关部门。在实践期间,一位教师用螺纹自锁的知识解决了工厂实际生产问题。他深有感触地说,实际工程应用中有很多类似的情况,可以为今后应用型教材的建设提供丰富的素材。

新型的校企合作机制,实现了人才培养关键环节的重点突破和示范引领。学生专业实践和创新能力大幅提升,参加全国各类学科竞赛捷报频传。学校招生质量明显提高,本科毕业生就业率持续保持在95%以上。2018年,学校以"转型发展,产教'五融合',培养应用型工程人才"为题的教改项目获得四川省第八届高等教育四川省教学成果一等奖。学校材料成型及控制工程、机械电子工程、微电子科学与工程三个专业获评四川省首批普通本科高校应用型示范专业建设立项。学校综合改革2016年、2017年连续两年获四川省教育体制改革领导小组办公室考核优秀(见图2)。

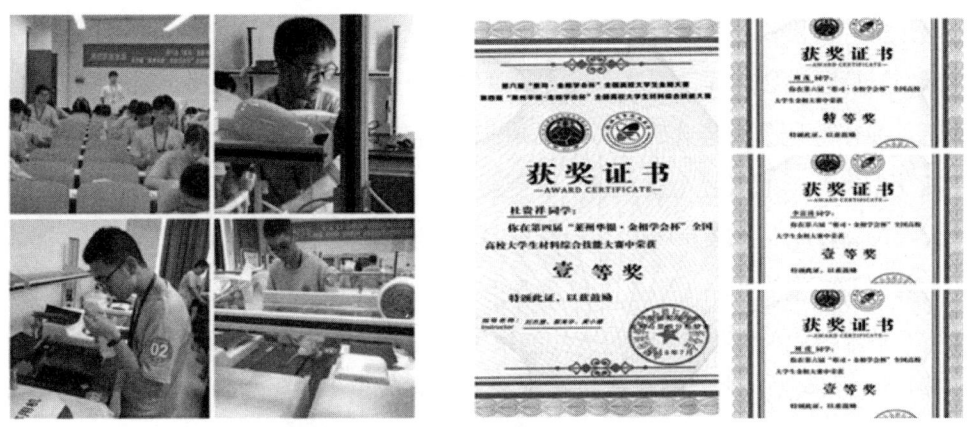

图2 学生参加全国金相大赛并获奖

2.改革人才培养模式,构建大实践教学体系

学校紧紧围绕应用型人才培养目标,整合实验室、校办工厂和"成工富创"的实训设备、人员和场地资源,构建大实践教学体系,为学生工程实践能力培养提供"真实环境",实现学校应用型人才培养的机制创新和资源共享。结合基地现有设备和技术条件,形成了针对不同学科专业对象的6个实践教学模块。学校各院系修订了人才培养方案,重新制定了专业计划和课程大纲,编

写了实习实训专业教材，进行了专业的升级改造，彻底改变了以往实践教学环节处于"拼盘"和"辅助"地位的状况，为应用型人才的培养提供了有力的实践教学体系支撑。如课程建设方面，成工富创与机械工程学院进行了《机电系统设计》《数控技术》等课程资源建设，开发应用型教材。机械电子工程专业的《机电系统设计》《机器人控制技术》《机电传动与控制》等课程的教学由成工富创的科研团队与机械工程学院的教师共同完成，课程中的大部分案例来自于成工富创的智能制造生产线。图3所示是共同开发的智能制造实践教学模块图。

3.打造协同创新平台，服务地方经济发展

成工富创是一家专注于高端智能制造全产业链发展，集智能制造技术产、学、研、用为一体的高科技公司。2017年11月，成都市经济和信息化委员会启动了成都市第三批"两化融合"示范企业培育工作，经成都市各区（市）县工业和信息化主管部门、行业协会推荐，成都市经济和信息化委员会组织开展审阅申报材料、走访调研、评审等环节，遴选确定了包括成工富创在内的25家企业作为第三批成都市"两化融合"示范培育企业。成工富创通过了"国家知识产权管理体系认证"，是"成都市高技能人才培训基地"及"四川省专业技术人才继续教育培训基地"。面向地方和行业的主要产品（服务）包括智能制造解决方案（工业企业转型升级咨询与服务、技术转让）、智能装备/智能控制系统研发、生产与销售（通信、电子、机电、精密模具类产品、智能制造技术人才培训（职业技能培训、科技推广和应用服务、教育辅助服务三大块业务）等。公司目前已经开展国家人社部高技能人才研修班、四川省经信委传统产业升级（智能制造）现场交流活动，成都市经信委企业智能升级培训，百万职工技能大赛等各级各类培训、实训、科普活动9000余次（见图4）。

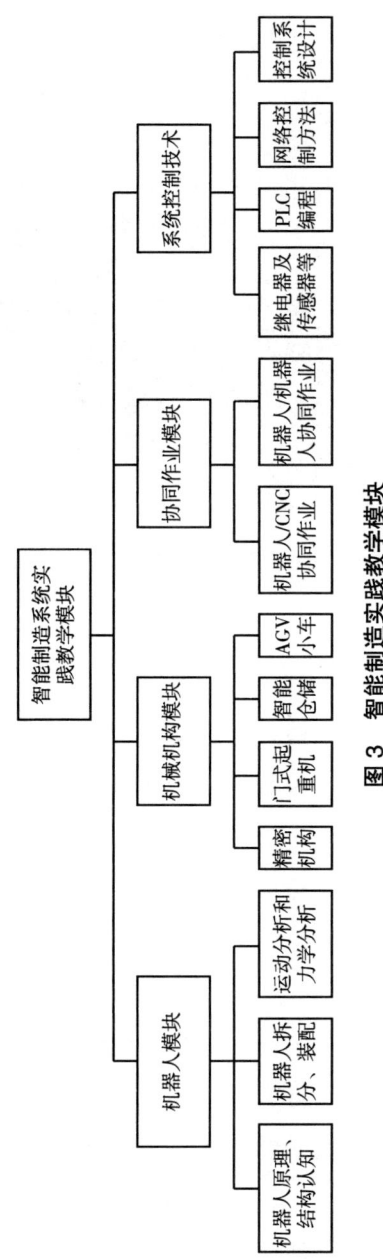

图 3 智能制造实践教学模块

图4 "基于工业机器人的智能制造技术"国家级高级研修班在学校进行

四、总结与思考

成工富创智能化制造生产线在国内高校领先,良好的运行机制和运行效果得到了校内外高度的评价。学校智能制造学科群的建设率先取得突破,除为国家和地方进行短期人才培训外,学校成功申报智能制造工程本科专业,站在了西部地区智能制造人才培养队伍的前列。厅委共建、教育部新工科项目的立项,无一不是对这种合作模式的肯定。

成工富创是学校转变思维模式,大胆改革探索产教深度融合的典型案例。富士康和成都工业学院在各自的领域内具有优势,合作建设中国西部智能制造人才培训基地,这种"股权共持、利益共享、风险共担、优势互补"的校企合作新机制,既是建设应用型大学的一次体制机制创新,也是产教深度融合、科教协同创新的一次大胆尝试,更是建设应用型大学的一次体制机制创新。"成工富创"模式实现了校企双赢,使该基地成为实现应用型人才培养的"方面军"、学生创新创业的"助推器"、"政产学研用"的"示范地"、产业转型升级的"好样板"、新工科建设的"试验田"。现在四川省教育厅和四川省经信委共建成都工业学院，将大力促进学校的发展、大力提高学校应用型人才培养能力、大力提升学校服务地方区域经济的水平（见图5）。

图5 四川省副省长彭宇行、教育厅厅长朱世宏、经信委主任陈新有视察成工富创

培养环节对接：长沙学院推进设计类专业育人模式转型发展

长沙学院　邓伍英

一、基本情况与背景

长期以来，产教融合、校企合作普遍存在人才培养与社会需求脱节、与实践应用脱离、与实际需求脱轨、与企业管理脱钩等问题，究其根本，就是没有从人才培养实效机制上去破解这一问题，只有找准突破口，建立高校、社会、企业之间的合作与互动的共同体，推进人才培养体系改革与创新，才能有效解决产教融合发展人才培养供给难题。

长沙学院作为省市共建共管的地方性本科院校，是"十三五"国家产教融合发展工程应用型本科规划高校（湖南省仅四所）。学校紧紧抓住湖南建设教育强省和长沙经济社会跨越发展的历史机遇，不断增强服务地方经济社会发展的能力，积极落实《关于引导部分地方本科高校向应用型转变的指导意见》中"要创新应用型技术技能型人才培养模式，建立以提高实践能力为引领的人才培养流程，建立产教融合、协同发展的人才培养模式"，落实《国务院办公厅关于深化产教融合的若干意见》中"从深化产教融合，促进教育链、人才链与产业链、创新链有机衔接，推进人力资源供给侧结构性改革，进一步全面提高教育质量"的新要求，学院在产教整合发展转型时期，探索以学科竞赛为抓手，深度推进产教融合发展，以协同创新育人、产教融合为核心理念，提出了"一三三、四协同"设计类专业人才培养体系改革与实践方案，在服务区域经济发展和学校人才培养等方面取得了良好成效。

二、主要做法

学院以协同育人理论为指导,坚持开放办学,遵循校企协同育人原则,完善协同育人制度要素,采取文献研究、调查研究、专题研讨、改革试验、总结提炼等方法,梳理地方本科院校设计艺术类专业人才培养新特点和新问题,分析其影响因素,重新定位了人才培养目标,明确了新的改革路径,研究提出设计艺术类专业实践教学体系建构的原则和方法,确立了以学科竞赛为突破口,以赛促改、以赛促学、以赛促创的发展思路,构建了"一三三"实践教学新体系和"四协同"育人机制,强化了条件保障,取得了显著的实践成效。

1.定思路:确立"以赛促改、以赛促学、以赛促创"教学改革新路径

在发展理念上,坚持开放办学,遵循校企协同育人原则,完善协同育人制度要素,促进学院与企业资源要素共享共融,搭建人才培养共同体,使人才培养与行业企业互动协调发展。在培养目标上,主动对接长沙文化创意产业行业发展需求,培养专业基础实、综合素质高、实践创新能力强,从事动漫设计、文化创意产品设计和环境设计的高层次应用型专门人才。在改革路径上,确立以学科竞赛为驱动,以"赛"促进教学改革,以"赛"促进学生实践能力培养,以"赛"促进创新创业教育,重构实践教学体系,创建协同育人机制,强化条件保障的改革路线图。

2.建体系:构建"一三三"实践教学体系

"一三三"即"一驱动、三对接、三强化"。"一驱动"是指以竞赛项目为驱动,发挥竞赛的枢纽功能,带动课程与教学的系统改革,实现由知识传授转向注重实践能力和创新能力培养。

"三对接"是指:其一,专业方向设置紧密对接产业链和创新链,如动画专业瞄准长沙地区电视媒体、动漫游戏、网络媒体及少儿数字出版等行业企业,设置了数字娱乐、数字影像、数字创意产品三个专业方向。其二,课程内容与职业标准对接,适应产业行业实际需求调整和更新课程教学内容。如邀请金鹰

卡通、H5互动大师等企业共同制定人才培养方案，共建课程，增设《H5交互设计》课程，共建了《UI设计》《网页设计》等12门视频课程。其三，行业企业参与教学，实现课程教学上的校企对接。如邀请深圳猫头鹰科技有限公司技术总监、宏梦卡通导演、互动大师企业总讲师讲授《游戏模型》《影视编剧》《H5交互设计》等课程。通过专业方向、课程内容和教学上的无缝对接，提升人才培养的针对性和适应性，同时也为提高学生竞赛能力和解决企业实际课题夯实了基础。

"三强化"是指：其一，强化实践比重。四个专业的实验、实训、实习环节学分占总学分的比例平均增加到48%。其二，强化技能训练，实施模块式技能训练。如视觉传达设计专业设置艺术基础模块、综合应用模块、研究与创新模块，分基础、中级与高级三个层次，贯穿教学全过程，形成螺旋上升的实训体系。同时，运用整合式训练法，以解决问题为导向，将原有教学内容重构，有机地将基础课程、核心课程的知识点融为一体，通过涵盖竞赛全过程的实战训练，有效培养了学生的技术技能。其三，强化创新意识。以竞赛活动为载体，以企业实际问题为导向，营造勤于实践、勇于创新的学习氛围，企业投入资源，校企双方教师参与指导，学生采取自主学习、团队学习的学习方式，真题真做，切实提高了学生创新精神、协作精神和实战能力。

3.创机制：创建"四协同"育人新机制

一是创建协同培养人才机制。成立由行业企业人士参与的专业指导委员会，定期研讨人才培养方案制定、课程设置、教学改革等问题。引入企业真实课题作为竞赛项目选题，实行校企"双导师"制，打造协同育人的联结纽带，学生先后获企业专题奖14项，获得企业高度认可，学生获奖作品直接被企业采用，毕业后可以直接入职企业。二是创建协同共建基地机制。与湖南卫视等单位合作共建产学研基地25个，其中立项"教育部产学合作协同育人项目"5项。三是创建协同培养教师机制。如动画专业先后从行业聘请资深动漫设计师6人担任兼职教师，引进企业优秀人才4人担任专职教师，选派多位教师到企业培训和实践锻炼。四是创建能力导向协同评价机制。在实习、学科竞赛指导等环节，探索建立了以能力培养为导向，企业与学校协同参与的多元评价、实时跟踪、立体联动的考核评价机制。

4. 强保障：创设情境化、信息化学习环境

根据企业真实技术流程构建学习环境，创建了省实验教学中心和省级大学生创新创业教育中心3个，建设了动画设计、视觉传达设计工作室等8个工作室。深入推动信息化教学改革，搭建网站资源共享平台，上传视频课程20门、视频作品400余个，其中中国大学生爱课网在线课程1门。获全省微课大赛一等奖3项，获全省普通高校教学比赛一等奖1项、二等奖2项。

三、突出成效

1. 人才培养显实效，学科竞赛有特色

设计学科注重应用型人才培养，构建了项目驱动、突出学生创新应用能力培养为着力点的"一驱动、三对接、三强化"与"四协同育人"设计类专业人才培养体系，取得了丰硕的实践成果。教学成果获湖南省高等教育省级教学成果一等奖1项、二等奖1项；学生设计作品参加各类学科竞赛获得等级奖项245项，其中国家级等级奖47项（国家级一等奖10项）；100多件学生原创作品在湖南卫视台、湖南经视、优酷网、腾讯网等多家媒体播出。学生实践能力和创新能力显著增强。作为应用型本科院校艺术类专业，自2012年以来，参加全国大学生广告艺术大赛等赛事，共获得省级以上奖励264项，其中国家级一等奖11项、二等奖21项、三等奖34项、企业特别奖项18项，近四年总成绩连续位列全省第一。在2012年、2015年、2016年、2017年、2018年全国大学生广告艺术大赛中，作为地方本科院校的普通一员，以全国排名第3、第2、第19、第9、第4的成绩，五次获"优秀院校奖"。特别是2015年第七届全国大学生广告艺术大赛，总成绩居全国高等院校第二名，学科竞赛成绩位居全国前列，学科优势已明显转化为人才培养优势（见图1）。

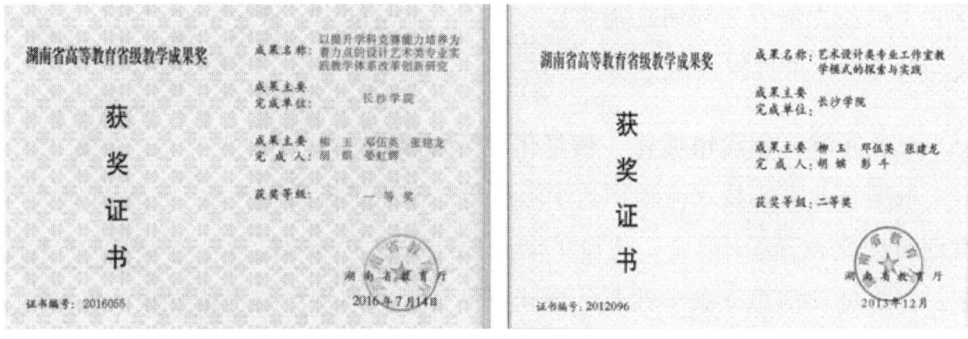

图 1　学院屡次获得省部级教学成果奖

2.科研团队显成长，科研成果有突破

设计学科拥有较强的科研团队，现有专任教师42人，其中教授4人，副教授14人，博士7人，具有海外经历的6人，湖南省政协代表1人，国家级优秀指导教师3人，学科研究力量较为雄厚。近年来，学院立足湖湘文化根基，注重艺术实践与地方文化建设、区域经济发展相融合，注重艺术设计学与湖湘文化的结合，凝练出湖湘文化与动漫创意设计、湖湘文化创意与视觉传达设计、区域文化与环境设计3个学科研究方向，在湖湘文化学术研究及视频文创设计上形成了特色。科研成果获湖南省社会科学优秀成果二等奖1项、长沙市社会科学优秀成果5项；创作实践成果获省级一等奖2项、二等奖1项。承担科研课题60项，其中国家社会科学基金项目2项、国家艺术基金项目1项、省厅级48项，科研经费达336.89万元；发表学术论文148篇（其中权威期刊及CSSCI/CSCD论文64篇）；出版学术专著8本，专绘16本。教师参与地方政府经济社会发展咨询，《关于加大支持力度保护传承滩头年画的建议》的提案被省政协十二届一次会议批准立案，主持和参与多项行业发展规划、城市文化建设和旅游景区的规划设计，为乡村振兴、旧城改造、传统文化传承、本土产业宣传与推广提供了系列政策咨询和解决方案。

3. 平台建设夯基础，双创转型促发展

设计学科系学院"十三五"重点建设学科，拥有省级以上平台16个：全国高校实践育人创新创业基地、湖南省社会科学研究基地、湖南省大学生创新创业孵化示范基地、湖南省实践教学示范中心、湖南省艺术类专业大学生创新训练中心、湖南省艺术类专业大学生创新创业教育中心、湖南省艺术类校企合作示范基地、专业大学生创新训练中心，教育部校企合作育人项目5项；设计学为湖南省应用特色学科、湖南省硕士学位建设点。依托学科平台，形成了"双创育人"的学科特色。学生主持大学生创新创业计划项目、科技创新项目50余项，参与社会创新实践项目200余项，自主创立了峰林阁建筑装饰设计工程公司等40余家企业。学生创新创业团队获得湖南省"创青春"大学生创业大赛银奖。学生个人获洪泽区"五四"青年奖章，"创响江苏"创业创新大赛二等奖。双创教育促进设计学科专业应用型特色转型发展。

4. 服务能力有提升，社会影响有扩展

学院是"十三五"国家产教融合发展工程应用型本科规划高校，设计学科建设了一批高质量的学科平台，引进了一批年青博士和中年教授，未来将彰显强大的学科研究能力。湖南省委、省政府深入贯彻党的十九大精神，重点打造"马栏山视频文创产业园"，长沙市政府决定依托长沙学院以艺术设计学院为主体成立"马栏山视频文创学院"，并给予学院政策扶持，学科发展有政策机遇。学校位居马栏山视频文创产业园核心地带，毗邻湖南广电中心、国际文化会展中心、金鹰影视文化城，学科发展具有对接产业的天然地理优势。学院依托资源和区位优势，深入开展地方文化研究，积极参与地方文化建设，成功对接湖南广电芒果产业园、沙坪湘绣产业园等产业基地，在动漫创作、数字视频设计与制作、交互产品研发、网页界面设计等领域取得丰硕的应用性研究成果。近五年毕业生创办企业40余家，形成服务地方经济的学科特色。

近年来，设计学科在省内二本院校中形成了独特的优势。学校应用型人才培养改革先后被中国教育报、湖南日报、光明日报网等媒体多次专题报道。参

与第五届、第六届中德应用型高等教育研究与发展研讨会，3次受全国大学生广告艺术大赛湖南赛区组委会邀请作主题报告，并作为典型案例被全国大学生广告艺术大赛组委会面向全国高校推广，吸引了美国劳伦斯学院等40多所国内外高校调研交流，在国内产生了积极而广泛的社会影响。

四、总结与思考

要继续创新实践教学体系。本成果发现地方本科院校设计艺术类专业人才培养新特点、亟待解决的新问题，探寻其影响因素，提出了新的专业办学思路，重新定位了人才培养目标，明确了新的改革路径，研究提出设计艺术类专业实践教学体系建构的原则和方法，构建了"一三三"实践教学体系，这一体系以学科竞赛为驱动，把强化实践能力、创新精神培养和对接社会需求有机结合起来，把学校教育与企业教育有机结合起来，把实践能力和创新精神培养贯穿于人才培养全过程，取得了显著的实践成效。为同类院校及相关专业实践教学改革提供了实践范例。

要继续创新育人机制。本研究成果在吸纳行业企业参与人才培养方案制定、课程设置和课程教学的基础上，以企业真实项目作为学科竞赛选题，在学校工作室中完成，由校企双方导师共同指导，这一合作机制促进了校企双方资源要素的共享共融，促进了校企双方的有效互动和协同发展，既为企业解决了实际问题，调动了企业这个主体要素的积极性，也确保了人才培养与行业企业需求、产业转型升级和技术发展的无缝对接，创新了合作载体、合作方式和合作机制，具有较强的借鉴作用和推广价值。

要继续探索转型发展的新理念新途径。从人才培养模式的视角，探析了设计类专业转型发展的价值理念和内涵要求，选准学科竞赛这个突破口，从转发展理念、转课程体系、转教学内容、转教学方法、转育人机制、强化条件保障等方面进行了实践探索。初步构建了以完善实践教学体系为重点，以强化校企合作育人机制为核心，以创设情境化、信息化学习环境为保障的转型发展路径。

"四大观"相协同：徐州工程学院构建人才培养新格局

徐州工程学院　涂宝军

一、基本情况与背景

徐州工程学院始建于1959年，2002年经教育部批准升格为全日制普通本科院校，是国家卓越工程师教育培养计划实施高校和国家产教融合发展工程项目试点高校，全国新建本科院校联盟常务副理事长单位。近年来，学校一以贯之坚持地方性、应用型办学定位，努力践行"四大观"办学理念，深化产教融合和转型发展，人才培养质量和服务发展贡献度持续提升。

如何培养经济社会急需的高素质应用型人才，如何提升应用技术型高校学生核心素养，长期以来没有得到有效解决。国家积极引导地方本科高校向应用技术型转变，对应用型人才培养质量提出新的更高要求。然而由于理念认识不到位、办学目标定位不清晰等原因，一些困扰应用技术型高校人才培养的共性问题普遍存在。一是受制于狭隘"应用观"，忽视培养规格与产业需求、教学标准与行业标准等有效衔接，导致学生专业应用能力与职业发展需求脱节。二是受制于狭隘"工程观"和"专业观"，忽视现实工程的系统性，相近学科专业之间缺乏渗透交融，导致学生创新能力与现实工程需求不匹配。三是受制于"学好一个专业、掌握一门技术、找到一份工作"的传统职业观，未能从学生今后真正具有幸福生活的态度和能力出发，忽视学生全面协调发展的诉求。四是大学文化没有与学生所学专业文化、专业精神紧密结合，没有与行业企业文化有效对接，专业文化对学生成长的浸润引领作用缺失。

针对以上问题，徐州工程学院科学借鉴欧美工程教育先进经验，依托国家社科基金项目"我国应用技术型高校的制度设计与实践探索"等相关课题，创新提出"大应用观、大工程观、大生活观、大文化观"办学理念（见图1）。经过全校教育思想大讨论，与德国、美国等国专家和国内知名学者多轮研讨，学校形成高度共识并于2014年将"四大观"理念确立为办学指导思想，全面实施这一系统化综合性改革。

二、特色做法

1.重构人才培养的核心理念

大应用观：以"五个统一"重构人才培养方案，对接行业标准，精准定位应用型人才培养目标，通过重构人才培养方案和课程教学体系，促进学生专业技能和应用能力高度契合职业发展需求。

大工程观：以"五个统筹"引领学科专业一体化建设，深化产教融合校企合作，实现学科知识、专业技能、职业素养、社会责任等方面多元融通，使学生实践创新能力无缝对接现实工程需求。

大生活观：以项目化的大学生素养提升"五个一工程"促进学生全面协调发展，通过改革学分设置、课程模块、考核方式、活动形式等重塑素质拓展体系，培育学生受益终身的幸福生活态度与能力。

大文化观：以校园文化和专业文化"两级协同"原则指导大学文化建设，系统架构"五元一体"专业文化建设体系，突出校企文化融合理念，提高学生专业文化品位和文化自觉。

2.建设并落实"四大观"人才培养举措

"大应用观"以"五个统一"重构人才培养方案，精准定位应用型人才培养目标，促进学生专业技能和应用能力与职业需求高度契合（见图2）。

构建对接行业标准的学生能力素质标准体系。校企共同开发基于真实生产过程项目与生产工艺等的课程教学资源，开展涵盖生产操作、顶岗实习、毕业设计等多种形式的实践能力训练，解决学生能力培养与职业需求脱节等问题。

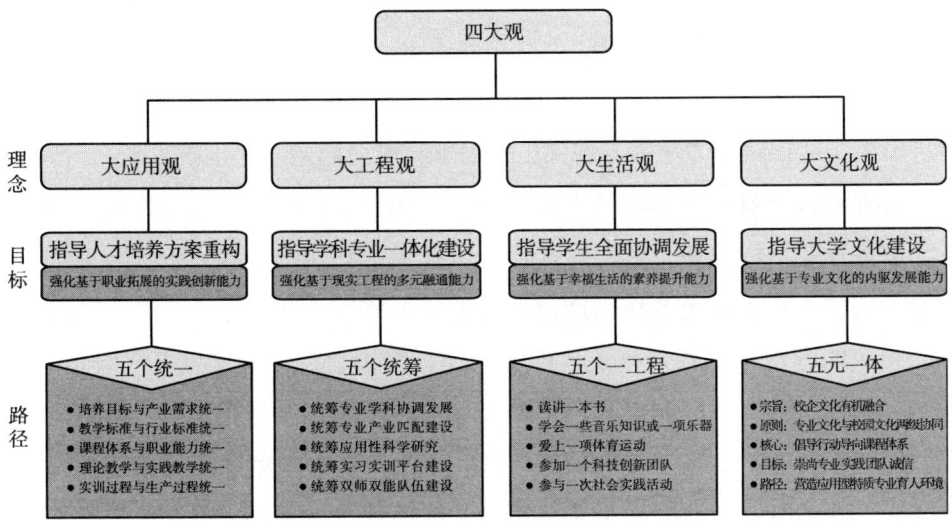

图1　"四大观"理念引领人才培养模式图

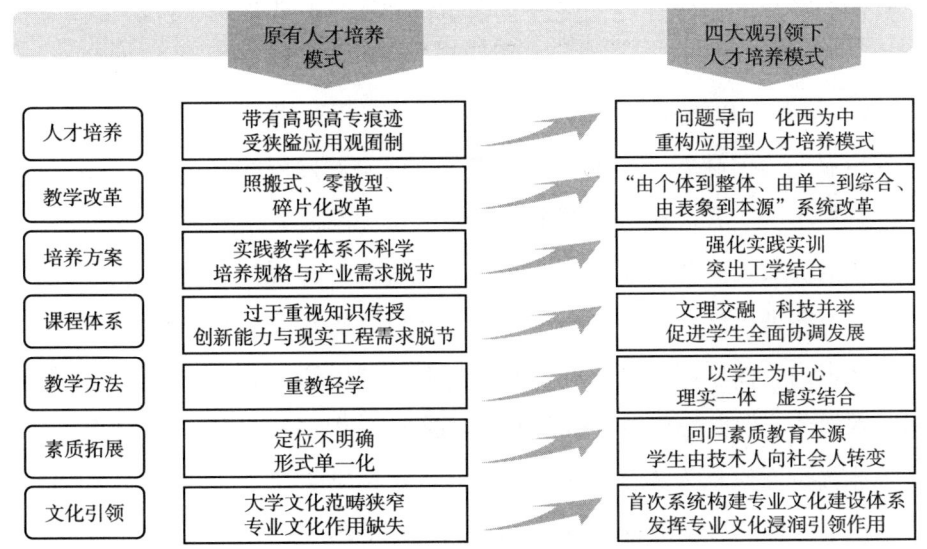

图2　"四大观"理念产生的系列变革

完善彰显"工学结合·理实一体"特征的人才培养方案。通过新版人才培养方案"两个加强"，一是加强实践教学学分比重，二是加强实践教学环节中的实训比例，突出岗位核心能力培养。

重构基于行动导向的课程体系。对原有课程体系进行系统改革与重组，按照行业和岗位需求，紧扣应用能力培养来构建、整合与评价课程。

"大工程观"以"五个统筹"回归现实工程本源，强化产教融合校企合作，促进学生实践创新能力培养与现实工程需求高度协同。

完善对接产业应用需求的专业布局。按照"对接行业、优化专业、引导创业、服务就业"的思路，紧密对接徐州市六大千亿元产业建设六大专业群，优化专业结构。构建校企合作生产型导向的实习实训平台。融入学校、地方、行业、企业四方资源，着力打造"理实一体、产训合一、虚实互补、开放共享"的实习实训平台，共建基于真实生产环境的产学研用一体化实习实训基地，形成协同育人合力。打造"教师即工程师"双师双能型教师队伍。鼓励教师进企业挂职，聘请行业企业骨干为兼职教师，推动教学与现实工程有机结合。提高学生解决工程实际问题能力。将学生实习、毕业设计等与现实工程问题紧密结合，营造职场化的教学环境，促进学生学科知识、职业素养、社会责任等全面对接现实工程需求。

"大生活观"以大学生素养提升"五个一工程"涵育学生综合素养，实现由培养拓展能力欠缺的"技术人"向培养全面协调发展的"社会人"之根本转变。读讲一本书工程。精选推荐书目，要求学生高质量系统研读（读讲）一本书，读懂读透后还要进行阐述，让学生通过阅读扩大视野、增长知识、净化心灵。学会一些音乐知识或一种乐器工程。开设音乐素养类必修课和选修课，使学生"能识谱、懂乐器、会欣赏"或者掌握一种乐器演奏技能，提高音乐鉴赏力和艺术素养。爱上一项体育运动工程。通过"四年一贯制"公共体育课改革，变传统体育授课模式为体育俱乐部模式，让每位学生在校期间爱上一项能够伴随自己一生的体育运动项目。参与一次社会实践活动工程。引导学生深入社会、深入生活开展一次高质量社会实践活动，通过数据统计处理和撰写调研报告等促使学生在实践中了解社会、思考人生、锻炼自我。参加一个科技创新团队工程。面向全校开设创新创业素养类课程，完善创新创业教育体系。通过"课堂教学、创新实践、创业培育、企业孵化"有机融合,实现创新创业融入人才培养全过程。

"大文化观"以校园文化和专业文化"两级协同"方式引领大学文化建设,拓展大学文化范畴,全面增强学生专业发展内生动力。

以专业文化建设丰富大学文化内涵。系统架构"五元一体"专业文化建设体系,实现"文化落在专业"。突出校企融合理念,将企业文化、职业文化引入专业文化,实现学生对专业文化的"认知—认同—内化—行动"。将专业文化融入人才培养全过程。高度物化专业文化载体,创设专业文化实物展示平台。凝练专业核心要义,以简练词句精准概括专业文化精神。通过课堂教学、实践研讨等形式,实现专业文化进课堂、进教材、进头脑、进生活。

三、突出成效

1.应用型人才培养质量显著提高

通过革新教学内容和方法,推动教学环节与现实工程和职业需求紧密结合,82.1%的学生参与企业技术开发,88.4%的毕业设计与工程实际结合;学生承担国家级和省级大学生创新项目312项,90%以上发表论文、申请专利或开发新产品,参与各类专利317项,发表论文1168篇。

通过改革学分设置、课程体系、活动方式等,切实提升学生综合素养。出版《大学生创新创业素养》《大学生社会实践理论与方法》《大学人文读本》等"五个一工程"系列教材,建设选修课程180门,成立各级各类社团114个。学校在校内普及推动桥牌运动,打造桥牌特色项目,当选全国大体协桥牌分会主席单位。

学生在各类学科竞赛中获"创青春"全国创业大赛金奖等国家级奖项636项,省部级奖项1011项。学生整体素质显著提升,涌现出"江苏省大学生年度人物"2人(每年仅10人入选)、省大学生"校园青春榜样"2人等先进典型。根据中国高教学会统计,学校创新人才培养质量排名居全国高校265位,位居全国同类院校前列。

据权威第三方机构新锦成公司调查,"四大观"改革有效提升人才培养质量和毕业生就业竞争力,2017届学生总体满意度达97.93%,对教育教学满意度达94.84%;毕业生就业率达98.84%,专业相关度84.96%,就业满意度达91.60%。学校客座教授、徐工集团王民董事长认为学校毕业生"不仅上手快、能力强、后劲足,而且对企业理念理解得透,徐工非常欢迎"。

2. 产教融合发展水平不断提升

在"四大观"理念引领下,学校学科、专业、平台、师资等人才培养要素得到充分整合融通、全面优化。根据区域六大千亿元产业对应打造装备制造、建筑工程、农产品加工等六大专业集群,占全校专业总数的64.8%。按照"四大观"理念系统设计实施的"徐州市—徐州工程学院产教融合实训基地"获批国家产教融合发展工程项目,学校正在对应徐州六大千亿元产业打造六个在江苏省具有关键性、引领性、支撑性、示范性作用的实习实训基地;两个项目获批徐州职业教育产教深度融合实训平台(见图3)。

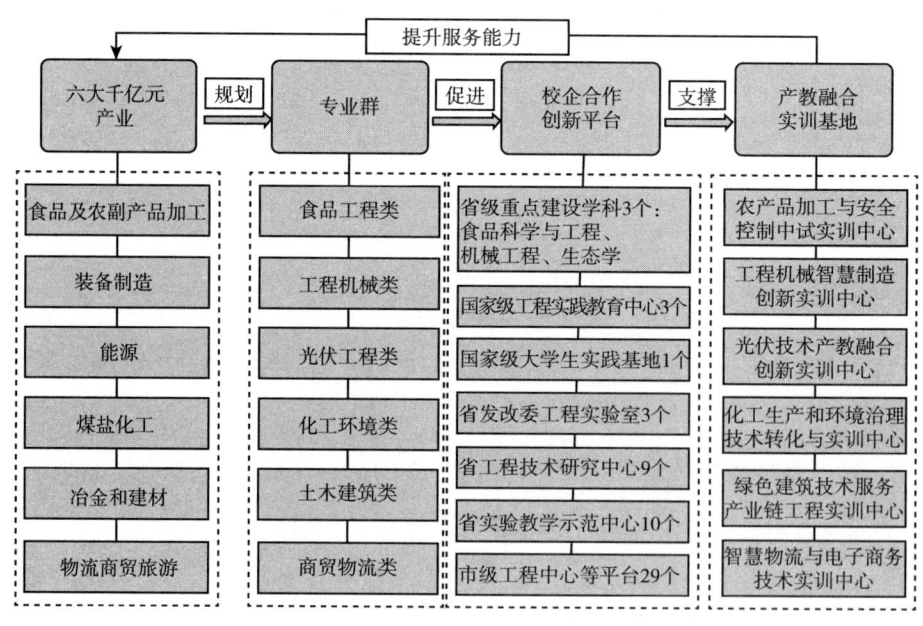

图3 学校专业群与徐州市六大主导产业群对接情况

学校获批国家级教学质量工程项目12项,省级重点学科和创新平台40个,获批数量位居江苏省同类院校前列;拥有专利数位居全国高校159位。形成一支能胜任高素质应用型专门人才培养需求的"双师双能"师资队伍,获评全国模范教师、全国教育系统先进个人、全国创业导师等各类国家级、省级人才项目125人次。

学校与徐工集团、维维集团"双徐工六共建""双支撑四融合"共建模式,行业企业切实参与人才培养全过程。国家级工程实践教育中心合作单位负责人、维维集团杨启典董事长对校企深度合作感受颇深,先后在产教融合发展战略国际论坛等会议专题介绍"四大观"引领下的校企合作模式(见图4)。

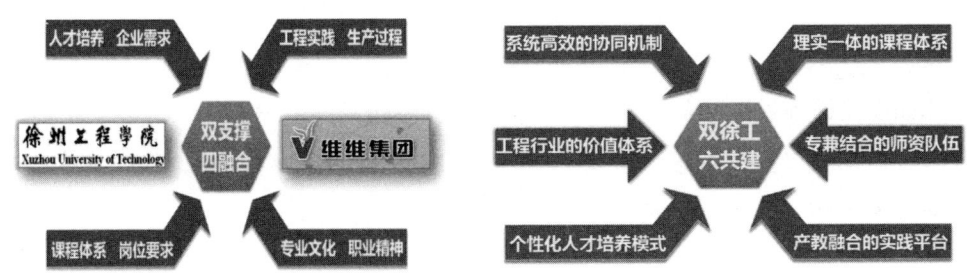

图 4　校企合作框架图

3.专业文化育人作用充分彰显

面向全校推进专业文化建设,实现了专业文化育人全覆盖,学生专业认可度达98.3%。与徐工集团、维维集团等行业领军企业共建机电专业电动机展示中心、食品文化博物馆等15个专业文化展示平台。专业文化博物馆等平台面向社会开放,每年接待中小学生参观达1万人次以上,影响力持续提升。

在国内同类院校中首次凝练专业核心要义,如食品科学与工程专业"诚信·质量·安全·绿色"、汉语言文学专业"尚美·自由·崇文·善书"等,在广泛征集研讨中引发师生对专业精神的思考,强化了师生的专业信仰。

4.相关成果获得多方好评

《中国教育报》和教育部官网先后以"徐州工程学院:产教融合支撑区域经济转型""徐州工程学院积极构建应用型人才培养新模式"等为题八次报道推介

学校产教融合成效，给予了高度评价。新闻媒体持续关注徐州工程学院"四大观"改革和产教融合进展情况，《人民日报》《光明日报》《新华日报》等媒体报道本成果126次，引发广泛关注与思考。

在全国新建本科院校第十四至十七次工作研讨会上（国内外300余所高校参会），学校连续四年作为大会执行主席主持全体会议，交流推介"四大观"改革举措，受到与会专家学者高度认可。学校应邀在中国产教融合发展战略国际论坛专题介绍校企合作典型模式；应邀在第七届中德应用型高等教育研讨会介绍"四大观"理念与实践，并与德国公立德累斯顿工业大学Aandreas·Hansel院长共同主持会议。

德国下莱茵应用技术大学、西安工业大学、合肥学院等131所国内外高校来校交流"四大观"改革经验。欧洲学术委员会委员、德国赫尔姆特·施密特大学Reuter校长等230余位国内外知名学者来校专题考察。南京大学教育研究院系统考察后形成《深谋远虑 智者先行 徐州工程学院考察报告》，并将本改革编入南京大学博士生研究案例。

四、总结与思考

学校围绕地方性、应用型办学定位，遵循"四大观"办学理念，发挥以工为主、多学科协调发展的优势，通过深化产教融合、校企合作，着力构建"产学结合、研教融合、层次分明、行动导向"的实践教学体系，大力培养"厚基础、善实践、能创新、高素质"的应用型人才，提升学校服务地方产业振兴的核心能力。不断加强实习实训基本建设、环境建设、平台建设和基地建设，着力打造"理实一体、产训合一、虚实互补、开放共享"的实习实验实训平台，提高实训平台的覆盖面、共享度和影响力，切实发挥示范和引领作用。

近年来，"四大观"系列改革先后获江苏省教学成果奖、江苏省哲社奖、江苏省"五个一工程"奖等奖项；出版专著教材11部，完成或在研省部级以上课题46项，发表论文136篇；"四大观"引领下的系列改革被江苏省确定为《2014江苏本科教学质量报告》"应用型人才培养"唯一典型案例和"十二五"

教育改革典型案例。学校应用型人才培养质量和综合办学实力显著提升，2018年武书连综合实力排行位居全国第384位，四年跃升116位。第十一届全国人大常委会周铁农副委员长来校考察时指出，"四大观"理念深入探索了产教融合、校企合作的新方法、新路径，务实高效，操作性强，并欣然为本成果题词"科技并举 文理交融"（见图5）。

图5　周铁农同志参观学校城市地下空间专业文化博物馆

下一步，学校将针对前期改革实践中出现的新状况、新问题，进一步落实国家推进地方高校转型发展、深化产教融合战略部署，扎实推进"四大观"系列改革，深化产教融合、校企合作，完善保障体系，加大推广力度，持续推动学校不断向深度转型迈进，为建设特色鲜明的高水平应用技术型大学而不懈奋斗。

课程体系重构：常熟理工学院设计新工科课程新体系

常熟理工学院 张惠国 侯海虹 钱 斌

一、基本情况与背景

随着世界范围内新一轮科技革命蓬勃兴起，产业结构不断调整，经济发展方式发生了巨大转变。江苏作为我国经济最为活跃、发展速度最快的地区之一，新兴产业大多已形成规模经济和产业群，并进入战略转型的发展关键时期，产业发展倒逼教育改革。现代新兴产业已经不再是某一单独学科或专业所能覆盖的，它横跨多个学科领域，需要学科之间的交叉发展。由于传统工程人才培养模式是基于学科逻辑，难以适应新兴产业对工程技术人才的挑战和需求。因此，高等学校需突破根据传统学科知识体系设计培养方案和实施教学过程的局限，建立新的工程人才培养模式以应对新工业革命的挑战。常熟理工学院根据地方产业特色和行业发展需求，与企业深度合作，通过产教融合，不断进行新兴工科人才培养的探索。

2009年，苏州市政府、常熟理工学院与新能源企业通过"政校企"三方合作，成立了苏州市首家光伏科技学院，面向国家战略新兴产业，以"政校企合作"为指导方案，创新"行业学院"培养应用型人才的机制，获得江苏省能源动力类重点专业类建设项目。2015年新能源科学与工程专业成为江苏省高校品牌专业建设工程一期建设项目（A类），成为国内新能源科学与工程专业建设的标杆，引领国内新能源技术应用型人才培养。

基于以上背景，常熟理工学院根据地方产业需求提出了"应用型新兴工科专业课程体系的构建与实践"的改革思路。本案例通过对本校新能源科学与工程专业建设的探索和实践，逐步形成了新兴工科专业课程体系建设的基本思路和方法。

二、特色做法

学校紧密结合国家战略和地方产业发展需求，实施转型发展、开展产教融合改革的理念与方案设计，实际举措具体如下：

1. 重构应用型课程体系

（1）建立系列化、层次化课程新体系，实现课程群与产业链的充分对接。

按照行业企业、职业岗位对人才的知识、能力和素质的需求，优化配置课程体系，建立层次化、模块化课程体系。以工程实践与科研训练为主线，将专业知识体系划分为数理基础教育、专业基础教育、专业选修课程、企业课程四个层次。

其一，"基础数理课程群"模块为本专业的通识基础课，主要培养学生的物理知识和数学抽象、计算、建模知识和逻辑思维能力，为其后续专业课的学习奠定基础。其二，本专业中所包含的"太阳能光伏与风力发电""储能电池"和"新能源汽车"三个方向中都涉及与电学和自动控制相关的内容，因此将"电类课程群"和"新能源类课程群"合并设置为专业必修课模块，此模块属于专业必修课程，其中"电类课程群"的课程主要由有丰富授课经验和工程实践经验的电类专业教师进行讲解，而"新能源类课程群"的课程则由新能源专业的教师来讲授。其三，专业选修课模块根据专业方向分为三个子模块，每个子模块所包含的课程紧密关联着专业方向，学生可以选择其中的两到三门课程。其四，企业课程模块也是根据专业方向划分为三个子模块，其中每个子模块中都设置了"市场营销"和"企业管理"两门课程，其具体授课内容由合作企业的管理者或工程师根据本企业的实际工程案例进行讲授。整体上看来，课程体系的各个模块之间是相互支撑和紧密关联的，授课教师涉及数理、电学、新能源及相关企业等领域，这些都为学生将来的就业奠定了扎实的基础。

另外，课程体系中包含了完整的金工实习、认识实习、生产实习、课程实验、课程设计、工程实训、创新训练等实践类课程。在实践过程中，通过整合校内外资源，建立了五合一基地平台，将学生实习基地、就业基地、产学研基地、企业导师来源地、教师企业研修基地的功能合而为一，建立了产教融合的实践教学平台。

根据产业分布和岗位能力需求的不同，建设个性化的课程模块。根据全产业链不同阶段对知识和技能的要求，由不同课程模块组成课程群。模块化、层次化构成了应用型课程体系课群结构的主要特征，并突出行业能力培养，强调教学内容必要的学术性与切实的职业性，不但实现了专业链与产业链的对接，还促成了课程群与产业链的对接（见图1）。

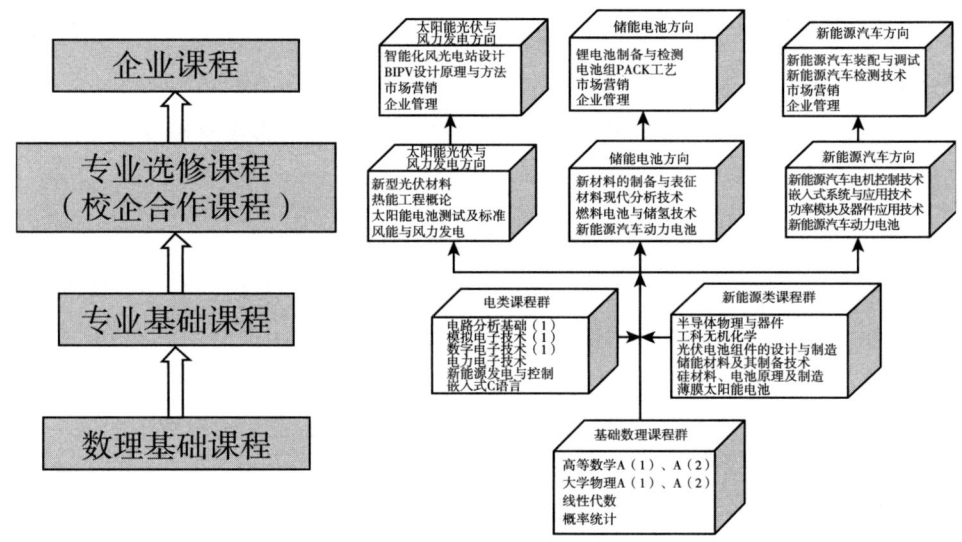

图1　新能源科学与工程课程体系及其课程模块

（2）编写面向新兴产业的校企合作新教材，实现部分课程的在线教育。

校企共同制定培养标准、培养目标、培养方案，共同实施人才培养。在核心专业课程教材的编写上，与行业企业共同制定教学大纲，并合作编写应用型人才培养的校本教材。

由薛春荣、钱斌等编写的校企合作教材《太阳能光伏组件技术》于2014年由科学出版社出版，成为国内该领域的首本教材。通过校企合作，与相关企业共编写12本新能源系列教材，其中10本已由科学出版社出版。作为全国新能源专业联盟的主要成员,学校与华北电力大学、华中科技大学和北京工业大学联合出版了全国普通高等教育新能源类"十三五"精品规划教材《新能源科学与工程专业导论》,并规范了专业人才培养。2018年1月,由钱斌教授等编写的《太阳能光伏组件技术》获得省级重点教材建设立项。

这些教材具有鲜明的行业产业特征,教材内容紧贴生产一线,成为新能源应用型人才培养的核心教材。教材编写由专业教师和行业、企业一线工作者、学者共同完成,注重先进知识与实用技术的有机融合。专业建设经费中设置了专项经费资助教材的更新和再版,制定了规范的质量保证制度,定期对教材的编写内容、知识体系和结构、最新教学技术应用程度等方面进行评估。

目前,学院承担中国大学MOOC(慕课)在线开放课程建设首轮项目3项,包括《太阳能电池组件技术》《新能源发电与控制技术》和《薄膜太阳能电池》。《半导体物理基础》和《模拟电子技术》获得常熟理工学院2015年微课课程建设立项。浦炜老师的《放大电路静态工作点设置分析》获得2015年江苏省高校微课教学比赛本科组二等奖。

2.构建动态响应产业发展的培养机制

(1)建立"五合一"基地校企互动平台机制。

学校建设了教学实习基地、教师产学研合作基地、教师企业研修基地、企业导师来源地和学生就业基地。这五种基地协同融合,彼此搭建,共同形成了支撑教学、科研、就业、进修一体化的实践场所,建立了校企动态互动通道(见图2)。

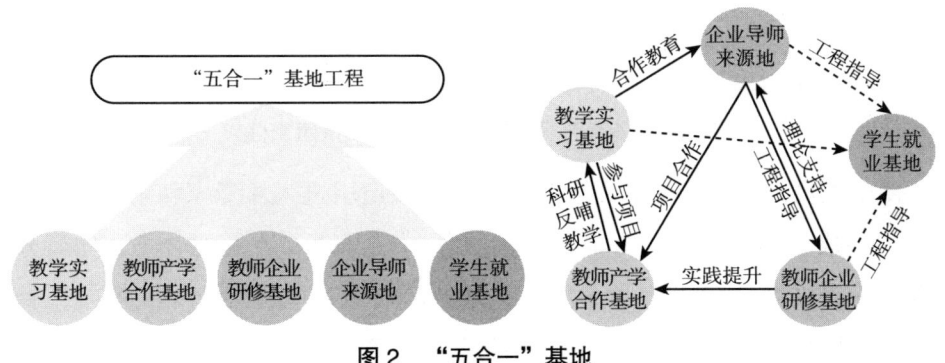

图2 "五合一"基地

（2）建立工程教学团队的转型发展机制。

打造工程教学团队，构建一套师资队伍能力结构转型合理机制。该机制坚持以教学为中心，重视教学团队建设；坚持长效建设，重视教学团队可持续发展；坚持教师企业研修计划，重视"双师双能"型师资培养；坚持校企合作，重视校企合作模式教学团队建设。与企业组建了专业建设合作教育联盟，针对课程模块，以重点学科为支撑，围绕新能源产业链整合多个教学小组，着力打造"工程教育优秀教学团队"。教学团队的建设框架如图3所示。

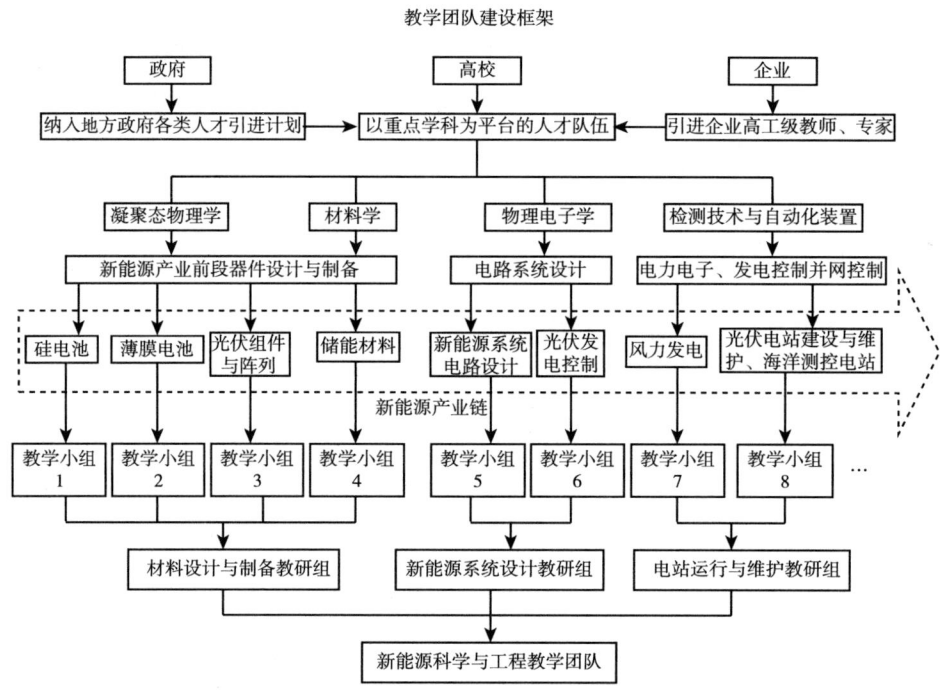

图3 新能源科学与工程专业教学团队组织框架

团队人员由本校新能源专业教师、地方政府引进人才专家和企业高工级教师专家构成。其中新能源专业教师为主体，在其余二者的配合下，他们分布于新能源产业链的各个教学小组中；地方政府引进人才专家主要围绕"物理学"和"材料学"两个方向，侧重参与新能源产业链中器件设计与制备的教学环节；企业高工和专家则以"电路系统设计"和"电力电子、发电控制并网控制"为主。

3. 实施"产业—学科"的应用型高校学科发展构想

注重专业与应用型学科之间的相互关联与支撑，积极打造与地方经济社会文化发展结合比较紧密、关联度比较高的产业学科群，发挥应用型专业学科建设的群体效应。以解决地方经济发展需求的应用研究和技术推广作为科学研究的主要内容。

以本专业中的新能源汽车方向为例。从产业经济的角度看，该方向与材料（新能源发电材料、无机催化材料、车用磁性材料等）、器件（纳米材料传感器件等）及相关应用技术（汽车表面改性技术、车用磁性材料应用技术、动力性储电材料制备技术等）等产业有紧密联系（见图4）。从学科角度看，新能源汽车方向又可分为电池、电控和电机三个板块，每个板块又需要不同的专业群来支撑。如电池会涉及新能源科学与工程、物理学、材料科学与工程、应用化学等专业；电控与新能源科学与工程、电子科学与工程、电器工程及自动化和计算机科学与工程等专业紧密相关；电机则包含了车辆工程、机械工程、机械电子工程和测试技术与仪器等专业（见图5）。

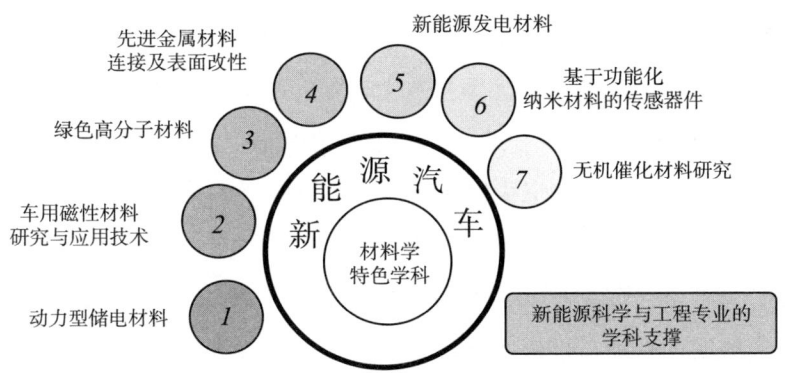

图4 以新兴产业为核心凝聚学科方向

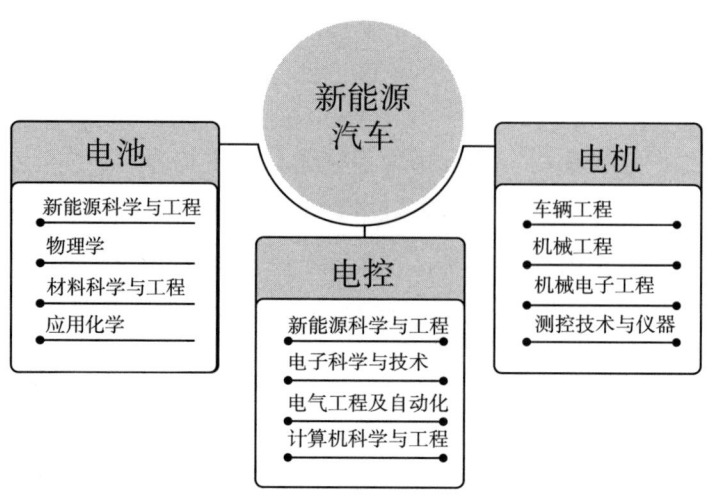

图 5 以新兴产业为核心形成专业群

4.建立面向工程教育的实践教学体系

（1）建立有效的创新创业培养体系。

课程体系建设是落实办学定位、培养目标达成的核心环节；在课程体系构建中，重视学生创新能力的培养，将创新课程纳入课程体系（见图6），学校层面提出了"三合一"创新创业教育体系（见图7），一个学院建立至少一个品牌专业，一个学科举办一个重要学科竞赛，一个专业建立一类创新创业课程；同时针对能源动力类专业，构建了"333"大学生创新创业体系：构建了承载学科竞赛、科技项目和创新创业训练任务的交叉互补共享融通的三类创新实践平台，实施了"竞赛+项目+创业"三合一的创新实践模式，设置了"院级、校级、国家及省级"的递进式层次化三级创新实践方法。

（2）推进产学协同育人，进行"理实一体化"的项目式教学。

以教育部产学合作协同育人项目为契机，大力推进项目申报实施，建设校企合作的实践实训基地，推进教学改革项目，推进各种师资和学生的训练项目。课程体系最终要落实到课堂教学，在教学过程中，我们采用项目式的教学方式，理论和实践一体化教学。图8给出了一个光伏电站系统设计与安装的项目化教学案例，案例来自于企业的实际工程项目。

上篇　深化产教融合——向"平台+"演化

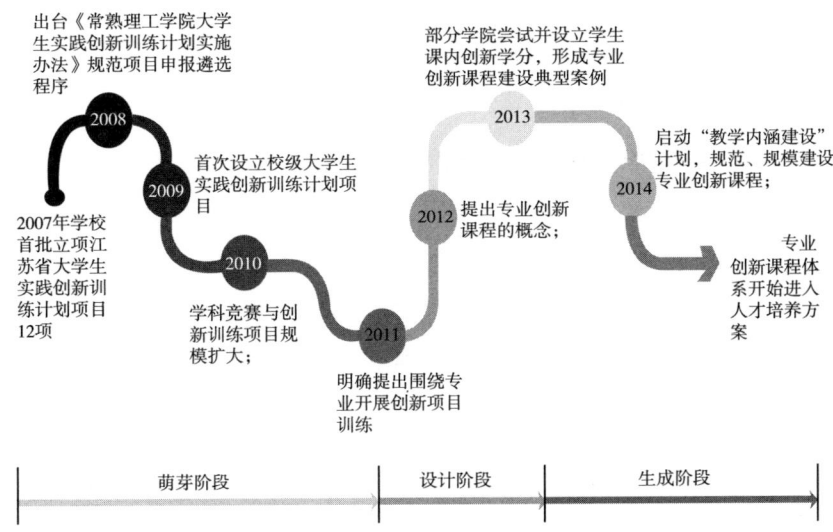

图6　常熟理工学院创新课程形成路线图

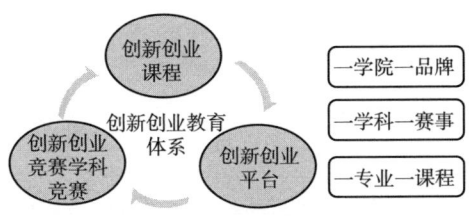

图7　"三合一"创新创业教育体系建设

图8　光伏电站系统设计与安装 CDIO 模式教学

三、突出成效

1. 产教融合实践基地建设初见成效

目前，新能源科学与工程专业建立了12个长期的实习基地，建立了3个五合一基地。同时，学校积极推进教育部产教协同育人项目的实施，2017年和企业合作申报了63项产学合作协同育人项目，位居同类高校之首，并于2018年5月在教育部产学合作协同育人项目对接会上，荣获教育部产学合作协同育人项目优秀组织奖（见图9）。

图9　产学合作协同育人项目优秀组织奖

2. 建立了逐层分级、覆盖面广的创新实践体系

建立了面向全体学生的逐层分级创新体系，"333"创新实践体系的构建和实践获得了2013年江苏省教学成果二等奖。将创新课程作为必修课，纳入学生的培养方案。学生创建积极性提高，成果显著，近三年共获得了170项奖项（见表1）。

表1　　　　　　　物理与电子工程学院近三年学生竞赛获奖情况

获奖等级	国家级			省部级			市厅级		
	一等	二等	三等	一等	二等	三等	一等	二等	三等奖
2015年	4	11	17	3	7	12	2		
2016年	2	10	7	8	14	13		3	
2017年	1	7	3	6	8	22	1	1	8

3.建立工程化的师资队伍

要培养学生的应用型工程能力，首先老师要具备较好的工程能力，在实践过程中，学校建立了教师的企业研修制度，让老师和企业脱产进企业进行研修，在产学研合作的同时，完成项目训练。仅新能源专业就有16名老师有半年以上的企业研修经历。教师进企业做项目的同时，完成相关教材的编写任务，和企业合作，将企业的工程规范标准以及项目的实际操作写进教材。目前新能源科学与工程专业和科学出版社制定了12本的系列校企合作的"十三五"规划教材，目前已经出版了10本。

四、总结与思考

课程体系的构建方法首先在学校新能源科学与工程专业试点，随后逐步推广到其他新兴工科专业如机器人工程、电梯工程等专业，成效显著。

新能源科学与工程专业的试点受到社会广泛关注，专业课程体系建设成果曾经在全国新能源科学与工程专业建设与发展研讨会、第一次全国部分新建理工类本科院校研讨会、淮海工学院新能源科学与工程专业建设综合改革研讨会、第三届全国新能源科学与工程专业建设与发展研讨会、第三届产教融合发展战略国际论坛、第四届全国新能源科学与工程专业建设研讨会和江苏省品牌专业建设工程专业领军者答辩会等重要会议上进行过专题报道和主题发言，得到行业专家的高度评价。

实践过程中，毕业生培养质量逐步提高，近三届新能源科学与工程专业的毕业生大部分进入了新能源企业，受到企业的高度评价。这种应用型新兴工科专业课程体系的重构思路在校内已推广到其他新兴工科专业，例如机器人工程、电梯工程等专业，逐步完成各专业课程体系构建，初步建设了一批校企合作课程和校企合作教材，如电梯学院编辑出版"现代电梯技术系列丛书"共计10本，目前出版7本。新能源科学与工程专业在课程体系构建与实践过程中先后发表教学改革论文10余篇，获各级教学成果奖11项，已出版著作13部。从2009年至今，全国160多所高校来学校调研，应邀赴国内高校作涉及本成果内容的学术报告60场，相关建设成果的新闻报道达400多次。

课程体系重构：黔南民族师院设计社会工作专业课程新体系

黔南民族师范学院　黄　胜　张耀华　陈世军　吴晓蓉　邓　海

一、基本情况与背景

随着我国经济社会的快速发展，社会体制改革的深入进行，我国社会管理模式不断得到加强与创新，但高水平的社会工作专业人才的紧缺却制约着相关领域的发展和改革的深入。从党的十六届六中全会做出建设社会工作专业人才队伍的战略部署以来，党中央和国务院的多个部委先后联合发布《关于加强社会工作专业人才队伍建设的意见》《社会工作专业人才队伍建设中长期规划》等文件，高度重视社会工作专业人才的培养。进入新时代，社会工作专业人才培养面临新的要求。在此背景下，高校如何利用科研和教学优势，培养出专业理论扎实、实践能力突出，同时具备创新能力的高素质社会工作专业人才，更好为经济社会发展服务成为当前的紧要任务。

由于经济社会发展水平、专业化社会工作的起步较晚等因素的制约，如何结合经济发展滞后和少数民族地区的实际，创新社会工作专业人才培养模式，培养出合格的本土化社会工作专业人才，成为贵州省各高校社会工作专业面临的主要问题。2013年12月，经民政部门批准，黔南民族师范学院成立了都匀市联众力社会工作服务中心，成为贵州省为数不多的专业社工机构。同时经与黔南州民政局合作，创新"实务导向型"社会工作专业人才培养模式，获得了贵州省2014年教育规划项目的立项，学校开始了以实务为培养导向、以实践性教学为主要教学手段的社会工作专业人才本土化培养的探索之路。

基于以上背景，黔南民族师范学院根据地方经济社会发展所需，提出了"人文社科专业产教融合课程体系的构建与实践"的改革思路。本案例自2013年开始，通过对社会工作专业建设的探索和实践，逐步形成人文社科专业产教融合课程体系建设的基本思路和方法。

二、特色做法

学校紧密结合国家建设社会工作专业人才队伍的战略部署和地方经济社会发展需求，开展以社会工作专业为示范的产教融合改革，优化人才培养方案，创新人才培养模式，实施转型。

1.构建"本土应用"导向的应用型课程体系

（1）构建应用型课程体系。应用型课程体系，首先结合社会形势与地方经济社会发展需求，严格按照教育部《普通高等学校本科专业类教学质量国家标准》中社会学类教学质量国家标准设置社会工作专业核心课程；其次大比例开设行业参与教学课程，聘请社会工作行业专家授课，组织学生从三年级开始进入不同社会工作领域进行课程见习，了解社会工作本质，提升学生的专业认知和社会工作实务技巧；再次，在学生专业认知提升的基础上，大比例增加实践教学环节课时，让学生自主选择进入不同领域社会工作平台进行长时间实习实践，对学生自我学习能力进行培养和锻炼，让学生在实践中发现问题，并通过自主学习和教师指导解决问题，形同海绵一样在实践中不断吸收各类专业知识；最后，改革毕业论文环节传统模式，将学生进行分组，将实习实践中遇到的问题进行调查和研究，并在指导教师的指导下完成高水平的研究报告（见图1）。

（2）针对社会工作本土化的现实进行教材编写。由于民族地区、贫困地区等存在的实际特点，社会工作方式方法与其他地区存在一定的差异性。针对此问题，在社会工作专业方向核心课程教材的编写上，积极结合地区经济社会发展实际，与行业企业共同制定人才培养方案，并合作编写社会工作实务相关教材。

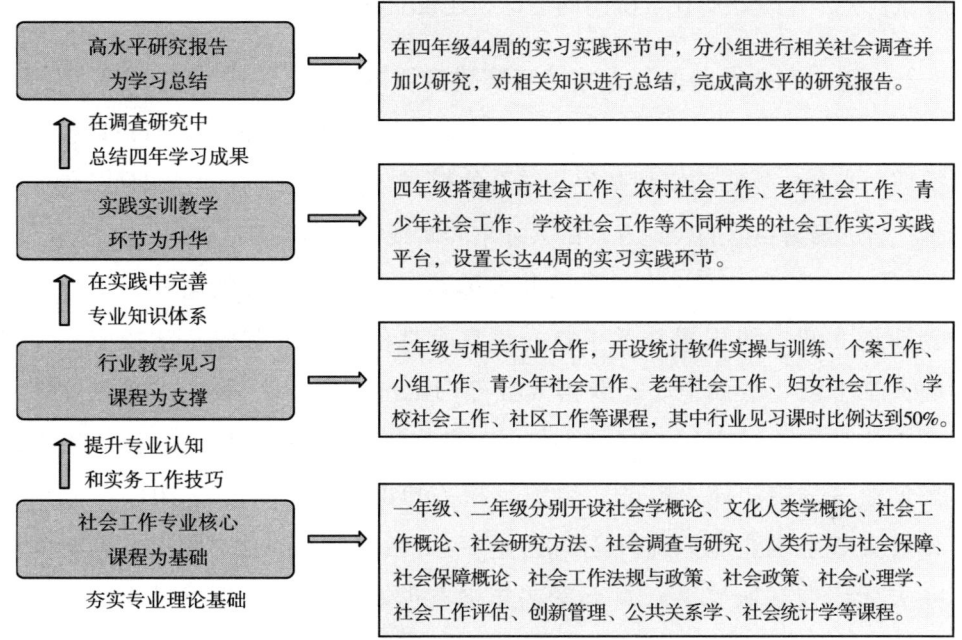

图1　社会工作专业"应用型"课程体系

由吴晓蓉编写的《学校社会工作》、张耀华编写的《老年社会工作》、柏莉娟编写的《社区工作》、李毅编写的《小组工作》、宋烨编写的《个案工作》、郭旋编写的《妇女社会工作》、邓成凤编写的《青少年社会工作》等社会工作实务教材获得黔南民族师范学院教材出版立项,并已编写完成,目前已交由吉林大学出版社进行出版。

这些实务教材与社会工作本土化紧密结合,由专业教师与一线社会工作者、行业专家学者共同完成,注重社会工作方法的本土化应用;专业建设经费中也规划了教材编写、出版专项经费;同时院校两级教材指导委员会对教材的质量进行严格审核,定期组织行业专家对教材内容、知识体系和结构、社会工作方法创新等方面进行审核与评估。

(3)多样化打造在线课程。2015年以来,学院承担的《社会学概论》《社会工作概论》两大核心课程已被学校立项为精品资源共享课进行建设,授课视频、教案、案例库、习题库等均上传至学校网络教学平台。《小组工作》《个案工作》

课程获社会工作专业所在学院的网络课程建设立项。

2.构建"实务导向型"人才培养实践实训体系

以实务为导向,创新社会工作专业人才培养实践实训模式,打造以校内实操实训中心和校外实践实训基地相结合的模式,构建支撑教学、科研、创业孵化、社会进修为一体的校地互动的人才培养实践实训体系。

(1)构建大学生创新创业能力培养体系。学生的创新创业能力培养,在于创新创业知识的积累和学生自身优良个性的培养。首先,学校成立了专门的大学生创业培训中心,获得人社部门批准,进行大学生SIYB创业课程培训,大学三年级进行GYB培训,大学四年级进行SYB培训,让学生系统掌握创业过程中法律、财务、组织等相关知识;其次,通过2015年立项的贵州省大学生职业能力提升创新创业中心、2016年立项的贵州省社会工作专业人才培训基地等平台对大学四年级有创业意向的学生提供支持,并指派创业导师全程进行指导。目前该创新创业体系已成功孵化5个大学生专业社会工作创业项目,其中"联聚众力、攻坚扶贫"项目荣获第四届"互联网+"全国大学生创新创业大赛贵州赛区三等奖。

(2)建立一体互通、校地结合的实践实训机制。该机制融合了教学实习基地、教师产学研平台、行业教育培训基地、学生创新创业孵化等四大功能,构建了支撑教学、科研、创业孵化、社会进修的一体互通、校地结合的实践实训机制(见图2)。

(3)依托实务项目实现产教融合。为满足社会工作专业人才培养对实践实训的高要求,2013年12月经民政部门批准,学校成立了都匀市联众力社会工作服务中心。该中心以社会工作专业教师、社会外聘督导、社会工作专业学生为班底,承接各类地方政府社会服务项目,在服务地方经济社会发展的同时,满足社会工作专业学生实践实训岗位所需。

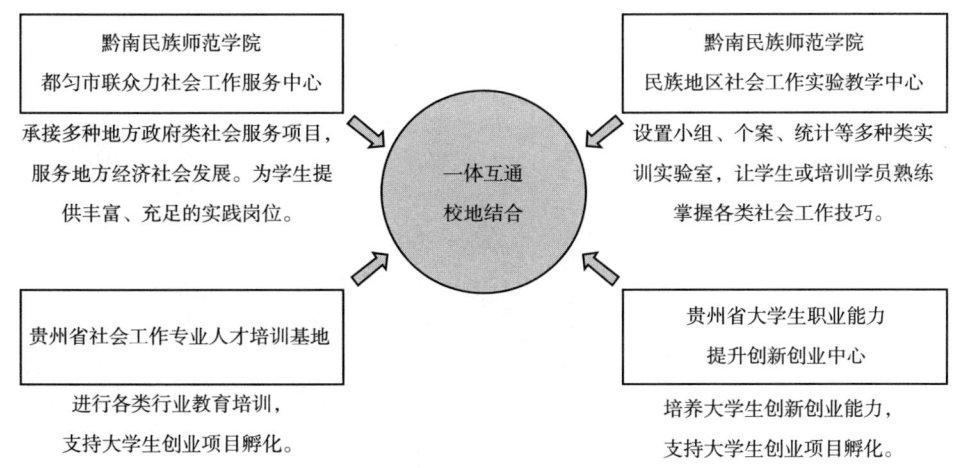

图 2　一体互通、校地结合的实践实训机制

2014年，该中心承接黔南州民政局"都匀市大西门社区430学校"项目，派出4名专业教师和60名社会工作专业学生进行相关社会工作服务，为期24周。

2015年，该中心承接贵州省社会工作专业人才支持三区服务计划——都匀市大西门社区"长者"服务项目，派出10名专业教师和54名社会工作专业学生进行社区居家养老服务，同时外聘2名督导进行质量管控，为期32周。

2016年，该中心承接贵州省社会工作专业人才支持三区服务计划——都匀市平桥社区"为老"服务项目，派出10名专业教师和46名社会工作专业学生进行社区居家养老服务，为期32周，同时外聘2名督导进行质量管控（见图3）。

2017年，该中心承接联合国儿童基金会都匀地区困境儿童关爱保护项目、贵州省社会工作专业人才支持三区服务计划——都匀市阳和水族乡留守儿童关爱项目等，派出11名专业教师和53名社会工作专业学生在都匀市阳和水族乡进行困境儿童，尤其是留守儿童的关爱保护社会工作，为期40周（见图4）。

2018年，该中心在继续承接联合国儿童基金会都匀地区困境儿童关爱保护项目、贵州省社会工作专业人才支持三区服务计划——都匀市阳和水族乡留守儿童关爱项目，派出专业教师和社会工作专业学生进行相关服务的同时，还承接了贵州省民政厅都匀地区女童反性侵进校园项目、黔南州社会福利院孤残儿童正向成长项目，共计派出15名专业教师、72名社会工作专业学生在都匀市的城市社区、学校、农村社区等开展各类社会工作服务，为期一年，同时外聘3名督导对所有项目服务质量、学生服务水平进行全程督导。

图3 学校社会工作专业学生在都匀市大西门社区进行相关实践实训

图4 社会工作专业学生在都匀市阳和水族乡中心学校进行相关实践实训

丰富的校外社会工作服务项目，为社会工作专业学生提供了充足的实践实训岗位，满足了人才培养方案中《社会调查与研究》《社会统计学》《个案工作》《小组工作》《学校社会工作》等10门专业课程共计288学时的行业参与实践实训课程和48周实践实训环节的开设所需，对学生实践实操能力的培养起到了极大的促进作用（见表1）。

表1　　　　　　　近年来依托实务、产教融合进行的课程教学

序号	承接地方社会服务项目	派出专业老师	派出学生	外请督导	项目时间	利用项目进行行业实践教学的课程
1	联合国儿童基金会/民政部都匀地区"困境儿童"关爱项目	11	53		2017—2020	社会调查与研究、个案工作 小组工作、青少年社会工作 学校社会工作等
2	贵州省社会工作专业人才支持"三区"服务计划	10	195	3	2015/2016 2017/2018	社会调查与研究、社会统计学 青少年社会工作、老年社会工作 社区工作、个案工作、小组工作等
3	黔南州民政局都匀市大西门社区430学校项目	4	60		2014	青少年社会工作 学校社会工作、小组工作等
4	黔南州福利院孤残青少年正向成长项目	4	22	1	2017—2020	个案工作、小组工作 学校社会工作等
5	贵州省民政厅都匀地区女童反性侵进校园项目	7	8	1	2018	个案工作、小组工作 学校社会工作、社区工作等

（4）打造"双师双能型"社会工作教学团队。重视教学团队建设，建立促进社会工作教学团队发展的长效机制，打造一支专兼结合的高素质、高水平的"双师双能型"社会工作教学团队。教学团队人员由本校社会工作专任教师、行业专家、地方政府部门选派专家构成。其中以本校社会工作专任教师为主体，其他两者为补充。目前，专任教师中7人具有"社会工作师"资质、9人具有"SYB讲师"资质，5名兼任教师都具有"社会工作师"资质。

3.施行"校地双赢"的人文社科专业产教融合培养模式

结合地方经济社会发展所需，以实务为导向，从构建学生实训实践平台入手，提高人才培养方案中行业参与教学课程、实践实训环节等比例，以实务作为人才培养的指向标，让学生在实践实训中学用结合、增强实务能力。同时，服务地方经济社会发展，培育相关专业人才社会需求的土壤，提升社会对相关专业人才培养的满意度。

以社会工作专业为例，贵州省作为经济欠发达地区，社会工作发展水平不高，长期以来对社会工作专业人才需求量较低。2014年以来，随着学校联众力社会工作服务中心一系列社会服务项目的开展并取得良好的社会评价，地方政府也开始逐渐重视社会工作，开始为民政部门、社区、福利院等政府单位或机构配置专业社工，在提升社会工作专业学生就业率的同时，还推动了当地社会工作事业的发展。因此，产教融合的人才培养模式，还能让某些专业成为经济社会发展的"推动者"和"拓荒者"（见图6）。

图6 学校社会工作专业学生在黔南州社会福利院进行相关实践实训

三、突出成效

1.人才培养模式获得多方肯定

产教融合的社会工作专业人才培养模式，目前已获得地方的高度肯定。2017年6月，《黔南日报》以"社工——离我们有多远"为题，整版报道学校社会工作专业人才培养体系，对都匀市联众力社会工作服务中心近年来实施产教融合，在人才培养的同时服务地方经济社会发展的方法给予了高度肯定；2017年12月，受黔南州民政局委托，学校对《黔南州民政事业"十三五"规划》进行修订论证，增加了社会工作人才培养等内容；2018年以来，贵州省民政厅多次对学校社会工作专业积极参与贵州省社会工作专业人才支持"三区"服务计划给予表扬，学校承接的服务项目被评为贵州省"示范项目"；2016年12月，基于高水平的社会工作专业人才培养模式，学校被贵州省民政厅授予"贵州省社会工作专业人才培训基地"称号。

2.专业建设水平和人才培养质量有了明显提升

高水平的社会工作专业人才实践实训过程,增强了学生社会工作实务能力,提升了毕业生质量。近几年,学校社会工作专业毕业生大部分进入各类社会工作机构工作,用人单位评价高。同时,学校也积极推动社会工作专业产教融合的课程体系改革与研究,2015年以来,2个相关项目获贵州省教育科学规划课题立项,2个相关项目获黔南州教育科学规划课题立项,5个相关项目获学校本科教学质量提升工程立项。2015年以来,学校在社会工作专业产教融合课程体系改革与研究过程中,先后发表教学改革论文5篇,获教学成果奖1项,编辑完成相关专著1册。

四、总结与思考

课程是高等教育资源的基本单位,是高等学校一切办学行为和人财物资源配置的最终载体,是人才培养质量内涵建设水平的标志和落脚点,决定着学校品牌影响力与核心竞争力的形成。解决招生与就业"两张皮"问题的根本出路就是以职业的社会需求为导向,重构地方高校课程体系,化解"计划入口"与"市场出口"之间的矛盾。社会需求决定了高等教育必须把握时代发展的脉搏。

专业核心课程是面向学生就业"出口"、以社会职业岗位为目标的课程群。专业核心课程的建设水平是地方高校品牌和竞争力的核心。在不影响掌握基础知识、基础理论、基本技能的前提下,专业核心课程设计应以市场为导向,切实提高学生创新精神和就业能力,同时又要区别于常规的职业教育。专业课程体系的建设一般按照两个层次进行:一级课程体系为全校性的总体的学科专业布局,二级课程体系是系(院)层次的以专业为单位、以教学计划为表现形式的专业课程体系,是学校办学理论和培养目标的执行和落实。对专业课程的设置,由于各专业区别很大,应更多地依靠各专业、各学科的专家进行设计。在专业课程设置中,要高度重视专业核心课程的设置,构建以专业方向、职业能力教育训练为主体的专业课程内容。

能力模块化导向：沈阳工程学院构建物流管理育人新模式

沈阳工程学院　田凤权

一、基本情况与背景

沈阳工程学院是一所以工为主，工、理、经、文、管、法等学科协调发展的多科性高等院校，是"辽宁省普通本科高等学校向应用型转变示范高校"，获评"教育部全国毕业生就业典型经验高校""2018年度全国创新创业典型经验高校"。学校秉承"明德致知、精工博学"的校训精神，坚持"服务电力、服务辽宁，工程教育、应用为本，产教融合、卓尔不群"的办学理念，坚持以立德树人为根本、以提高质量为核心、以改革创新为动力、以转型发展为路径，培养高级工程技术应用型人才，建设特色学科省内一流、高水平的应用型地方本科院校。

物流行业作为国家战略性新兴行业，影响着经济发展与人们生活。物流与快递行业的飞速发展，需要大量的应用型物流管理人才充实到各岗位中。学校物流管理专业的办学定位为为地方经济发展培养应用型高素质综合性人才。产教融合、校企协同育人不仅多次出现在各级教育主管部门的政策文件中，更是培养物流管理专业应用型本科人才的必由之路。本专业积极探索和健全校企合作的长效机制，解决人才培养与企业需求脱节问题，构建和完善系统的实践教学体系，吸引企业深度参与产教融合等人才培养工作。

二、特色做法

基于产教融合、校企协同育人下的物流管理专业人才培养模式，贯穿于人才培养方案→课程标准→课堂教学→实践教学→师资队伍建设的全过程，需要建立健全物流企业深度参与产教融合、校企合作的长效机制。

1. 校企合作制定模块化人才培养方案

根据行业发展和人才需求的新特点，校企合作共同修订、论证人才培养方案，及时调整增减课程。

（1）培养体系的设计。课内培养体系与课外培养体系并重。课内培养体系是基于物流管理岗位资历框架和岗位能力标准而设计的理论与实践教学体系；课外培养体系是围绕人才培养标准而设计的学生课外活动，如企业兼职实习、调研、各类大赛等。

（2）模块化课程的构建。根据物流管理岗位资历架构分析及对本专业的人才岗位需求分析，将课程进行能力模块化整合归类，如图1所示。

根据应用型人才培养目标及能力要求构建课程模块。根据人才培养目标将专业课程进行模块化整合归类：仓储能力管理模块、运输能力管理模块、物流与供应链系统分析能力模块，以及物流企业管理模块。

根据物流业务流程及课程模块类别优化课程结构。根据企业物流管理流程及实际仓储配送中心运营管理实际，将原"仓储管理"课程拆分为"物流中心仓储配送规划设计"和"物流中心工作管控"；原"配送管理"删掉，其内容并入"仓储管理能力模块"下"物流中心仓储配送规划设计"课程中；将原"物流系统分析与优化设计"和"物流信息系统"合并命名为"物流系统应用与设计"，通过内容整合来支撑"物流与供应链系统分析模块"。

根据行业企业及社会发展需要调整课程内容。根据信息技术、云技术及大数据的发展，把原"统计学原理"课程改为"物流统计学"，同时增设"物流大数据实验"三级项目，培养学生对物流与供应链相关数据的收集、分析与处理能力，有力支撑"物流管理基础能力模块"。

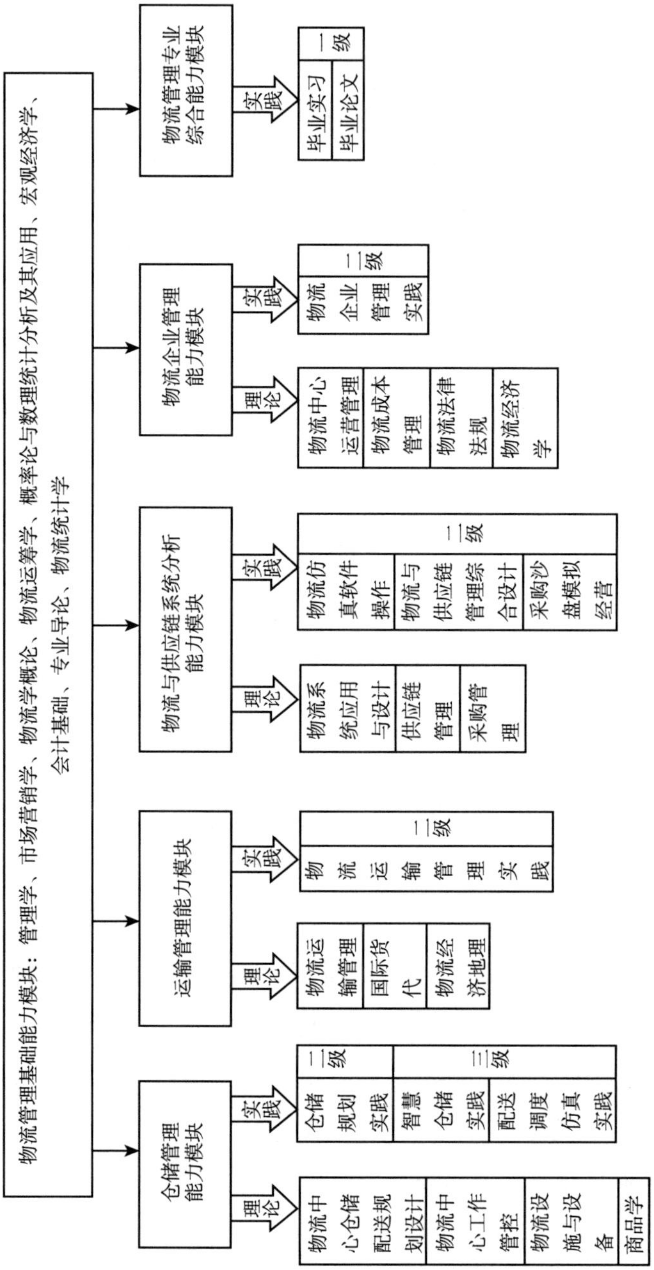

图 1 物流管理专业能力模块化设置课程

（3）创新创业能力的培养。强化课内培养体系中的一、二、三级项目（企业实践操作、软件训练、企业调研项目设计等）与课外各类创新创业大赛和学科竞赛，注重学生综合设计实践能力与创新创业能力的培养。

2. 产学对接设计课程标准

根据物流企业工作岗位对应用型本科人才的要求，确定人才培养规格，制定物流管理专业标准，实现物流企业岗位标准、职业标准与专业标准的贯通。

在国家物流教指委指导下，本专业建设团队积极吸纳物流行业企业人士，广泛调研，获取企业对物流人才所需要的职业素养、职业能力和专业技能标准。按照模块化课程体系，为把企业需求标准转化为基于工作岗位的人才培养标准体系，将校企师资分成能力模块建设小组、课程建设小组，分别制定能力模块标准、课程标准。

3. 协同互利创建立体化实践教学体系

（1）实践教学目标体系——"能力目标牵动一条主线"实现顶层设计。根据物流管理专业岗位需求的职业能力标准制定专业实践能力标准，据此，沿着"岗位标准—专业标准—课程标准"这条主线制定实践教学标准，如图2所示。

（2）实践教学支撑体系——"两大基地，三阶平台"构成支撑基础。通过学校与社会、物流企业合作途径，利用校内外各种不同的教育环境和资源，以行业意识、素质培养为基础，以行业实践能力、创新精神和创业能力培养为主线，搭建实践教育平台。详见图3。

"两大基地"包括校内实践基地和校外实践基地。校内实践基地以校内专业实训室为主，拥有立体库硬件实验室、乐龙仿真软件、供应链管理软件、3D仓储软件等；校外实践基地主要是与沈阳京东、沈阳中深集团、成大方圆医药物流公司等十多家企业签订了不同实训项目的产学研基地共建协议。其中与京东沈阳分公司共建实训基地获批辽宁省教育厅"辽宁省大学生校外实践教育基地"；与沈阳中深集团共建基地获批"中国物流学会产学研基地"。

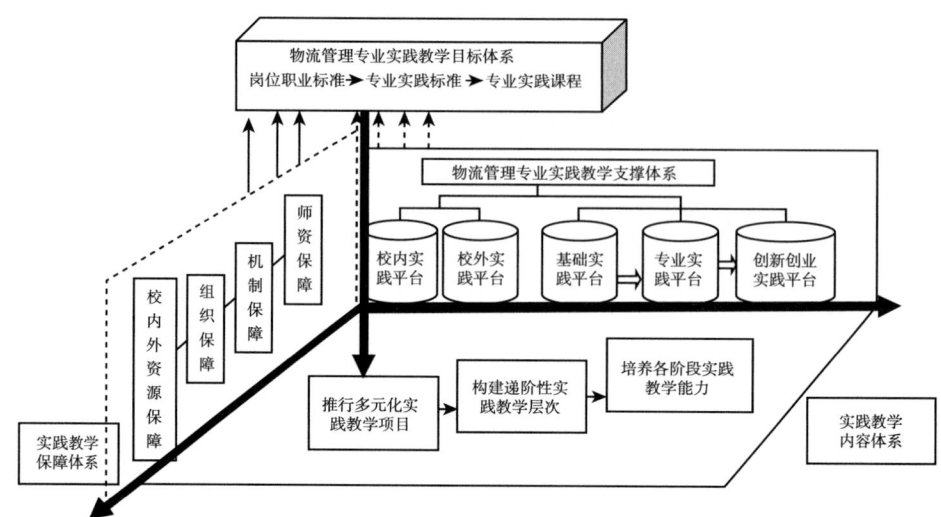

图 2　物流管理专业"四位一体"实践教学体系

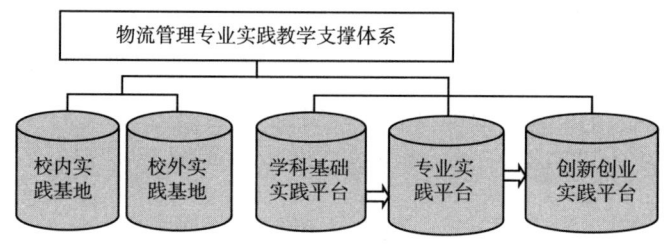

图 3　物流管理专业实践教学支撑体系

"三阶平台"包括学科基础实践平台、物流管理专业实践平台以及创新创业实践平台。通过建设以学科基础课程实践场所构成的学科基础实践平台、以校内专业课实验室和企业共建实训基地所构成的专业实践平台、以校内创新创业中心和大学科技园为载体的创新创业实践平台,共同构成的"三阶平台"(见图4),层层递进式培养学生的综合实践与创新创业能力。

(3)实践教学内容体系——"三维一体"打造核心内容。

物流管理专业实践教学内容体系由推行多元化实践教学项目、构建递阶性实践教学层次和培养各阶段实践教学能力组成。详见图5。

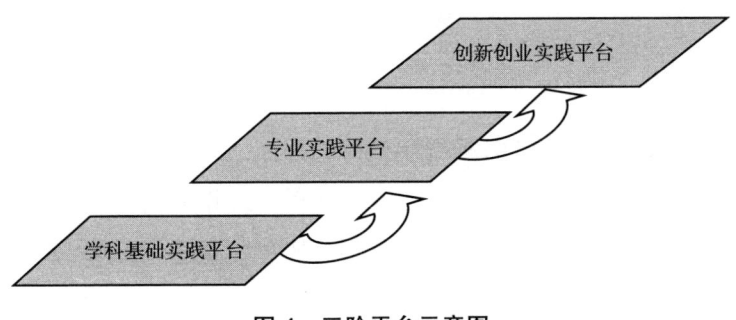

图 4　三阶平台示意图

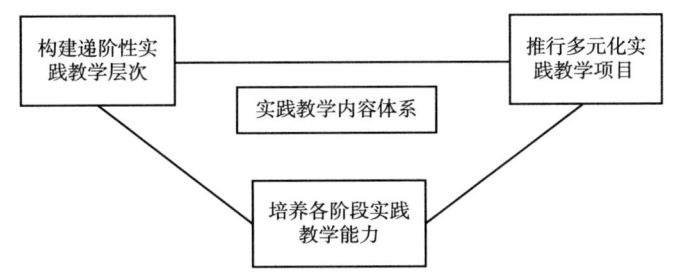

图 5　物流管理专业实践教学内容体系

推行多元化实践教学项目。课内集中性实践项目：参观性实践、实际岗位操作性实践（京东等企业实际岗位操作）、模拟性实践（模拟软件操作、模拟实际情景操作）、毕业实践。课外自主性实践项目：行业企业调研、各类专业大赛、参与教师科研项目、网络模拟教学项目。一体化创新实践项目：实习与就业一体化项目、CDIO一体化项目。

构建递阶性实践教学层次。递阶性实践教学层次包括认知性实践、流程性实践、综合性设计性实践。这三个实践是层层深入的，最终对所学理论知识的创新性、综合性运用，可通过毕业实践、一体化创新实践项目完成。

培养各阶段实践教学能力。在基础认知阶段（1—4学期）、物流环节训练阶段（5—6学期）、物流管理熟练阶段（7—8学期）分别提出不同的实践教学能力培养要求，通过产教融合、校企合作实现各阶段的培养目标。

（4）实践教学保障体系——"多方协同"共筑保障机制。通过"请进来、走出去"培养和构建"双师型"师资队伍、采用"创新实验班"模式建立人才双向流动长效机制、组建由政企校多方构成的教学组织机构、整合利用校内外教学需要资源，共筑实践教学保障体系。

4. 产教联动创新多元化课堂教学模式

（1）课程建设。校企合作，开发核心课程。几年前就与沈阳中深集团、沈阳京东等企业共建专业课程，如"流通加工技术"在毫无经验借鉴的情况下校企双方共建课程。近期与北京络捷斯特科技发展股份有限公司合作开展课程建设，双方共同开发了"物流中心仓储配送规划设计""物流中心工作管控""物流系统应用与设计""供应链管理""采购管理""物流中心运营管理""国际货代""智慧仓储实践""仓储规划实践""配送调度仿真实践""采购沙盘模拟经营""物流与供应链管理综合设计""物流运输管理""物流大数据实验"等一系列理论和实践课，在教指委课程设置思想指导下，对专业课和创新创业课进行了大幅度重构，使课程内容更具应用型特点。

科学设计，丰富课程内容。本专业紧紧关注物流行业发展动态，利用中国物流学会、合作企业，及时了解社会需求动态，不断调整课程设置，丰富课程内容，及时补充物流行业发展新技术、管理新方法。如"物流大数据实验""智慧仓储实践"均是根据业内最新发展开设的。

合理组织，引入CDIO教学模式。本专业积极引入CDIO的工程教学模式，专业核心课程采用任务驱动或基于工作过程的教学方法，强化以学生为主体的教与学，培养学生专业综合应用能力和团队协作能力。

多方努力，建设课程资源。专业课程均有较系统的教学大纲、教学课件、案例库等教学资源。尤其是上述与企业共同开发课程，重要知识点已开发配套的案例、微课视频、讨论、试题等，信息量大、综合应用性强，建设成果已在本校及同行中共享使用。"采购管理与库存控制"课程被评为校级五星级课程。

（2）教学模式与方法的设计。教学方法。在教学方法上，引入情景教学、项目导向，引入企业实际案例，引入哈佛案例教学理念及CDIO教学理念开展教学模式改革，学生运用信息技术及网络大数据平台完成课程中项目方案设计。

教学组织形式。在教学组织形式上，采用多媒体视频、企业现场教学、网络教学等多种先进的教学模式，并积极开展"微课程""云课程"的教学研究。通过使用络捷斯特长风网教学云平台，进行现场模拟教学、远程教学、网络教学。

学生学业水平评价改革。在学生学业水平评价方面，注重过程与实践能力的考核，建立教师和企业共同考核的评价体系，将企业网络大数据平台完成的项目直接计入平时成绩。如"仓储与配送实践"课程，成绩评定以沈阳京东为学生的实习情况打分为主，"供应链管理"课程将学生参与长风网技能竞赛成绩计入平时成绩。

5. 互融互通培养应用型师资队伍

在"产教融合、校企合作"转型发展的重要路径指引下，建立了物流行业企业、物流学会和协会、沈阳市发改委等物流部门广泛参与的管理机制，形成"人才共育、过程共管、成果共享、责任共担"的校企合作长效机制。成立了专业建设委员会、专业创新创业教育指导委员会，聘请行业企业专家为本专业客座教授。本专业与沈阳京东、北京络捷斯特沈阳分公司、沈阳中深集团等重点合作企业建立了良好的校企双向互聘制度，双方互设工作室；双方共同制定企业师傅选拔和聘用制度，辅助企业开展校企深度融合教育理念和方法的培训工作，制定学生在企业的培训计划和指导方式。

物流管理专业有计划地选派教师深入企业挂职锻炼，利用指导实习实训、承担企业课题研究等，提高教师服务社会和企业的能力，并将其纳入职称聘任、聘期和年度绩效考核中。长期聘请企业兼职教师6人，参与专业建设，承担或参与理论课程与实践环节的教学任务。多名教师被行业企业聘为专业指导人员，教师承担或参与了铁信集团、沈阳中深集团等物流企业和沈阳市发改委等横向课题研究。

三、突出成效

产教融合、校企合作深入开展后，人才培养模式特色鲜明，应用型人才培养质量进一步提高，学生团队协作与综合应用能力得以提升，师资力量得以充实，专业对口就业率逐年提高。

1. 产教融合人才培养模式改革成果

近三年毕业生就业率均为100%，其中合作单位就业率年均超过30%。就业企业和岗位的质量明显提升。近两年毕业班级每名学生至少参加一项创新创业项目或学科竞赛，综合应用与创新能力大大提升。

2. 产教融合教学基地建设成果

与北京络捷斯特科技发展股份有限公司共同实施"物流长风创新实验班"人才培养模式，校企共建的"创新应用型物流人才培养下的智慧教室信息化教学平台"，现已在2016级本科创新实验班中投入使用。与沈阳中深集团于2011年、2016年两次联合申报并获批中国物流学会产学研基地。依托京东沈阳分公司申报并获批辽宁省大学生校外实践教育基地，获得30万元专项建设资金，完成首届"京东东北配送站长助理班"培养工作。

3. 课程建设成果

完成了与络捷斯特公司共建的"物流中心工作管控""物流中心运营管理""仓储规划设计""采购管理""供应链管理""物流大数据实践"等十余门课程的内容设计、课程标准以及大纲的制定。"组织行为学"课程获得学校教学质量工程二等奖。"采购管理与库存控制"课程改革获得学校教学成果改革三等奖。"供应链管理"课程的教材编写获得学校教学质量工程教材立项。

4. 师资队伍建设成果

组建了校外兼职教师团队，成立了专业建设指导委员会；大部分专业教师参加了企业物流业务挂职锻炼，提高工程实践指导水平。团队教师社会影响不断扩大。团队骨干老师多次参与地区物流项目评审，参与其他院校教学质量评估等活动，获得企业颁发的优秀实践教师证书。

5. 教研成果

近三年物流团队主持省市级教研课题7项；两门课程获评校级五星级课程；

获得校级教学成果奖两项;"基于产教融合的物流管理专业'四位一体'实践教学基地建设与实践"获得辽宁省教育教学成果三等奖。

6.创新创业成果

物流管理团队从2014年至今承办四届了"市场调查与分析"大赛辽宁省学校选拔赛以及网络运营大赛大数据分享赛辽宁赛区比赛。

三年来,物流管理专业学生获得挑战杯创新创业赛国家级三等奖1项、省级学科竞赛一等奖3项,省级二、三等奖8项;学生在省级以上刊物上发表8篇学术论文;三名学生在学校大学科技园创办公司并运营。

四、总结与思考

深化产教融合与校企协同育人,是解决应用型物流人才培养与行业企业需求脱节问题的有效路径,对于构建以需求为导向的人才培养模式是非常必要的。学校物流管理专业在高校转型发展思想的指导下,锐意改革,深入探索和实践基于产教融合的人才培养新模式。

产教融合要贯穿于人才培养的全过程。从顶层设计、实施与开展、效果反馈与改进的全过程人才培养体系,贯穿着产教融合、校企协同育人的理念。从系统化角度构建出物流管理专业全方位系统化的理论与实践教学体系,通过"目标—内容—支撑—保障—改进"闭环体系,建立推进产教融合、校企协同的共赢机制。

理实一体化教学要与集中性实践相统一。校企协同,共推主要课程理实一体化教学改革。依据校企合作单位的各自技术优势和条件,共同构建"理实一体化"理论与实践课程模块研究、制定"理实一体化"课程标准与教学大纲、组织开发"理实一体化"课程讲义或教材、建设"理实一体化"智慧教室教学场地、建设"双师双能"、校内外专兼职教学队伍。教学计划内课程实践与课后学生自主实践相结合,向学生开放校内外实验室。

校企要协同建立"四效合一"的创新性实践基地。依托校企各自优势和基础条件,共建产学研实践基地,实行共建共管、共享成果、互助互利的长效合作机制,在教学与实习、学生就业、师资培训和服务社会等方面发挥作用。

真实项目引领：保定学院实用文体写作人才培养新路径

保定学院　郝静

一、基本情况与背景

科学而理性地推进产教融合、培养应用型人才，关系到转型工作的健康持续发展。学校的实用文体写作人才培养，依托真实项目，精心设计，深耕细作，在转型的微观层面做了一些尝试和探索，用持久的耐心增强了转型的耐性和耐力。

实用文体写作能力是从事各项工作都必需的一项重要能力，培养该能力的主要课程是"实用文体写作类"课程，课程内容包括公务文书写作、商务文书写作、私务文书写作等。此类课程是高校普遍开设的一门课程，秘书学专业将其作为主干课程，汉语言文学专业将其作为基础课程，其他专业将其列为基础或通识课程。实用文体写作类课程所授内容非常实用，适用范围也十分广泛，然而，步入社会的大学生却很少有人能够熟练运用实用文体来处理公私事务，这已成为一个普遍存在的现象难题。如何跳出这一困境？经过几年的实践探索，学校发现"真实项目教学"是一个切实有效的解决办法。学校摒弃了虚拟元素，将教学项目全部真实化，让学生在项目实施中学习知识、提高技能、增强培养职业素养；同时，分级组织项目教学，稳步提升了学生的实用文体写作能力。

二、特色做法

1.挖掘各类资源，开发真实项目

实施真实项目教学，必须保证充足的项目来源，从哪里找项目这是首先要解决的问题。学校在综合分析实用文体写作类课程特点和市场需求的基础上，多方寻找真实项目，将教学项目来源确定为三个方向：校内、实习基地、社会。

首先，开发校内资源，设计校内项目。高校校内活动很多，为课程提供了丰富的项目资源。只要是非涉密的讲座、比赛、会议、会展，都可以让学生参与全过程，对活动情况加以宣传、报道、设计、总结。校内项目又可细分为"学院内项目"和"校内项目"（学院以外、学校以内）。其次，向实习基地要项目，开发合作项目。作为学院的定点实习基地，在不涉密的前提下，都可以为本课程提供真实项目。学校与实习基地单位（包括企事业单位和行政机关）协商，由其为本课程提供真实的实践教学项目，如容大课堂的文案宣传、定兴新修县志的文字把关。第三，开发社会项目。当前文案外包已经成为秘书行业的新趋势，很多小型企业不再专设秘书岗位，公司的文案多采取外包形式。学校学生承接外包任务，边实践边学习，是很好的产教融合途径。

2.分级教学，分类实践

实施校企合作，必须要考虑学生的知识基础和能力水平，只有任务与知识能力水平相当，才能保证合作效果。鉴于此，学校在市场调查的基础上，根据在校生的写作水平对其进行分级，明确培养目标和实践方向。共分为四个级别：初级一、初级二、中级、高级。初级一为大一新生，刚刚接触实用文体写作，他们主要在二级学院内实践；初级二为大二以上的学生，已经具备了基本的写作能力，他们主要在校内各处室实践；中级为已掌握各类文种写作要领的大二以上的学生，他们主要参加实习基地的合作项目；高级为能熟练运用实用文体处理公私事务，并已参加过实习基地合作项目的大二以上的学生，他们主要参加社会项目（见图1）。

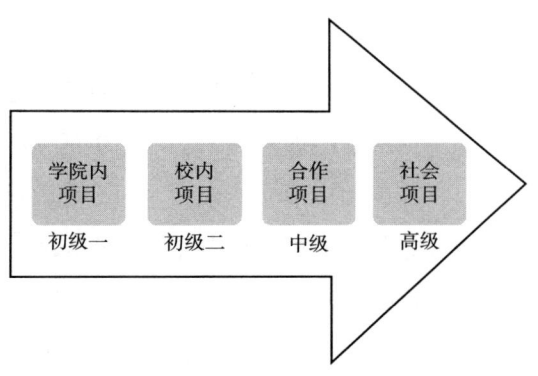

图1 分级教学分类实践图

3. 设置项目层级，确定有序、稳步的培养计划

与学生的四级相对应，用于教学的真实项目也分为四级。第一，学院内项目。这是基础部分，由二级学院的专业教师指导，是新生了解、学习实用文体写作的入门阶段。第二，学校内项目。学生在校内行政处室实践，是他们从校内走向校外的必要过渡。以上两类项目的特点，一是空间距离近，节省时间；二是项目内容多是学生比较熟悉的布展、比赛、科研、教学、招生等；三是校内专业教师多，便于指导。2018年4月，学校举办了秘书节庆祝活动，在校生全程参与了活动的设计、组织和相关文案的制作；2017年10月，学校在校生联合起草校园倡议书，倡导规范摆放共享单车，得到了全校师生的热烈响应。第三，合作项目。实习基地与本校具有密切的合作关系，项目内容多与本校专业相关，同时又代表着某方面的社会需求和市场需求，是学生从校内走向社会的很好的过渡。2018年学校文学院组织大三实习生为北京志博天地人和教育咨询有限公司撰写了中小学课外阅读、写作和书法教材30余本。第四，社会项目。这是学生直接面向社会、走向市场的窗口。学生在教师的指导下承接社会项目，了解社会市场需求。2018年7月18日至20日，由河北省知识产权局主办、河北省知识产权培训基地承办的"产教融合背景下知识产权专业建设与人才培养"研讨会在雄安新区召开，学校在校生圆满完成了会议的宣传报道任务。

4. 科学遴选教学项目

项目遴选坚持四条原则：一是真实原则，本课程用于教学的所有项目均为真实项目，项目由学校实习基地、校内行政处室以及有文案外包需求的企事业单位提供；二是典型原则，所选项目必须具备典型性，尽量避免多、杂、偏；三是适度原则，所选项目难易适中，尽量贴近学生的学习和生活，尽量考虑学生现有的知识和能力水平（包括百科知识和应用文体知识、理论和政策水平、调查分析能力、语言表达能力）；四是动态原则，根据校内外的需求变化，及时调整教学项目。

此外，为了防止现实的真实项目供应不足，学校增设了"再现真实项目"，这也属于真实项目的一种，具体做法是：从已完成的真实项目中，选取典型案例用于实践教学,借助视频、图片等最大限度地再现真实项目的背景信息;由学生创作相应文案,然后与真实的文案进行比较,查找差距,修改完善。

5. 创建秘书事务所,搭建以学生为主体的产教融合平台

学生是应用型人才培养的目标主体,为了发挥学生在产教融合中的主体性,调动他们的主动性和积极性,学校指导学生成立了"鼎力"秘书事务所,承接校内外的文案、会展、礼仪等项目。事务所以文学院在校生为主体,由学生代表负责经营。学生在教师的指导下成立项目小组,选拔写作能手担任项目负责人,直接与客户见面洽谈,小组合作完成文案制作等任务。

6. 建立"异地同步教学系统",为真实项目教学提供便利

实用文体写作的真实项目教学,分为两种教学组织形式,一类是"现场教学",一类是"非现场教学"。用于现场教学的项目包括学院内项目、校内项目、合作单位和社会项目,专业教师带领学生到实地办公现场,在真实的环境中采集信息并进行文案制作。校企合作单位都在校外,而且离校园较远,到现场组织教学将耗费大量的时间。为了节省时间,学校利用现代信息传输技术,与合作单位联合建立"异地同步教室",学生坐在教室里就能看到项目委托方的实时工作环境与工作状态,并与现场互动,创造出"不在现场也能身临其境"的教学环境。异地同步系统由学校与合作单位共同设计建设,共同维护管理。

7. 改革学业评价模式,建立能力取向的课程评价机制

为了全面考查学生的知识应用能力、实际操作能力和创新能力,学校改变一考定成绩、考核方式单一、以知识检验为目的的传统方式,根据真实项目教学的特点,构建时间、内容、评价者三维学业评价模式。时间维度。过程评价与期末评价相结合,占比均为50%。考虑到写作课程的实践性较强,学校大幅提高过程评价所占比重,而缩小期末评价所占比重,把学生在每一个真实项目中的表现都纳入评价范围,这样有助于全面评价学生的知识和能力水平,并考察学生写作能力的提升过程。内容维度。考核内容包括知识和能力,其中知识类占20%,能力类占80%,知识和能力考核的依据是项目作业。评价者维度。

评价者不限于专业教师，根据项目的类型，增加行业教师、委托单位和学习小组等作为评价者。对于真实项目教学的评价：专业教师评价占50%，行业教师或委托单位评价占40%，学生小组评价占10%；对于异地同步教学的评价：专业教师评价占60%，行业教师或委托单位评价占30%，学生小组评价占10%；对于再现真实项目教学的评价：专业教师评价占80%，学习小组评价占20%。

8.打造"双师"型教学团队，为真实项目教学提供师资保障

教师是进行课程教学和课程建设的责任主体，也是实现课程目标、培养应用型人才的关键。考虑到实用文体写作课程的应用性特点，本课程配备的所有主讲教师均具有深厚的写作实践背景，他们在行政公文写作、新闻写作等方面经验丰富。为了适应课程改革，我们还有计划地选送教师到企业接受培训、挂职工作和实践锻炼，更新实践知识，丰富实践经验，提高实践技能。同时，多方聘请企业、事业、行政单位的行业专家参与课程建设，校内教师与行业专家一起组成教师团队，合力设计并实施教学项目。

三、突出成效

1.理性推进校企合作，稳步提升学生的实践能力

能力的提升是一个渐进的过程，培养应用型人才得有"耐心"，方法措施要有"耐性"，学校、教师和学生都要增强"耐力"。校企合作必须考虑院校的专业基础、学生的现有能力水平，否则将会影响合作效果，事倍功半。学校将教学项目分级设置，对学生进行分级教学，而且明确各阶段的培养目标，逐级提高，有效地保证了学生的应用能力、实践能力和职业素养的稳步提升。

2.以真实项目为依托，校企合作共赢

"直接、实用"是真实项目的区别性特征，在真实的场景中，课程内容与职业标准对接，教学过程与生产过程对接，极大地增强了教学过程的实践性。从学校这一方来看，在参与项目的过程中，学生承担真实任务，体验真实工作过程，能够较为全面地培养学生的各项素质和综合应用能力，从而灵活应对各种写作任务。真实项目教学培养了学生的应用写作能力和综合素质，进而提高毕业生就业率，提高学校声誉，增加生源。对于技术含量高、完成质量好的真实项目，还可以适当收费，增加学生经济收入。从社会一方来看，企事业单位在给校方提供真实项目的同时，也获得了师生提供的技术服务，而且这些服务收费相当低廉，甚至是免费的。

3. 搭建产教融合的自主平台，掌握校企合作的主动权

培养应用型人才，高校必须拥有自己的平台，这样才能拓展产教融合渠道，增加合作机会，掌握校企合作的主动权。由学校文学院学生牵头成立的鼎力秘书事务所虽然刚刚起步，但已初见成效，目前已经承接来自保定铿锵玫瑰创业联合会、河北省知识产权培训基地、中铁十八局西北项目管理部、雄安水乡文化网站等多家单位的文案制作任务，受到一致好评。学生走出课堂、走出校园，在实践中学到了真本领。

4. 精打细算，降低应用型人才的培养成本

充分利用社会各方资源为应用型人才培养提供支持，降低时间、空间、人力、财力等方面的成本，提高人才培养模式的"性价比"。首先，建立异地同步系统，降低校企合作成本。创造"不在现场也能身临其境"的教学环境，使校方节省了大笔的实训室建设资金，并大大降低了时间成本。其次，向战略合作单位、实习基地要项目，寻找校企合作机会，让学生走出校园，走上社会。最后，吸收校外行业专家，强化丰富师资。立足专业培养目标，聘请相关行业专家，弥补校内师资在行业经验方面的不足。

四、总结与思考

为了促进学生实用文体写作水平的持续提升，未来学校将探索更加开放的教学模式，即以学生为中心，采用多媒体网络教学为辅助，采用自主的个别化学习展开教学。该模式要求老师采用广播、文字教材、计算机课件等不同媒体达到远程开发教育的目的。为满足开放教育的需求，要求一线教师必须转变教

育思想和教育手段，探究新型教学方法，从而适应开放教育人才培养目标。

教学方案要贯穿整个教学目标的制定、落实到教学的整个过程，从而达到优化教学过程的效果，这些都是确立远程开放教育如何教的重要途径。为了进一步强化"实用文体写作"教学的有效性，可以先对本班级学生展开摸底调查，了解所有学员的写作基础和需求，根据课程的特点进而合理安排教学内容和辅导重点及难点。同时制定本课程的教学进度及自主学习计划，制定出面授辅导的时间、内容安排，这样的教学方案满足学生的实际需要，所有学员学习热情高涨，在很大程度上提升了业务能力。

现代开放式教育提倡以学习者为中心，改变过去以教师为教学活动的主导位置，向着由老师导学、学生自主学习、多媒体辅助的现代远程开发教学模式，教师由原来的教转变为指导学习。针对学员学习起点高低不同的特点，在课堂教学中，必须有计划地向学生讲解实用文体的特点及写作要求，让学生合理掌握必需的文体知识，把教学的重点放在指导学生如何看书、找出重点、提出疑问点、如何高效备考等方面，从而为学生自主学习奠下坚定的基础。开放教育要求老师应该从学习者的需求对其进行指导。

岗位模块式培养：西安外事学院构建美容专业人才培养新模式

西安外事学院 李 蕊

一、基本情况与背景

医学美容技术专业培养适应社会紧缺，面向各级专科美容医院和专业医疗美容机构一线需要，较系统地掌握医疗美容技术专业必需的基本知识、基本理论、基本技能和相关专业知识，有良好的职业道德和敬业精神，具备创新和较强的实践工作能力，能够从事医学美容技术操作、美容经营管理及产品销售的高素质应用型人才。1991年"第四医学"提出，"医疗美容技术"专业于2000年列入国家教育部《医药卫生类高职高专专业设置指南》中，"医疗美容技术"专业于2004年又被列入《普通高等学校高职高专教育指导性专业目录》中。并于2016年，根据《普通高等学校高等职业教育（专科）专业设置管理办法》高职目录的内容，更名为医学美容技术专业，专业培养能运用医疗器械、医学手段与药物从事医学美容技术操作及损美性疾病防治的高级美容专业人才。

当代，美容行业发展迅速，主要包括两个方向：医学美容方向与生活美容方向，两者之间相互关联，但又有重要区别。医学美容方向学生主要就业于美容整形医院、中医养生机构或综合医院美容科。生活美容方向学生主要就业于专业美容连锁结构、化妆品公司和生物科技公司等领域。各类美容整形医院、中医美容养生机构与大型生活美容连锁都需具有专业美容知识的应用型人才。

为了适应社会和市场需求，在医学美容专业教学改革过程中，坚持以培养应用技术型人才为导向，打破传统的教学方法与培养模式，结合医学美容专业特点，实施与采用产教融合的医学美容技术专业"模块式"培养方案，校企联合培养，全方位为陕西及西部培养更多高级医学美容技术及管理人才，将有利于产学研结合共同拓展发展空间，为我国医学美容技术专业和其他专业产教融合建设与标准设立提供科学依据，开创产教融合的医学美容技术专业"模块式"培养方案特色研究。

二、特色做法

1.结合美容专业特色，确立培养目标

为了培养社会所需的具有医学美容专业技能的应用型人才，为美容行业储备优质人力资源，医学美容专业人才的培养目标已由过去培养"高素质技能型人才"调整为"高端技能型专门人才"。根据《教育部关于推进高等职业教育改革创新引领职业教育科学发展的若干意见》（教职成〔2011〕12号），结合美容专业特色，研究培养目标。

探寻产教融合医学美容技术专业"模块式"培养方案与传统教学模式的区别，并广泛应用于各专业高端技能型人才的培养。综合运用创新教学方法并不断实践，研究校企联合培养的最优方式，不断探索校企合作的最佳融合点，培养学生独立与创新的实践能力，提高综合素质。改革现行的单一人才培养模式，坚持需求导向，构建了产教融合的人才培养模式，进行课程重组，建立"模块式"教学体系。整合优势资源，建设适应学校与专业特色发展的"双师型"教师队伍，为学生搭建学习、实习、就业、研究与深造的广阔平台，探索资源共享的最佳方式，加强企业与学校的共通，校企连脉。

2.根据培养目标，明确实施过程

西安外事学院医学美容专业为统招专科专业，学制三年，在校学习专业基础理论、专业基本技能和职业综合素养，到企业进行实践实习。本研究打破原有的培养模式，将两年在校学习与一年企业实习完全打通，不停留在传

统的教学理念与方法上，引入"小学期"，增加学生实践机会，使学生在校期间即入企见习，实现学校和企业的师资互通。不再将学校与企业合作分化割裂。采用产教融合的医学美容技术专业"模块式"应用型人才培养方案，校企深度合作。

（1）准备工作：查阅文献、调研、专家座谈、论证医学美容产教融合建设与发展模式。研究制定《产教融合规章制度》《教师工作职责》《学生见习与实习管理规定》等管理规定；不断完善产教融合的医学美容技术专业"模块式"应用型人才培养方案、遴选实用性强的实践课教材；不拘一格吸纳人才，教师与企业带教老师互通，双向进修研习，重点打造"双师型"教师团队。

配套硬件建设：设置教学环境，吸纳企业建议，购置相关教学与研究设备，购买医学美容学领域新著作、核心期刊等；提供文献检索数据库、统计软件；产教融合试运行：搭建适合专业特色发展的教学科研平台，指导与鼓励教师进行科学研究，并提炼教学成果，申报高水平研究课题，联合进行医学美容专业科学研究；举办医学美容各类培训班，为青年教师、美业人员传授医学美容知识。阶段性实施"模块式"教学体系综合考评，制定对比研究方案，针对"模块式"教学体系、校企结合培养与传统教学体系进行对比研究。利用 EpiData 3.1 输入调查数据，运用 SPSS 13.0 软件对数据进行统计处理。总结产教融合的建设与发展成果，形成研究报告。

（2）坚持需求导向，构建了产教融合的人才培养模式，进行课程重组，建立"模块式"教学体系。在人才培养中，提倡案例教学、研讨式教学、项目教学，强化实践教学环节；重视实验课程开发，提高综合性、创新性、技能实验比例；重视应用型教材建设，引导和鼓励教师与企业技术人员一起共同编写教材。进行课程重组，采用"模块式"教学体系。产教融合，根据美容市场需求将课程分为整形美容模块、中医美容模块和生活美容模块，对应相应的学生见习、实习与就业企业。以图1来描述校企合作研究纵向框架；图2来描述"模块式"教学体系横向框架。

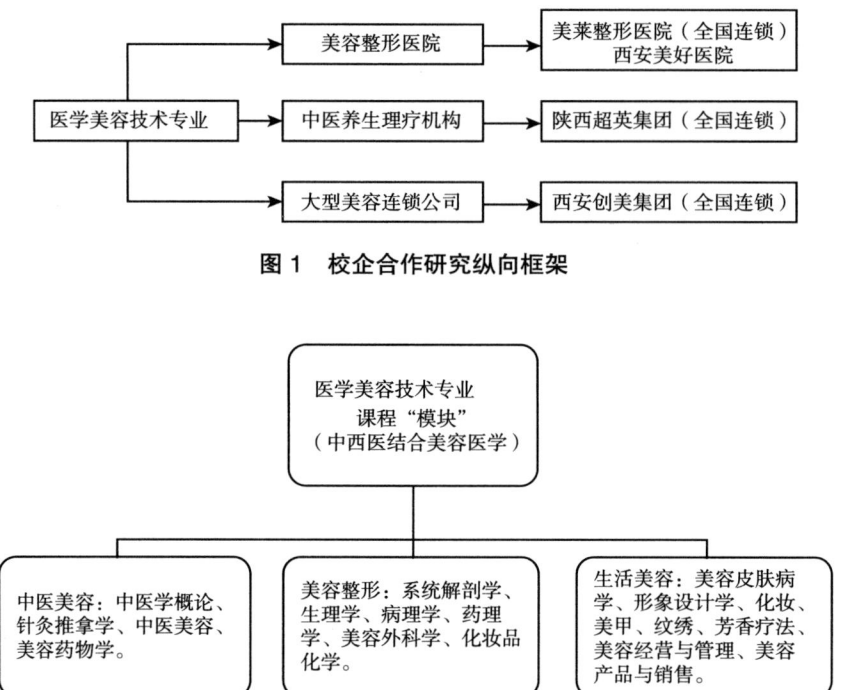

图 1 校企合作研究纵向框架

图 2 "模块式"教学体系横向框架

基于产教融合进行课程改革,将"韩语"课列入培养方案,打通留学渠道,校内建立韩语实训基地(韩国馆),建立学生留学平台。

加大实践课比例:部分专业课程加大实践比例,增加学生学习兴趣,增强学生动手能力。具体理论与实践课程课时分配如表1所示。

表1 理论与实践课程课时分配

课程	计划课时	理论	实践
针灸推拿美容学	64	34	30
实用美容技术一	64	28	36
实用美容技术二	32	12	20
专业美容技术一	64	28	36
专业美容技术二	32	12	20
中医美容	32	10	22
文刺技术	48	10	38

（3）基于"模块式"教学体系下医学美容技术校企合作特色研究，课程中加入企业所需知识与管理营销课程，将学校理论与企业实践相结合。具体课程如表2所示。

表2　　　　　　　　　　理论与企业实践结合课程

课程	计划课时	理论	实践
芳香疗法	32	10	22
美容心理学	16	12	20
美容礼仪	16	16	0
电子商务	16	16	0
营养学	16	16	0
美容经营与管理	16	16	0
美容产品与销售	16	16	0

（4）小班教学，增强学生实践能力。医学美容专业实践课程在原有基础上进一步强化，以增强毕业生就业竞争力。如美容化妆品学、实用美容技术、专业美容技术、中医美容、纹刺技术等大量课程需要小班教学，且美容外科学、美容皮肤科学、中医美容学、针灸推拿学、实用美容技术、专业美容等课程中，实践操作部分均需教师对学生单独指导。

（5）基于产教融合"创业知识普惠教育—创业人才重点培育—创业精英提高教育"三层次创新创业教育人才培养体系。通过产教融合的医学美容技术专业"模块式"应用型人才培养方案的研究与改革，结合学校多年的实践探索经验，适应国家创新型人才战略的实际需要，创造性地建立了以创业学院为教学主体的"创业知识普惠教育—创业人才重点培育—创业精英提高教育"三层次创新创业教育人才培养体系和以各二级学院为依托的"专业+创业"的创业人才培养辅助模式。通过学生在校期间即能够入企见习，学校和企业的师资互通，通过推动各级各类创新创业训练与实践项目，有效提升了大学生创新创业意识和能力。

（6）产教融合联合打造青年教师队伍。选择部分师德水准较高、教学与实践技能较强的教师导师，培养与指导青年教师，根据不同青年教师的专长与自身特点，制定个性化培养方案，加强教师入企培训。

产教融合的医学美容技术专业"模块式"应用型人才培养方案的研究与探

索过程中，学校与企业双赢合作是核心基础，鼓励专业教师去合作企业学习，教师参与合作企业项目的开发及员工培训，企业员工入校协助教师工作，为企业提供精炼的理论基础，为学校提供先进的企业实践理念。青年教师可以及时地了解与掌握企业最新生产和工艺过程，从而得到知识的更新，有利于"双师型"团队的打造，有利于特色专业的课程建设、专业建设与教学设计优化。通过产教融合，吸纳优质教学资源，将服务、生产、文化、管理的成功经验引入课堂与实践环节，促进校内专业教师向"双师型"教师转化。

三、突出成效

1. "模块式"应用型人才培养方案初显成效

"模块式"教学体系下医学美容技术校企合作平台的搭建是前提，医学美容技术专业课程改革模式是载体，学生医学美容职业能力培养是根本，三者层层递进，构成围绕学生核心职业能力培养的链条。

做实校企连脉合作项目，形成双赢合作。美莱医院、西安叶子医院、陕西超英集团、西安创美集团等多家美容医院及美容连锁机构委派教师到医学美容技术专业挂职锻炼，聘请陕西超英集团董事长白延彪先生和天津美莱医院院长罗金超博士为专业学科带头人，开展横向课题合作，共建医学美容专业校外实践基地。全面推进校企连脉与产教融合。校企双方深度合作、走产学研一体化道路，需要全面提升学生的专业技术、专业实践技能等，目的是强化和提高实践应用能力。如果学生的理论培养主要靠学校，那么实践培养理所当然是在生产、管理、服务第一线，即企业现场。

充分利用校内外实践基地资源搭建"产—学—研"三位一体的应用型医学美容人才培养平台。在"模块式"教学体系下医学美容技术专业校企合作的基础上，搭建"产—学—研"三位一体的应用型医学美容人才培养平台，利用平台资源，构建医学美容专业人才培养模式，进行深度"模块式"课程改革。学生利用寒暑假和业余时间，入企见习与实习，改变了学生实践操作能力差的现状。

基于产教融合的医学美容技术专业"模块式"应用型人才培养方案研究对

课程体系、培养方案和教学方法实现优化。基于产教融合的医学美容技术专业"模块式"应用型人才培养方案研究,实践课程比例加大,教师授课重在培养学生实践能力,应用系统教学方法、模块式教学思维引导,提高学生学习积极性的同时,不断优化课程体系。

通过学科竞赛、学生就业和质量工程等检验培养效果。基于"模块式"教学体系下医学美容技术专业校企合作,医学美容技术专业学生在企业先后参加各类专业技能比赛,并获得优异成绩。医学美容专业就业率逐年增加,2013届专业就业率为87.88%,2014届专业就业率为100%,2015届专业就业率为94.44%,2016届专业就业率为100%。招生人数逐年增加,近三年招生人数翻三番。

2. "普惠教育—重点培育—提高教育"人才培养体系基本形成

通过产教融合的医学美容技术专业"模块式"应用型人才培养方案的研究与改革,通过学生在校期间即能够入企见习,学校和企业的师资互通,学生参与各类创新创业大赛,并取得较好成绩。形成了"创业知识普惠教育—创业人才重点培育—创业精英提高教育"三层次双创教育人才培养体系。

大学生创新创业注重创新训练与实践的过程,鼓励学生参与,并指导学生,以创新创业项目驱动的创新创业体系,在产教深度融合背景下,促进学生提高自己,挖掘自身潜力的能力,使专业兴趣提升、专业技能强化、解决复杂实际问题能力提高。

3. 校企合作联合打造较强师资团队

校企合作中,真正实现学校和企业的双赢合作至关重要。基于产教融合"模块式"教学体系下医学美容技术专业培养方案的研究,经过针对性教师引进,目前专业教师均为"双师"型,并为学校大学生创新创业指导教师;同时,引进数名企业专家为学科带头人,让他们把生产、服务、管理一线的成功经验引入课堂和实践环节,促进校内教师向"双师型"教师转化。

4. 形成理论,指导产教融合校企合作新理念

综合创新各类教学方法,提高教学效果,进行"模块式"教学培养,归纳总结知识点，帮助学生建立医学知识体系，提高学生主观能动性，注重习惯养成，通过产教融合，校企连脉，扩展学生视阈，使其有良好的职业生涯规划，为实习就业奠定坚实的基础。

在校企合作平台下，教师学生互通进修研习，学生在校期间即可在企业见习，使理论学习与实践创新有机融合，弥补现有专业校企合作，但产教分离，片面拼凑的现象，真正做到产教的高度"融合"。"模块式"培养方案实施过程中任课教师以创新教学模式展开教学活动，改变传统思维方式，从而加深对工作的认识。

产教融合的医学美容技术专业"模块式"应用型人才培养实施方案的推行，使教师、学生与家长明确了学习的目的与步骤，清晰了职业发展方向，向其他应用技能型人才培养的专业推广教学改革经验，其理论结果成为高职高专专业教学改革的参考与依据。解决产教融合现有问题，拓宽学生实习与就业渠道。

四、总结与思考

通过多年对产教融合的医学美容技术专业"模块式"应用型人才培养方案的研究与探索，伴随着专业课程按照"模块式"分类优化，教学效果显著，医学美容专业影响力和学生就业率逐年显著提高。学生学习兴趣明显增强，见习、实习与工作能力显著加强，学校和企业高度融合，合作共赢，学校成为企业人才的储备地，企业为学校提供了良好的见习、实习与工作机会。产教融合的医学美容技术专业"模块式"应用型人才培养方案的研究与探索，促进产教融合，校企连脉，为应用型医学美容专业人才搭建了"理论—实践—研究"良好培养平台，依靠"双师型"教师团队，不断探索研究专业特色，为打造优秀专业人才不懈努力，极大地拓展了产学研结合发展空间，为我国医学美容技术专业和其他专业产教融合与标准设立提供科学依据。

校企分层培养：苏州工艺美院艺术专业"双创"新探索

苏州工艺美术职业技术学院 韦文波

一、基本情况与背景

党的十八大明确提出，要加大创新创业人才培养支持力度。国务院办公厅《关于深化高等学校创新创业教育改革的实施意见》也指出深化高等学校创新创业教育改革，是国家实施创新驱动发展战略、促进经济提质增效升级的迫切需要。在"大众创业、万众创新"的新形势下，高校作为创新创业人才培养的主体，要找准教育改革发展定位，全面提高人才培养质量，努力造就大众创业、万众创新的生力军。

高校创新创业工作风起云涌，虽然取得很多优秀成果，但也存在诸多问题，比较突出的有以下几个问题：第一，学生创新创业与学业结合度不高，无法充分发挥专业教育作用。创新创业平台打造"全程跟进式"的教学体系，创业教育贯穿于专业设置、课程体系、教学方法、毕业展示等专业教学的全过程，解决学生创新创业与专业结合度不高的问题。第二，创新创业教育企业支持力不足，无法实现教育实践一体化。创新创业平台联合20家行业代表性企业，资源整合，互助发展，通过校企合力共建项目课程、共管项目研发、共推项目创业，解决创新创业项目企业支持不足问题。第三，学校创新创业教育系统性不够，无法满足学生多样化需求。创新创业平台充分利用艺术设计专业特点，建立"项目课堂+创新中心+孵化中心"递进式的创新创业教育格局，创建以"工作室"为载体的创新创业人才分层培育体系，通过专业实践、项目教学、工室孵化等系统措施，解决高校创新创业教育缺乏严谨性和系统性问题。

高校创新创业平台是培养学生创业意识、创新精神和实践能力的重要载体，是加强创新创业教育的重要支撑平台。苏州工艺美术职业技术学院长期探索艺术设计专业创新创业教育模式，2009年获"江苏省创业教育示范建设校"称号。2010年获江苏省教育厅批准建立"江苏省工业设计工程技术研究开发中心"，该中心以"工作室"为载体，以校企合作为主要形式，以创新创业教育为主要任务，构建创新创业平台。经过多年的实践运行，该平台已成为学院学生践行"大众创业、万众创新"的助推器。

二、特色做法

1. 契合艺术设计专业特色，构筑创新创业平台

艺术设计专业以创新创意能力为核心，学生特有的创新思维和创意理念是一种无形资源，适用产品开发、环境空间、视觉媒体等文化创意产业领域，因此在艺术设计专业中开展创新创业教育有先天优势。学院依托"江苏省工业设计工程技术研发中心"，联合校、政、行、企投入专项建设经费近千万元，建设校内创新创业工作室20个，校外创业教育实践基地9个和孵化基地4个。通过"三合"（校企合力共建项目课程、共管项目研发、共推项目创业）"三层"（创新意识层、实战能力层、创业能力层），建立了创新创业教育与艺术设计专业高度结合的校企合力、分层培育实践平台（见图1）。

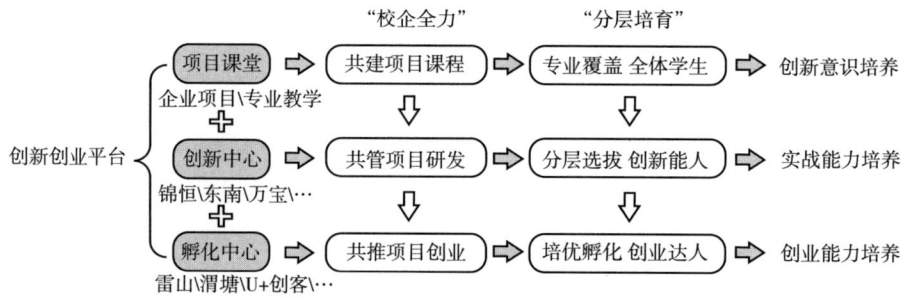

图1 创新创业平台结构图

2. 建设以"工作室"为载体的创新创业教育机制

平台围绕苏南地区家具、玩具、服装、动画、手工艺等优势产业，重点联合20家企业，建立校企合作"工作室"。建立校内"项目教室＋创新中心"共享型空间，"项目教室"对应艺术设计的专业教学，"创新中心"模拟设计公司的组织架构和运行模式，营造设计职业氛围；建立"责任教师负责制""小单元式计划管理制""过程控制动态管理制"等符合艺术专业特点的管理制度；建立专业教师、企业技师、创业导师等优势互补的师资队伍。校企融合发展、共同成长。

3. 校企合力、分层培育，建立覆盖创新创业多层需求的培育体系

创新创业教育包含了"创新教育"和"创业教育"的双重内涵，平台充分对应艺术设计创新性本质，立足应用型创新、创新型创业教育，建立覆盖创新创业多层需求的培育体系，既全面提高学生的创新创业素质，又支持创新创业能力强的同学去创业。

校企合力共建项目课程，建立"广谱覆盖"专业教学体系。项目课程是企业提供课题并全程参与、专兼职教师分段承担课程教学和考核工作的校企共建实践课程，面向全体学生，实现专业"广谱覆盖"；结合艺术设计专业教育，培养和提高所有专业大学生创新意识和创新能力；实施共享型"项目教室"，有利于学生体验创新氛围，激发创业热情。

校企合力共管项目研发，实施"择优分层"的实训实战体系。项目研发针对企业真实项目，在企业专职人员与学校专任教师共同管理的"创新中心"中展开。通过在前期项目课程中择优选拔出创新能人组成创新团队，以梯队化、流动性、传帮带的形式保持创新活力；项目创新成果由校企共同享有知识产权并经由企业采用转化，进一步提升职业素养，强化学生创新和实战能力（见图2）。

校企合力共推项目创业，打造"三段递进式"培优孵化体系。面向创业达人，系统培养学生创业能力，实施"三段递进"式服务：前段通过校企共建专项培训课程、讲座及大学生实践创新项目、创业大赛等活动进行创业指导培育；

图2 万宝宠物玩具设计研发中心工作环境

中段通过吸引优质社会资源进行政策咨询、项目推介、资金扶持等创业项目服务支持；后段通过联合政府、行业、企业建设校内外创新创业设计实践基地、创新创业孵化基地、展示及销售平台等进行创新创业项目成果推广。

三、突出成效

1.学生创新创业能力显著提高

近三年创新创业教育实践取得了明显的成效，学生在省级以上设计大赛中获得金、银奖共计200余项；省级以上大学生技能竞赛中获得一、二、三等奖共计15项；各级大学生创业大赛中获得奖项20余项；参与各类国内国际设计工作坊获得高度评价；获"江苏省大学生实践创新项目"108项；获得国家授权专利504项，其中发明专利17项、实用新型54项，完成著作权登记2000多件（为江苏省同时期著作权登记数量的5.7%）；学生参与企业实践创新项目共计800余项（其中企业投产项目240项）；超过半数学生在校期间获得各类职业资格证书；据麦可思调研报告显示，学院毕业生总体创新能力满意度逐年提高。利用创新创业平台优势，扶持培育与专业密切相关的创业成功案例百余个；在校学生创业项目及成果涉及文创、陶艺、软装、服饰、皮具等十几大类产品，在苏州诚品书店、中国苏州文化创意设计产业交易博览会、第九届江苏省园艺博览会等平台进行项目展示与销售（见图3）。

图3 学生双创工作部分成果

2.教学成果形成国内外辐射影响

平台创新了艺术设计专业创新创业教育的形式和途径，先后应用于首饰设计、包装设计、服装设计等5个重点专业，逐步推广至全院54个专业。校企合作开发创新创业课程27门、网络课程12门；校企共建国家"十二五"规划立项教材8部，江苏省教育厅精品教材立项和重点教材9部；开发网络课程获教育部全国高校教师微课比赛三等奖4项，江苏省微课比赛一等奖7项、二等奖5项、三等奖7项；共完成省、市级课题20项。连续8年获得省毕业生工作先进集体荣誉；平台申报的"搭建三创平台 共创艺术人生"获评为2016年全国高职院校素质教育精品项目二等奖。

3.形成创新创业教育典范

进一步发挥平台作用，成为高职院校艺术设计类专业创新创业的典范。学院领导在江苏省创业示范校汇报会上作"苏州工艺美术职业技术学院大学生创业教育的思考与实践"的专题报告；在教育部艺术设计教指委、机械部艺术设计行指委等举办的12次全国性会议上作典型经验交流；法国国民教育部代表团、泉州工艺美术职业学院、广州轻工职业技术学院等78批次国内外代表团共500余人次来校学习；国家骨干教师共培训100多所院校、1000多人次；《中国高等教育》《职业与教育》等杂志发表研究成果论文36篇（见图4）。

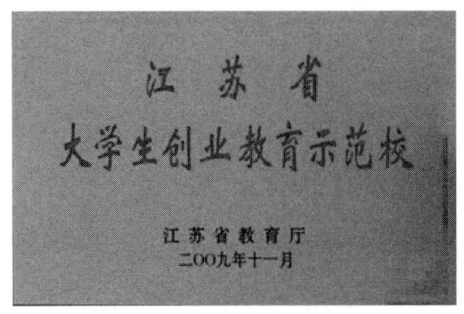 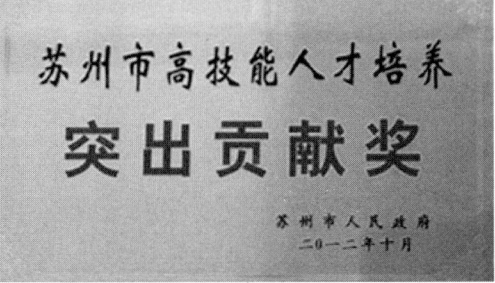

图4 双创工作在省内成为典型

四、总结与思考

艺术设计专业教育与创新创业教育需紧密融合。平台围绕艺术设计专业创新本质，将艺术设计专业的创新理念、创意方法、设计流程等内容与项目课程、项目研发、项目创业等教育形式紧密融合；将艺术设计专业实践教学成果与创新创业项目资源互联互通，实现专业教学成果转化创业项目108项、专利成果转化近百项；艺术设计专业教师和企业创业导师分段授课，共同承担教育任务。实现创新创业教育贯穿于专业设计课程和专业实践始终，贯穿于学生创新意识、创新实践能力到创业能力的教育全过程，从而使艺术设计专业教育成为学生项目创新的驱动器，项目创新成为艺术设计专业教育的演练场，通过教育实践一体化，保证高职艺术设计专业创新创业教育的持续健康发展。

以"工作室"为载体，构建创新创业人才的分层培育体系。建立以校企共建、共管、共育三个合力为特征，以"工作室"为载体的创新创业平台，通过三个层次的培育：第一层是"面向全体学生"的开放式项目课堂，实施企业课题的项目课程；第二层是"面向创新能力突出学生"的实践性创新中心，围绕企业真实设计项目实操实战；第三层是"面向自带创业项目学生"的多渠道孵化中心，集合各方资源推动成果转化落地，帮助大学生的创新创业活动开展。实施从创新意识、创新实践能力到创业能力的"全程跟进式"创新创业教育体系，在全面提高学生创新创业素质基础上，以创新促创业，实现创业教育新的发展。

◆ **主题三 大舰平台演化 创新转型升级**

全过程多维度：常熟理工学院人才培养平台新布局

常熟理工学院 徐文彬 龚声蓉 钱振江

一、基本情况与背景

2017年12月，国务院办公厅印发了《关于深化产教融合的若干意见》（以下简称《意见》），《意见》指出，深化产教融合，促进教育链、人才链与产业链、创新链有机衔接，是当前推进人力资源供给侧结构性改革的迫切要求，对新形势下全面提高教育质量、拓宽就业创业渠道、推进经济转型升级、培育经济发展新动能具有重要意义。《意见》要求，要推进产教融合人才培养改革，大力支持应用型本科和行业特色类高校建设，紧密围绕产业需求，强化实践教学，完善以应用型人才为主的培养体系。

常熟理工学院计算机科学与工程学院现有计算机科学与技术、软件工程、网络工程、数字媒体技术、物联网工程、数据科学与大数据等六个全日制本科专业。其中计算机科学与技术专业为国家级卓越工程师人才培养试点专业和江苏省特色专业，软件工程为江苏省卓越工程师人才培养试点专业。计算机科学与技术、软件工程、网络工程、数字媒体与技术为江苏省高等学校重点建设专业类核心专业。

为贯彻《国务院办公厅关于深化产教融合的若干意见》（国办发〔2017〕95号），落实教育部关于深化产教融合的新思路，学院结合区域产业发展的实际，从人才培养培养体系、实践环境建设、课程资源建设等多个维度，在实施全过程管理的嵌入式人才培养体系、构建全方位合作的校企融通机制、开展"121"

和"2+2"等多层次的国际合作、组建校校协同的应用型高校工作委员会基础上,进一步探索了教学科研协同机制及多校多企多学科协同的行业学院模式,初步形成了全过程多维度产教融合人才培养模式。

随着高等教育改革的深入,通过产教融合拓展高校办学资源提高人才培养质量已在全社会形成共识。通过产教融合,借助于企业实践能力强的工程师、积累成熟的开发案例,按照学校实际进行改造即可为学校所用,可提升学校教学资源的质量水平。同时,通过产教融合,培养的人才能更好地满足企业需要,企业也有动力提前介入高校参与学生人才的培养工作。

校企合作过程中,由于受各自业务重心不同的局限,如学校严格的教学管理制度和企业固定的作业模式等,使校企合作受到诸多条件的约束。如何有效地开展校企合作的同时又能保证人才培养的质量是亟须破解的现实难题。国务院关于深化产教融合的若干意见给出了指导性意见,不少高校也从不同角度探索了产教融合模式,但由于地方经济的特点不一、高校的特色存在差异,较难移植。为此,本文介绍了学院实施的"全过程多维度深度产教融合"人才培养模式,如图1所示。"全过程"指培养模式涉及人才培养的各个阶段,包括从入学开始,学生各个教学环节的实施以及与之相适应的"双师型"队伍的建设等。"多维度"指人才培养体系、实践环境建设、课程资源建设等各个方面。

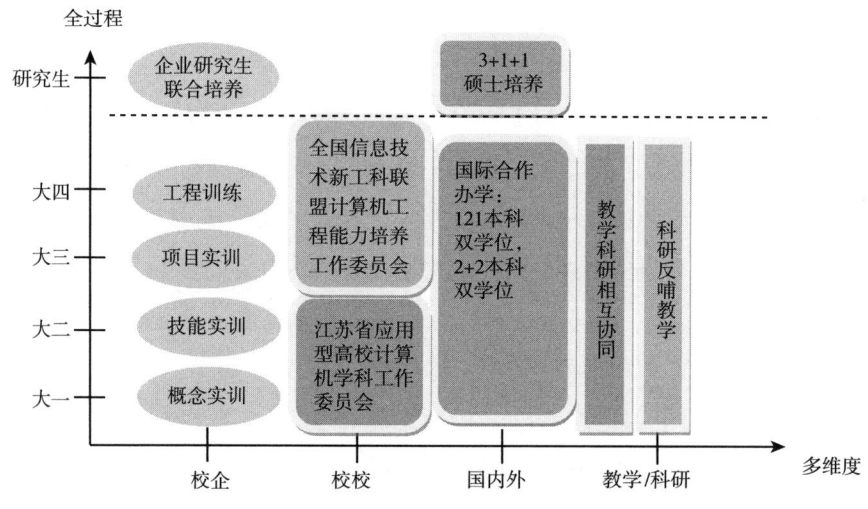

图1 全过程多维度产教融合人才培养模式导图

二、特色做法

1. 创新了嵌入式人才培养模式

常熟理工学院是江苏省教育厅主管的地方应用型本科高校，学校坚持校地互动发展、产教融合的办学思路，围绕地方经济社会发展，着力培养高素质应用型人才，凝练了"注重通识、融入业界"的人才培养理念。充分利用学校和企业两种不同的环境和资源优势，采取学校教育与企业生产实践相结合的方式，最大限度地满足企业对人才素质的要求，最快速度提高学生的职业适应能力，有效缩短人才培养周期，使学校培养目标和企业需求紧密对接。计算机科学与工程学院现有计算机科学与技术、软件工程、网络工程、数字媒体技术、数据科学与大数据技术六个本科专业，专业教师90余人，但具有企业实战经验的教师数量不多。面对应用型人才培养的师资要求，计算机科学与工程学院在专业建设中坚持"政府搭台、学校主导、企业参与"的应用型人才"联合"培养模式，深化"重基础、重能力、重实践、重效果"的"专业+外语+岗位"柔性培养机制，"学历教育"与"职业培训"齐头并进，"校内企业"与"企业校园"内外兼修、"专业技能"与"复合应用"互为平台，达到校企之间的深度融通。目前，除了2018年获批刚刚开始招生的数据科学与大数据技术专业外，其余五个专业分别与中软国际教育科技有限公司、东软集团股份有限公司、杰普软件科技有限公司、中兴通讯亚太区实训总部及NIIT（中国）服务外包人才实训基地等实施了"3+1"嵌入式人才培养模式，要求学生前三年在学校打好扎实的专业基础，同时聘请企业资深工程师来校讲课或指导实践教学，第四年组织学生到企业集中实训实习，强化工程实践教学环节，积累学生的工程经验，提升学生的实践能力。在实施过程中，校企共同构建了过程化的校企合作机制，成立了校企合作委员会，使制定人才培养方案、组织师资培训、指导实践实训、共建专业课程（课程大纲、课程内容、课程考核）等重要环节得以贯通。在培养学生的同时，通过产教融合全面提升教师实践能力。

2. 构建了校企协同育人应用型人才培养体系

要实现与企业顺利对接，人才培养体系必须从课程结构、理论体系、实践体系、素质拓展体系以及时间安排等方面来适应校企对接的需要。为此，学院对人才培养的各个环节进行有针对性的设计。

建立了符合应用型人才培养的晋级阶梯培养体系。根据行业需求、企业需求和专业特征，以"知识—能力—素质"为主线，构建以能力培养为主线的晋级阶梯的课程体系和学习路径：大学一年级、大学二年级阶段注重科学基础及专业基础训练，主要包括通识教育、专业认识、基础理论教育和技能培养；大三阶段注重专业课程学习，包括专业技能及企业课程，应用开发能力培养；大四阶段注重提高工程实践能力（包括实践能力与工程素养培养）。

构建了注重夯实基础的课程教学体系。实用合理的教学课程是产教融合培养IT应用型人才的核心内容，为此，学院设计的课程体系包括素质基础（学校规定的公共课程）、大类基础（大类平台课程）、专业基础（专业必需的主干课程）、工程技术（产业、行业要求的工程技术课程）及职业技能（职业、企业定制的技能课程）等。各专业方向构建课程体系时，坚持校企共同制定课程的教学计划、实训标准，使教学计划、课程设置及教学内容同社会实践紧密联系，满足社会发展的需要。其中企业课程、工程技术课程由企业工程师负责组织教学。

构建了突显技能的实践教学体系。实践教学的目的是提高学生的核心应用能力，进而提高学生的择业竞争力和就业质量。实践教学强调了实践的延续性及关联性。学院构建了"三阶段、四层次、二能力、一思维"的能力递进式实践教学体系，如图2所示。建立了从认知实训到综合技能，再到工程实践的实践教学过程，从单元实验、课程设计与综合实验、项目实训与毕业设计、课外竞赛与创新实验等不同维度培养学生的综合技能及设计能力。在这一过程中着力培养学生的创新思维。

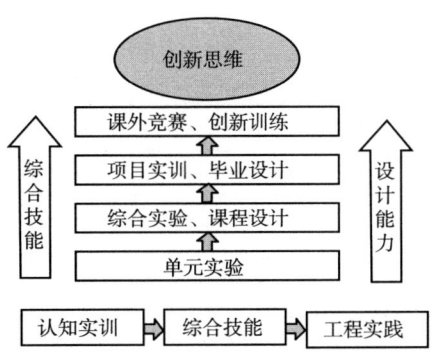

图2 "三阶段四层次二能力一思维"的能力递进式实践教学体系

单元实验包括随堂实践、随堂实验、实验室实验、实战模拟等实践环节，实践的内容围绕着各独立课程的核心知识点，表现出彼此之间的相对独立性。课程设计安排在暑期的三个星期，实践的内容是用相对完整的项目，贯穿起本学年核心课程知识点。作为整个学年所学课程的一个综合训练，包括概念实训、技能实训、项目实训等，分别在第一学年、第二学年、第三学年的实践短学期进行，实训内容从基础实训到综合应用开发实训，循序渐进。综合实训（企业实践）安排在第七学期进行，在企业或仿真企业的实训中心，学生参与由企业的真实项目改造成的可教学化的实训项目开发，体验企业化的管理流程，强化应用和创新能力。与之相配套，学院还成立了创新专业工程实践中心和大学生课外竞赛部，分别对应不同专业的学生，全面培养学生的实践能力，如图3所示。

构建了提升能力的素质拓展体系。学生的素质包括思想道德素质、文化素质、专业素质、心理素质及身体素质等多个方面，素质教育的培养目标很难通过单一的途径来实现，必须多渠道、全方位地展开。为促进素质拓展，计算机学院首先完善了学分制，以解决学生在教学全程中的参与问题，以充分尊重学生兴趣，促进个性发展和自主学习、创新能力的培养。建立暑期学制，为学生提供科研训练、素质拓展、专业深化、工程实践或职业培训等教育机会，为学生的个性发展提供必要的条件。另外，积极打造第二课堂，为素质拓展添砖加瓦。推进"课内课外，校内校外，相得益彰"的综合素质培养机制，以学科竞赛带动学生课外兴趣小组的发展，不断提高学生的创新能力。

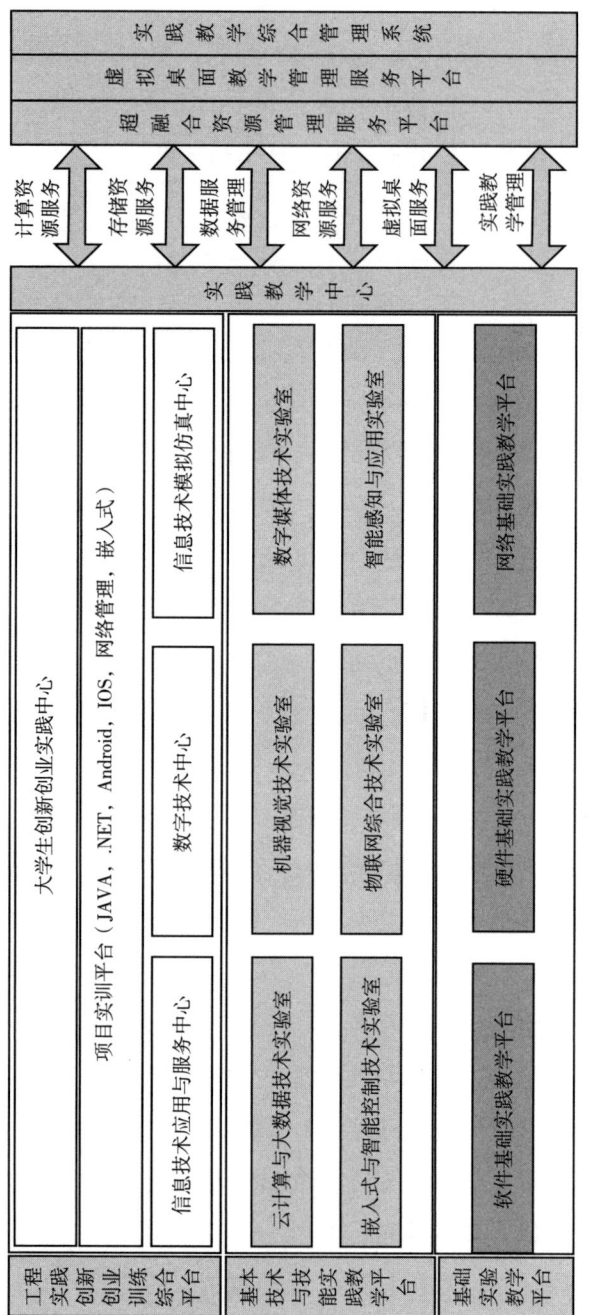

图 3 创新创业实践中心

3. 探索了行业学院新模式

2009年12月30日,为满足国际服务外包产业人才的需求,常熟理工学院与常熟市人民政府联合建设常熟理工学院国际服务工程学院。学院实行理事会指导下的院长负责制。学院理事会由政府、学校、企业等相关人员组成,负责学院运作的决策指导、政策研究、产业咨询等工作。学院成立专业指导委员会,就学院专业建设、教学改革、产学研结合等活动进行指导与咨询。随着互联网及人工智能技术的快速发展,计算机科学与工程学院面临的行业发生了迁移,需要培养能服务于多行业的复合型人才。为此,学院正结合数据科学与大数据技术新工科专业的建设,采取产、学、企、政、园的方式,即产业、学校、企业、政府、园区,探索"1+1+1+X"的人工智能行业学院的应用型人才培养模式,即1批龙头企业+1个IT企业联盟+1个产业园+X个行业。学校确立办学方向和目标,政府提供政策支持,龙头企业构建人才培养规格,分方向提出行业用人标准、提供实验实训条件支持、培养学校师资、开展校企项目研发、开展行业认证培训,主要提供技术支撑和师资队伍建设。IT企业联盟主要提供技术需求及人才输出,国际合作主要为学生提供进一步深造的渠道,产业园主要共建实习实训基地。行业学院同时服务汽车、电梯、服装、健康、教育等X个行业,培养人工智能与大数据方面的专门人才、企业信息化改造的技术人才和"人工智能+X"复合型人才。

4. 建立了产教融合人才培养的长效机制

探索了政府主导、行业指导、企业与高校"双主体"的合作培养机制。制约产教融合持续开展的关键是机制保障。产教融合的生命力在于构建良性的产教融合长效机制,这个机制的关键又在于能否充分调动政府、学校、行业、企业各方的积极性,即构建"政府主导、行业指导、企业与学院双主体"的产教融合长效机制,实现各方互惠共赢。

学院构建了市场导向的利益驱动机制。在产教融合中,让校企双方深度参与,使企业通过参与人才培养方案的制定和人才培养的各个环节,让人才的培养更符合企业自身的需要，并利用学校的人才、科技、信息等方面的优势，开展新技术、新工艺、新产品的研发，利用学校的教学资源、师资力量，服务于企业员工岗位培训或继续深造，同时将部分项目发包给学校，有效地降低企业成本。学校在合作过程中，充分利用企业资源，让企业一线技术人员或管理者担任学校的实践实习指导教师和兼职教师，更好地提高教学效果。

学院建立了互惠共赢的优势共享机制。产教融合实质上是包括政府、行业、家庭、社会等多方面参与下的教育与经济的合作，该合作又组成一个系统，要使系统保持高质量的长效运转，就需要政、校、行、企发挥各自优势，进行密切配合。政府在宏观层面进行主导和协调，行业在中观层面加强指导和支持，企业和学校在微观层面积极参与配合。政府构建产教融合的政策保障机制、利益驱动机制和调控评价机制；行业定期举办论坛，为产教融合提供系统的指导意见；企业积极参与和指导。学校积极吸纳行业、企业参与到学校管理决策，形成利益相关方合作办学、合作育人、合作就业、合作发展的产教融合长效机制。

健全了组织机构，确保产教融合的高效实施。产教融合教育较为理想的运行机制是，政府组织、推动，学校、企业本着"优势互补、互惠共赢、长期合作、共同发展"的原则，以"协议"式，共同开展产教融合教育。只有当各方需要都能得到满足，双赢共生的关系建立起来时，才能实现产学研合作的可持续发展。为此，学院探索了产教融合教育指导委员会机制，负责制定相应的管理办法和措施，协调产教融合相关事宜，保障产教融合教育的顺利进行。同时，聘请行业专家、企业代表共同组建专业教学指导委员会，探讨专业人才培养目标和培养方案。图4给出了与杰普软件科技有限公司嵌入式合作产教融合管理委员会工作内容，实线表示高校或企业内部的工作的沟通，虚线表示高校与企业间的跨组织工作沟通。

在组织架构图的基础上，校企双方再次确定好相关的人员，并形成完整的网络链。在此基础上，校企双方在组织架构上合作的就更加完善。进而，通过合作过程中教学管理、学生管理、档案管理、实习实训安排等方面各对等层次

上篇 深化产教融合——向"平台+"演化

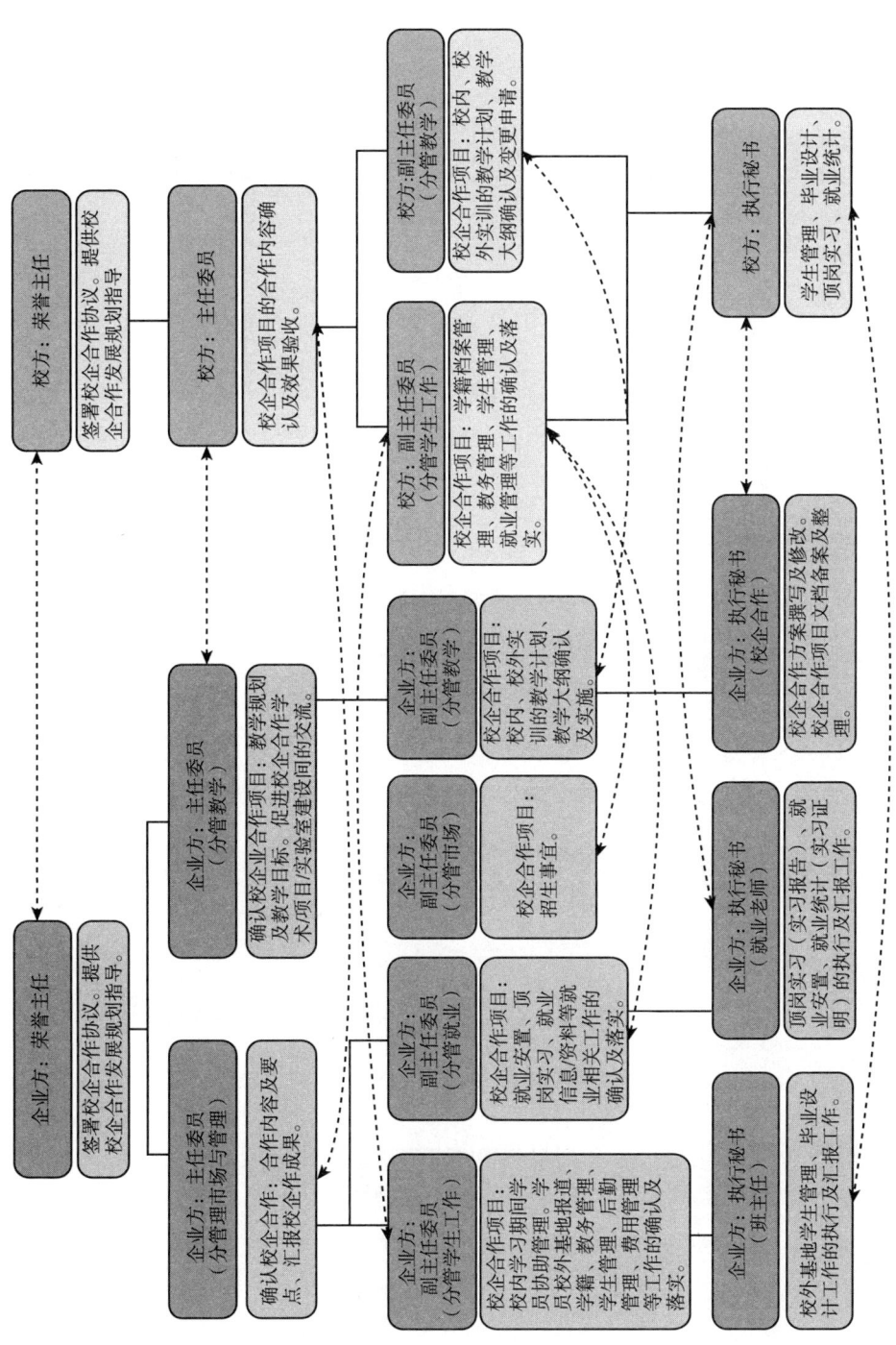

图 4 产教融合管理委员会组织架构图

151

有序对接，确保了合作的顺畅和高效。图5—图7给出了高校与企业间的沟通内容及关系图。

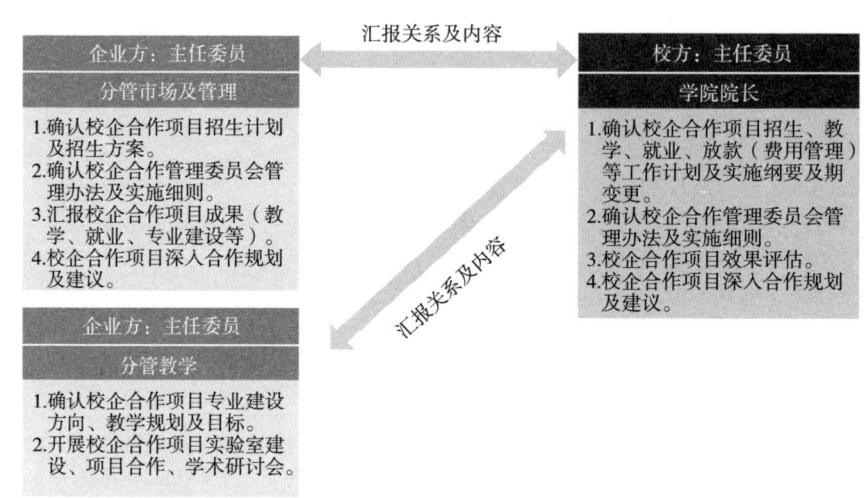

图5　企业与校方主任委员关系图

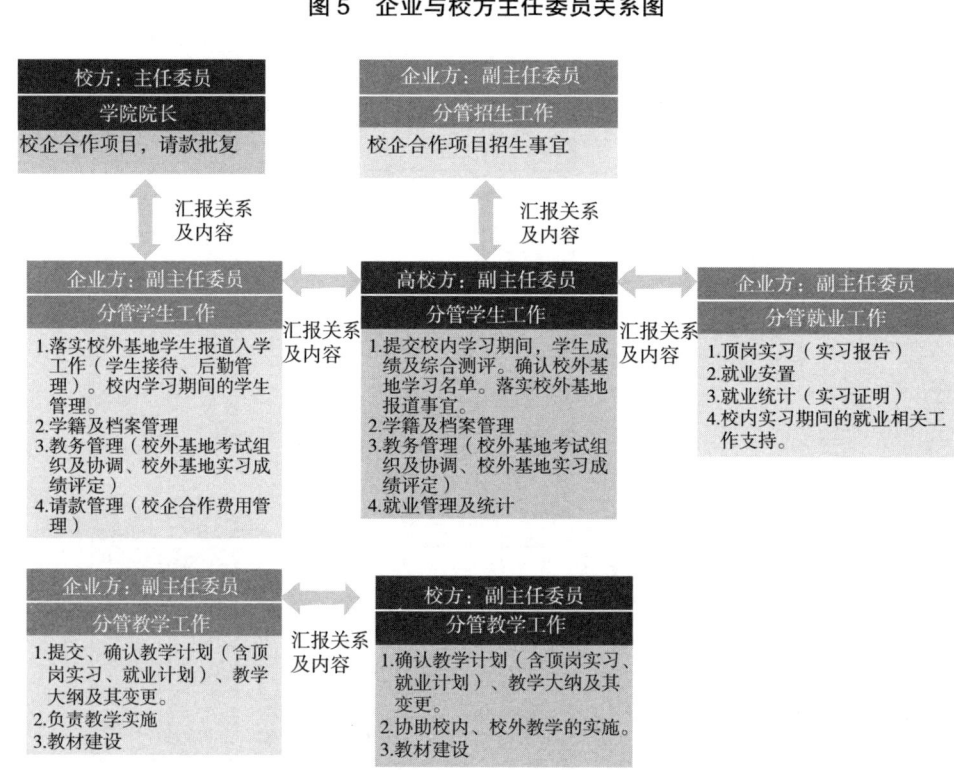

图6　企业与校方副主任委员关系图

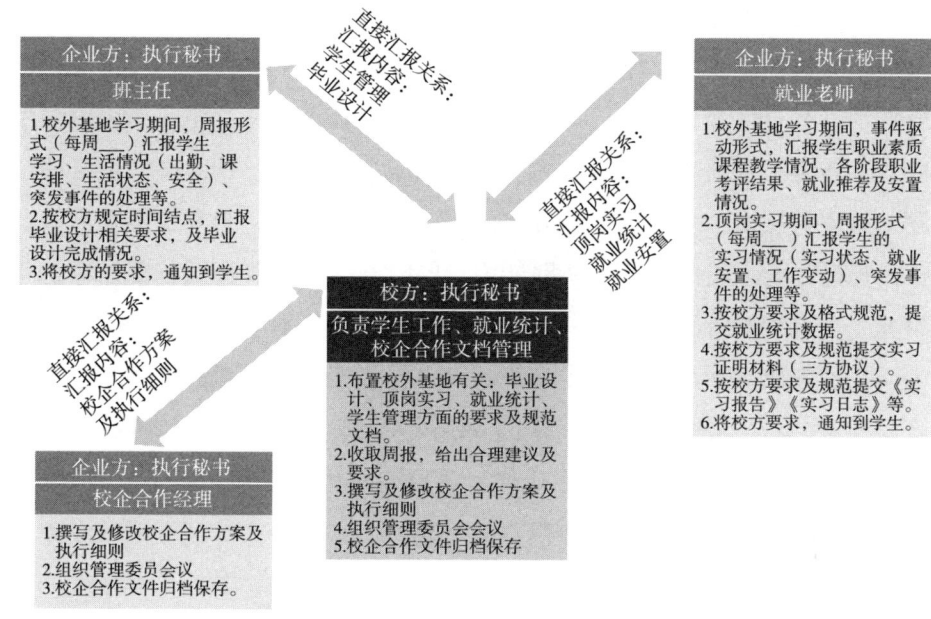

图7 企业与校方主任执行秘书关系图

建立了校企师资共享、联合培养的体制机制。企业工程师的实践经验对于应用型本科高校来说是宝贵的资源,而高校的教师大都是高学历高职称,这是企业所缺乏的,双方互通有无将让校企双方合作共赢。为此,学院建立起了校企深度融通的师资共享机制。

一是完善产教融合的专、兼职教师制度。建立教师定期到企业一线实践与轮训制度,同时企业课程由企业一线技术人员和教师共同承担。建立双导师制度,合作企业派出的专业人员在校内与学校教师一道担任学生指导老师,在学生专业实习、实践过程及毕业设计过程中由学校教师和企业一线专业人士共同辅导。

二是合作共建"双师"素质师资队伍。师资是人才培养的第一核心资源,师资队伍建设是产教融合的重要任务。学院利用校企共建引入的先进设备和技术支持,组织教师参加新技术培训、校企联合开展应用研究,更新了教师的专业知识,增强了教师的科研能力,提升了教师的整体素质。同时,学校规定青年教师评职称必须至少到企业挂职半年,从制度上保障了双师型队伍的建设。

三是共建科研平台，实现校企发展相互促进。根据具体工作内容的要求，学院师生参与企业项目设计，企业员工参与学院教学课题，结合各类人员特性，充分调动其积极性与创造性，针对合作目标展开各项工作。企业积极组织工程师联合参与各类科研工作，本着为校企发展服务的方针，针对产教融合的核心问题，以多种层次、多种类型的方式深入开展课题研究，全方位推动产教融合工作，提升校企人员的科研、实践能力。同时与航天龙梦、西普阳光等企业共同组建了工业智能计算与安全、嵌入式与移动计算等联合实验室，与美国蒙莫斯大学、威斯康星大学奥克莱尔分校、日本九州工业大学建立了信息技术国际联合实验室。积极开展"3+1+1"硕士联合培养及"121"双学位本科生联合培养，同时积极开展科研上的国际合作，为提高师生的国际化视野搭建了平台。此外，学院在前期校企合作经验积累的基础上，利用中央和地方财政专项资金组建了IT工程实践中心，以产业发展与企业需求为导向，着力培养学生的创新创业能力，缩短学生与企业需求之间的差距，填补校企合作的鸿沟。

三、突出成效

学院从2006年软件工程开展嵌入式人才培养合作开始，目前计算机科学与技术、软件工程、网络工程、物联网工程、数字媒体技术五个专业全部实施了嵌入式人才培养。近年来，又进一步探索了校企深度融通，开展全方位合作、教学科研协同机制、校校合作协同育人、"1+1+1+X"行业学院机制。学生就业率一直在95%以上，师资队伍的实践能力也显著提高，指导的学生近三年获国家级竞赛奖励100多项，2018年，学院学生获全国互联网+大赛二等奖。计算机科学与技术专业先后入选江苏省特色专业和国家级卓越工程师人才培养试点专业，软件工程为江苏省卓越工程师人才培养试点专业。计算机科学与技术、软件工程、网络工程、数字媒体技术为江苏省高等学校重点建设专业类。"构建良性产教融合人才培养模式的研究与实践""基于行业学院的应用型人才培养模式研究与实践"分别于2011年和2013年获江苏省高等教育教学成果二等奖。2015

年至2016年，学院课程体系改革、校企实验室共建及师资培训等近20个项目入选教育部产学研合作及协同育人项目，这将进一步推进学院产教融合的开展。

四、总结与思考

常熟理工计算机科学与工程学院的实践表明，地方高校要想培养能服务于行业企业需求的高质量应用型人才，充分开展校企合作，走产教融合之路是一种行之有效的途径。从学生第一学年入学专业导读、素质拓展、技术讲座、概念实训，到第二、三学年课程共建、技术讲座、学科竞赛、技能实训、项目实训乃至第四学年工程训练、毕业设计共同指导全过程协同育人，则是具体有效的实施手段。而要使产教融合在高质量的前提下长效运转，还需要构建全方位合作的校企融通机制，实现校企从人才培养体系、实践环境建设、课程资源建设等多个维度协同育人，同时打通从人才培养和师资共建到项目合作，实现教学科研协同，保障在提升人才培养质量和师资队伍实践能力的同时，能全面服务于企业，并提升企业的自主创新能力。

三连接三打通：衢州学院平台集成的新探索

衢州学院　谢志远

一、基本情况与背景

自2015年教育部、国家发展和改革委员会、财政部下发《关于本科高校向应用型转变的指导意见》以来，我国应用型大学如雨后春笋般蓬勃涌现，就其建设发展路径而言，目前呈现出"八仙过海，各显神通"的局面。衢州学院作为一所新建应用型本科院校，始终坚持地方性、应用型、开放性办学定位不动摇，以服务求支持，以贡献促发展，创建"三连接，三打通"发展模式，探索出一条应用型大学特色发展之路。2015年入选首批浙江省应用型建设试点示范学校，2018年获评为浙江省普通高校示范性创业学院、浙江省第二批"双创"示范基地。

随着新一轮科技革命和产业变革的日趋深入、我国社会主要矛盾的变化以及对创新型人才的迫切需要，数量众多、体系健全、类型多样的高等学校成为支持我国产业变革、转型升级、经济社会高质量发展的动力源。但受体制机制等多种因素影响，人才培养供给侧和产业需求侧在结构、质量、水平上还不能完全适应，"两张皮"问题仍然存在。习近平总书记在全国教育大会上提出，要深化教育体制改革，提升教育服务经济社会发展能力，积极投身实施创新驱动发展战略，着重培养创新型、复合型、应用型人才。对于地方应用型本科院校来说，只有深化产教融合，促进教育链、人才链与产业链、创新链有机衔接，才能满足当前人力资源供给侧结构性改革的迫切要求，进而全面提高教育质量，推进经济转型升级，培养创新型、复合型、应用型人才。

二、特色做法

针对以上矛盾和要求，结合学校及区域产业发展实际，衢州学院提出"三连接，三打通"的发展模式，提升自身技术研发能力，破解企业技术创新难题，推进创新创业高质量发展，促进人力资本素质提升，切实发挥应用型本科院校作为区域经济发展"加油站"的作用。

1.通过"上下连接"，打通新技术研发—应用路径

学校充分利用"应用型"特质，发挥科学技术化、智力应用化、人力资本高素质化的优势，与高水平院所、企业共同建立技术创新、新技术应用体系，打通科学到技术应用的"最后一公里"，巩固高质量发展的科技基础。

上联高水平院所，共建研发中心。学校将优质研发资源与自身学科优势、地方支柱产业相结合，针对衢州特种纸新材料、高端制造装备业等龙头支柱产业，分别与中国制浆造纸研究院、机械科学研究总院等共建"浙江特种纸新材料技术研发中心""衢州智能制造技术研究中心"等研发中心；引进浙江大学工程师学院衢州分院，实现师资共享、项目共研、人才共育，有针对性地提升了教师的技术研发能力和地方服务水平。

下接企业发展需求，共建企业创新平台。学校树立"有什么样的企业难题就建什么样的平台"理念，与衢州市委组织部、相关企业建立企业博士工作站，地方建立企业需求库，学校建立博士人才库，精准对接，双向认领，以项目为载体，以博士为支撑，在企业建站点，解决企业发展关键性技术难题，引导创新要素向企业研发一线集聚，为地方重点骨干企业提供有力的科技、人才支撑。在博士工作站发展成熟的基础上，进一步拓展合作领域、深化合作内容，建立企业研究院，使点对点的合作升级为面对面的合作。实施伴随企业走出去计划，花大力气招收本地企业在"一带一路"沿线国家和地区的学生，与企业共同培养，为企业拓展海外市场储备人力资源。同时，还成立了浙江省氟硅新材料产教融合联盟，与开山集团共建浙江省衢州空气动力装备重点实验室等，这些创新平台和举措，既有效解决了企业转型发展面临的自主创新能力缺失等难题，

也助力企业走向国际市场。

2. 通过"左右连接",打通新旧动能转换路径

学校以"双创"为引领、以研发为手段、以应用为导向,通过产业创新化、创新产业化,实现产业链、价值链与创新链、人才链的深度融合,切实提升科技创新创业引领能力,破解企业发展难题。

左抓产业创新化,做到研用结合,打造区域"立地式"研发服务的高地。产业创新化是通过新的技术,使旧产业脱胎换骨、升级成新业态的过程。面对创新驱动发展战略,学校积极融入以企业为主体的产业、行业技术创新体系,以产业转型升级面临的实际问题为导向,广泛开展技术服务和应用性创新活动。针对衢州智慧产业数字经济的发展,与衢州市委人才办合作,共建东南数字经济发展研究院,引进、培养数字经济人才;举办全省首届数字经济人才培养研讨会,推动产业数字化发展。通过与衢州绿色产业集聚区、巨化集团公司等大型企业签订科技合作协议,组织开展一系列对接区域骨干重点企业的专项服务行动,取得了良好社会效益。

右抓创新产业化,做到研创结合,打造区域"双创"示范基地。创新产业化是把新的技术通过创业孵化出新产品、新企业、新模式的过程。为了实现创新创业高质量发展、强化科技创新引领创业内涵,通过"师研生随、师导生创、师生共创"的实践体系,构建了资源要素齐全,教育功能一体化、双创活动社会化、项目孵化系统化的"一全三化"式科技创新创业平台,孵化出科技型小微企业48家。学校也被教育厅评为示范性创业学院,被省发展和改革委员会评为省"双创"示范基地。

3. 通过"内外连接",打通大学集群知识溢出与区域产业创新发展需求间的路径

人才是科技创新最核心的因素。学校准确把握区域经济社会发展方向和未来发展趋势,将培养满足地方企业发展需求、引领产业转型升级的高质量应用型人才作为根本任务;同时充分发挥大学集群知识溢出效应,走联盟发展、协同发展道路，在开放中谋求新的发展机遇。

内抓应用型人才培养质量，促进学习者创造价值能力提升。学校主动把握新技术、新产业、新业态发展，更新人才培养观念，提出"用明天的技术、培养今天的学生、为未来服务"人才培养理念；优化提升学科与专业设置，建设物联网技术、大数据技术、工业机器人等紧贴数字化产业的新专业；深化创新创业教育改革，建立"实训、研发、创新创业"一体化的教学体系；完善人才培养模式，依托地方名企，借力名校，探索实施"2+1+1"订单式卓越工程师教育培养，在与红五环集团合作办学的15年，共同培养了300余名优秀毕业生，在该集团就业的有100余人，年薪在100万元以上的就有10余人（见图1）。

图1　学生获第八届全国大学生机械创新设计大赛一等奖

外抓四省边际应用型大学联盟，促进学校协同发展。学校坚持"互相开放、彼此合作、优势互补、共同发展"的理念，变省内边际劣势为省际中心优势，牵头成立"浙闽赣皖四省边际应用型大学联盟"，通过建立"八互八多"共享机制、搭建"四校""四地"产教融合互通平台、在"一带一路"沿线国家设立境外教学点等举措，为区域应用型高等院校协同发展开辟了新路径。通过举办四省边际大学生就业招聘会、创意设计大赛、科技成果转化等活动实现联盟内部优势转化、外部资源共享。

三、突出成效

通过"三连接，三打通"发展模式，学校与中国制浆造纸研究院、机械科学研究总院、中科院、社科院、开山集团等大院名所、名企共建创新平台10个，组建研发团队，培养内部师资，共同解决生产一线的技术难题。近三年来，依托平台，共有院士、知名专家、教授来衢州服务200余次，共同解决企业技术难题50余项。学校与政府、企业三方共建博士工作站36家，遍布衢州所有县（市、区），服务涉及高端装备制造、氟硅钴新材料、电子化学品、特种纸、新能源等衢州百亿级产业集群，共有1400余人次下企业，进行技术攻关近40项。

据不完全统计，目前博士工作站产生的经济效益达1.2亿元。在"师研生随，师导生创，师生共创"的运作方式下，博士工作站组织学生进企业1193人次，参与博士工作站建设的学生在大学生科技创新等多个奖项上斩获无数，极大提高了学生的实践动手能力和创新创业能力。在产业创新化和创新产业化的推动下，学校博士、教授带头深入企业、村镇解决实际问题，2018年，承担横向课题100余项，经费2000余万元，服务企业200余家，解决企业项目300余项，上半年科技成果转化共计800余万元，引导青年博士把论文写在大地上，成果留在车间里。

四、总结与思考

地方性、应用型本科院校的建设、发展离不开区域经济社会需求和对智力、人力资源的需要。衢州学院通过实施"三连接、三打通"的创新路径，实现教育链、人才链与产业链、创新链的有机衔接，把办学思路真正转到服务地方经济社会发展上来，转到产教融合校企合作上来，转到培养应用型技术技能型人才上来，转到增强学生就业创业能力上来，从而全面提高学校服务区域经济社会发展和创新驱动发展的能力。

下一步，衢州学院将深入贯彻落实习近平总书记在民营企业座谈会上的讲话精神，坚持与区域经济互动，与企业发展共赢，开展衢州学院服务地方发展行动计划，重点做好学校服务服务地方"序幕""开幕""大幕"三篇文章。一是扎实做好"双走进、双服务、双促进"活动（衢企走进衢院、衢院走进衢企；服务企业技术需求、服务企业人才需求；促进衢企高质量发展、促进衢院高质量发展）；二是积极谋划一批服务项目、集中展示一批服务成果，开好学校服务衢州发展大会；三是开展一系列专项服务行动，将学校服务地方向纵深推进。

开放·融合·创新：北华航天工业学院平台发展新特色

北华航天工业学院　孟庆强

一、基本情况与背景

优化产业人才结构、提升劳动者的竞争力等关键工作离不开高校对人才的培养，而培养符合市场需要的应用型人才、推进科研产业化等都离不开行业企业对高校的支持。可以说，产教融合、校企合作是高校与企业共同发展的双赢之举。但受体制机制等多种因素影响，人才培养供给侧和产业需求侧在结构、质量、水平上还不能完全适应，"两张皮"问题仍然存在。校企合作不全面、不深入、不稳固、不高效，离真正的产教融合还有一定的差距，产教深度融合的生态体系还未真正形成。

北华航天工业学院始建于1978年，地处京津走廊——河北省廊坊市。1999年由航天工业总公司划转到河北省，实行"中央与地方共建，以地方管理为主"的管理体制。目前，学校是国务院学位委员会批准的硕士学位授予单位和服务国家（航天）特殊需求硕士专业学位研究生培养单位，是国家"十三五"产教融合发展工程建设高校，是河北省转型发展试点高校和河北省应用技术大学研究会会长单位。"两弹一星"功勋、著名运载火箭与卫星技术专家、国家最高科学技术奖获得者孙家栋院士为学校名誉校长。

作为一所源于航天、根植地方的高校，如何充分利用航天背景优势，创建特色鲜明的应用型大学？带着这样一种思考，学校2013年开始探索转型发展。2014年学校明确提出"举改革提质之旗，乘转型发展之势，强教学科研之基，奔工程技术大学之地"的转型发展思路,进一步明确"深化航天特色,培育服务河北主要产业特色、打造支持本地发展的不可替代特色"的服务面向。在转型发展过程中,学校一手拉着航天,一手拉着地方,架起航天技术、地方应用这座桥梁,着力打造开放融合平台,走特色发展之路。

二、特色做法与突出成效

1. 借力发展:加强校地合作,谋求政府支持

(1)树立主动服务地方思想。校政合作,首先要站在政府的立场去思考问题,主动适应地方经济社会变化,主动跟踪信息,主动到域内寻找合作伙伴。在主动服务中为学校争取政策,争取项目,争取资源。近年来,学校主动利用自身资源融入地方经济社会发展,同时积极搭建航天两大集团与廊坊市合作平台,目前已经有十几家航天企业落户廊坊航天科技园区。学校还主动牵线,引入中加科技城项目,使廊坊市政府真正感觉到华航在为廊坊做事(见图1)。

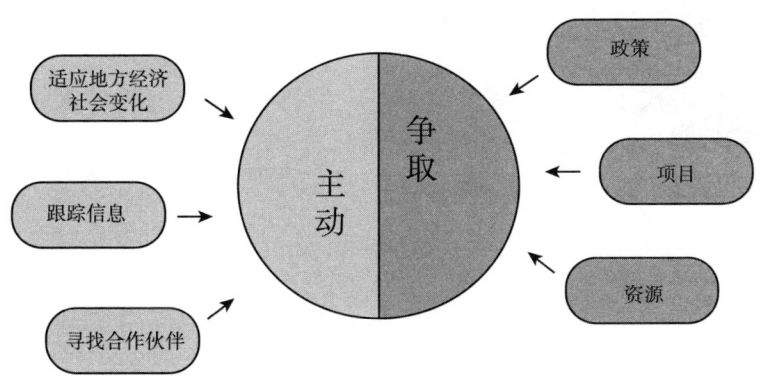

图 1 学校主动服务地方思路

(2)研究地方主导产业发展动向。学校围绕廊坊市主导产业构建了装备制造、电子信息、空间信息技术应用、临空经济、土木建筑、社会建设与公共服务六大专业集群群。在专业结构调整中坚持需求导向,廊坊提出大智移云首要产业,学校根据自身条件及时增设数据科学与大数据工程、遥感科学与技术、

空间信息与数字技术等专业。从2013年至今，廊坊政府工作报告连续五年提及依托华航共建省级研发平台，推进卫星遥感技术应用，发展大智移云产业等。

（3）与地方政府签订共建协议。学校航天博物馆被授予廊坊科普基地，廊坊市委宣传部划拨10万元支持博物馆建设，免费向市民开放。2015年，廊坊市政府投入500万元，学校投入5500平方米场地，双方共建廊坊华航E创空间，实现了政府出资、学校运营、服务社会的良好效果。

学校充分利用自身资源优势服务地方经济发展，得到了地方充分肯定。2017年，廊坊市委书记做出专门批示：华航在推进校企合作、服务廊坊创新经济发展方面做了大量工作，应予肯定和大力支持。学校实践证明，地方高校只有主动服务地方，才能在地方立稳脚跟，有为才能有位，有为才有威（见图2）。

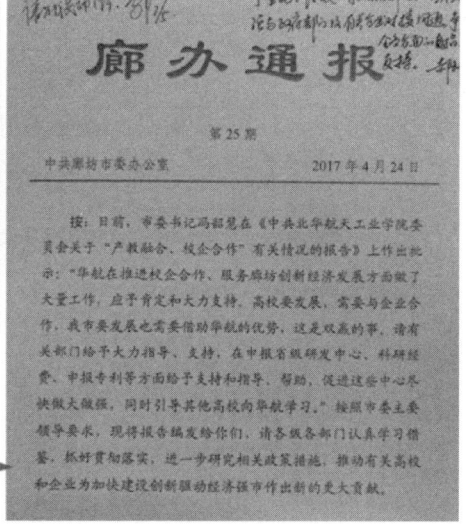

图2 廊坊市委市政府领导到学校调研及肯定性批示

2.借鸡生蛋：深化校企合作，实现互惠共赢

请进来，共同培养应用型人才。面对京津对人才的虹吸效应，学校主动把眼睛盯在企业家、技术专家的身上，不求所有，但为所用。这样不但成本低见效快，还有效拉近与地方距离、及时了解企业发展动态。目前学校从行业企业聘请了130名兼职教授和客座教授，有的被聘为研究生导师。他们或者为学生定期做专场报告,或者承担部分专业课程,或者带着学生开展科研技改项目(见图3)。

图3 校企业联合指导毕业设计

走出去,打造双师型师资队伍。学校大力实施教师能力提升计划,在加强教师培训的基础上,每年选派50名教师到企业挂职锻炼。教师到企业体验企业文化,了解现代企业管理方式,感受新设备、新技术、新工艺对应用型人才培养提出的新要求,实际参与企业技术革新、科研开发及企业管理活动,极大地提升了教师专业实践能力(见表1)。

表1	学校教师能力提升计划
•	保证每个专业配备1名专业带头人、3—5名骨干教师
•	配齐配强实验教师队伍和创新创业指导教师队伍
•	选送教师到企业实践锻炼与合作项目每年50人,加强双师队伍建设
•	选派青年骨干教师出国研修每年10人
•	建立教师定期轮训制度每年100人
•	健全老中青教师传帮带机制
•	邀请社会名流进校园举办讲座每年20人
•	聘请企业优秀人才作为兼职教师合作授课每年200人

引进来,走出去,共建研发平台和实习实训基地。目前,学校与美国罗克韦尔公司等企业共建实验室,与廊坊中航星共建北斗导航技术研究中心、大城华美集团等企业共研发平台,都已经开发出一系列产品(见表2、图4),取得了骄人业绩。

表2　　　　　　　　　学校与企业共建实验室情况

序号	实验室名称	共建企业
1	航天数控－华航联合实验室	航天二院
2	中科普锐－华航联合实验室	山东潍坊中科普锐检测技术有限公司
3	罗克韦尔自动化实验室	美国罗克韦尔自动化公司（中国）
4	和利时工业自动化实验室	杭州和利时自动化有限公司
5	华为－通信实验室	深圳市讯方技术股份有限公司
6	京东物流管理实验室	京东集团
7	华航曙光大数据实验室	曙光信息产业技术有限公司

 河北省钢木家具研究院
艺术设计系·廊坊钢木家具产业协会

 保温建材研究院
材料工程学院·华美节能科技集团

 工业机器人研究院
机电工程学院·廊坊市科技局

 BIM研究院
建筑工程系·中兴建筑集团

 廊坊发展研究院
经管学院·市发改委·工信局·科技局

图4　学校与企业共建研发平台

由于与企业紧密合作，很多企业主动在学校设立专项基金，如何鸿燊奖教金（仅哈工大、北航、西北工大、华航四所学校设立），航天两大集团奖学金，梅花集团、中兴建设、浩荣集团、博亿达、达内集团等企业设立奖学金、助学金等（见表3）。

表3　行业企业在学校设立奖教金、奖学金、助学金情况

序号	企业名称	基金类型
1	航天科技集团	奖教金
2	航天科工集团	奖学金
3	佛山市博亿达进出口有限公司	奖学金
4	H3C公司	奖学金

续表

序号	企业名称	基金类型
5	廊坊市维尔达计算机软件有限公司	奖学金
6	济南本安科技有限公司	奖学金
7	亚新科美联（廊坊）自动器有限公司	奖学金
8	华仁驾校	奖学金
9	北京精雕集团	奖学金
10	河北博科工程项目管理有限公司	奖学金、奖教金
11	河北君策工程项目管理有限公司	奖学金
12	济南本安科技发展有限公司	奖学金、奖教金
13	新华三技术有限公司	奖学金、助学金
14	京东集团	奖学金
15	北京麦当劳食品有限公司	奖学金
16	邹明波（个人）	助学金

校企共建产业学院。学校与北京精雕科技集团共建共管产业学院——华航精雕学院。设立"精雕研发中心""精雕实训中心""精雕培训中心"等职能中心，承担数控相关专业的人才培养、技术研发、企业培训等职能。与廊坊市政府、曙光信息公司、润泽国际公司共建共管大数据学院；与京东集团共建共管京东物流华北人才分院（见图5）等。

图5　学校与京东集团共建共管京东物流华北人才分院

3.借势强体：拓展校研合作，提升科研水平

与科研院所合作，借助外部力量，对内可以培养科研创新团队，提升教师科研能力，提升学科平台承载能力，有利于学校升级进位；对外可以提升学校服务地方经济社会发展的能力，服务企业技术攻关，促进产业结构调整，扩大学校的社会影响力。

2012年，学校聘请孙家栋院士为学校名誉校长，在孙老的亲自指导下，学校设立航天院士工作站，申请了军工保密资质，与航天五院、九院共建了航天工程工艺技术、电子工艺技术研究中心，参与了神舟飞船、长征火箭以及东方红五号卫星平台的研制。2013年，学校联合中科院遥感所、中国资源卫星应用中心、航天503所、航天508所等国内遥感领域权威研究机构共建省级研发中心——河北省航天遥感信息处理与应用协同创新中心，积极围绕国家县域遥感应用方向开展人才培养、学科专业、科学研究、社会服务等建设工作，科教工作实现了深度融合。中心承担了20余项国家级和省级课题及地方实际应用课题，形成遥感图像预处理、农业遥感、林业遥感等10个项目团队。学校与地方政府共同确定了六个航天遥感示范县，廊坊市政府投入300万元购买学校的服务。目前，学校已向农业、林业、水利等部门累计报送了10余种地物、20余期遥感专题简报，为廊坊市技术骨干人员、农林系统技术人员开展遥感技术培训400余人次。依托协同创新中心，学校又新增了省级遥感信息工程技术研究中心和省级工程实验室。学校成为国家国防科工局与河北省政府共建高校，军用计算机应用技术、航天宇航制造工程两个学科获批为国家国防特色学科（见图6）。

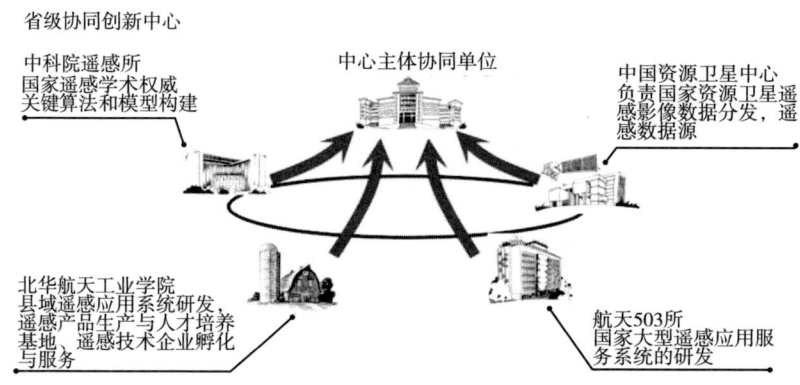

图6　学校联合中科院遥感所、中国资源卫星应用

除此以外，学校还和北京理工大学电动车辆国家工程实验室达成合作，把河北省电动汽车监管服务平台建在华航；引入中科院遥感所在廊坊建立分所和卫星地面站的工作也在稳步推进中。以科研合作为基础，学校已经和航天各院所等一大批科研机构共建硕士研究生联合培养基地，其中两个基地获批为省级研究生联合培养基地。聘请的校外研究生导师达到110余人。学校的研究生有整整1年的时间在中科院或航天院所实践学习，研究课题全部来自于科研和生产一线，真正实现校内外双导师制，培养质量得到充分保障。

4.借梯登高：推动校际合作，促进优势互补

（1）结成区域发展联盟。学校是河北省应用型本科院校联席会会长单位，也是河北省应用技术大学联盟理事长单位，同时作为发起单位，联合国内航天类院校成立了全国航天应用技术大学联盟。除此之外，学校还是中国高等教育学会理事、中国宇航学会理事、全国应用技术大学联盟理事、新建本科院校联盟理事等。通过这些平台加强与兄弟院校的交流与合作，在交流中达到互通有无，取长补短，起到少走弯路、弯道超车的效果。

（2）合作申报科研项目。学校充分利用航天特色资源，从航天拿项目，与北航、北大、北交大、燕山大学、中北大学等重点大学合作开展研究，从地方拿横向课题，与兄弟院校组成联合科研团队，借梯登高。同时学校还接收东华理工大学、河北工程大学、辽宁工程技术大学等兄弟院校的在校生到学校航天遥感协同中心实习实训，参与开放课题研究。

（3）加强国际之间的交流与合作。学校积极与国外高校就人才培养、互派师资、科技攻关、文献共享等多方面开展全方位、实质性的合作办学。通过国际合作与交流，使学校的教师开拓国际视野，具备直接参与国际科研合作与研究的素质和能力。近年来，学校与美国圣马丁、德国胡夫汉顿、我国台湾地区屏东等大学建立了良好的合作关系，形成了学生互派、学分互认等机制，开办了中外合作办学"3+1专业"。同时有计划地引进海外高端人才和海归学术团队。通过与国外高水平大学合作，建立教学科研合作平台，联合推进高水平应用研究。

5. 借火取暖：注重校内协同，盘活内部资源

开放办学首先要在校内开放，盘活内部教育资源，实现效益优化，千方百计为学生成长成才创造良好环境。

加快学科专业融合发展。为适应新产业、新经济、新业态、新技术在"互联网+"时代、在人工智能时代对复合型人才需求，学校积极推动多学科交叉重组，加快创建复合型、应用型及新型学科专业，创新人才培养模式，改革传统意义上的培养方案，积极建构开放、合理的新型课程体系，为学生主动学习创设良好条件。

加强创新创业教育。构建"专业+创新创业课程教学+项目实践+服务孵化"创新创业教育体系。初步建成创新创业"1+4+N"课程教学体系（1门必修课"职业生涯与就业指导"，4门选修课"创新思维与技法""创新理论与实践""大学生创业基础""机械创新设计"，"N"即各专业课程融入创新创业教育思想观念、原则方法和精神指向）和创新创业训练与实践体系、创新创业服务与孵化体系。引导学生自主探究、培养学生创新精神、创业意识和创业就业能力，促进学生实现全面发展与个性发展的和谐统一。

内部资源专管共享。充分打破一亩三分地的观念，对校内师资、图书、校产、仪器设备等内部资源实行"专管共享"，提高开放度和利用率。用足省里有关校企共享仪器设备的政策，搭建仪器设备共享平台，主动向企事业单位提供服务。现在图书馆已经构建了廊坊域内图书资源共享平台，并且做到免费向市民开放，体育设施也做到有偿向域内单位团体开放。

通过三年多的转型发展探索与实践，学校的人才培养质量稳步提升，近三年就业率均保持在95%以上；生源质量逐年提高，学校40个本科专业中36个列入河北省一批本科招生。科研教研成果丰硕，近三年获批省级教学成果奖5项，省级科研获奖16项，国家级科研课题9项，各类科研到位经费5000余万元。创新创业就业质量持续向好，近三年在各类创新创业赛事中，学生斩获省级及以上奖励800余项，学生参与率和教师参与指导率均在80%以上，学生发表专业论文130余篇，获批专利100余项；学校获批为省级创新创业教育改革示范校，学校众创空间——华航E创空间获批为国家级众创空间、省军民融合创新创业中心、省大学生创业孵化示范园、省双创示范基地。学校社会影响力持续增强，省市领导多次到学校开展专题调研，《光明日报》《中国教育报》《河北日报》以及新浪网、廊坊电视台等多家媒体对学校转型发展工作。

三、总结与思考

从学校推进转型发展的探索和实践中，学校对地方高校转型发展有以下几点体会。

思想观念转变是推进高校转型发展的难点。高校转型发展面临许多困难和问题，但最难的还是解放思想，转变观念。没有思想观念更新，没有良好的舆论环境和思想氛围，没有对转型发展的现实要求，想推进高校转型发展只能是一句空话。因此，推进学校高校转型发展必须先破除制约学校转型发展的深层次思想桎梏，用转变观念开启学校转型的动力之门，这是必由之路。

产教融合是推进高校转型发展的核心。高校只有实现产教融合、校企合作，才能真正实现专业设置与产业需求对接、课程内容与职业标准对接、教学过程与生产过程对接。因此，高校能否与企业建立合作关系，实现资源共享，是推进高校转型发展的核心工作。

创新与传承是推进高校转型发展的关键。推进转型发展，需要认真分析和梳理学校在长期办学历史中形成的优良传统和文化积淀，依据特色发展、错位发展、差异化战略，进行个性转型、内涵转型。在此基础上，通过制度创新和机制创新，为学校持续健康发展提供发展活力，走出一条适合学校发展、具有自身特色的转型发展之路。

转型发展工作开展以来，学校积极发挥自身优势，不但把"天"做靓了，把"地"也做实了，学校在转型发展这条路上越走越好。下一步，学校将进一步更新教育教学观念，全面深化改革，坚持"内涵建设，特色兴校，开放办学"，全力打造应用型人才培养和应用型科研品牌，大力实施"一十百千"工程，努力实现学生品德和学风好、教师水平和理念好、教学管理和资源好的"三好"办学价值追求，全面提升办学水平，力争把学校建成特色鲜明的应用型大学。

校地企+产科教：湖北文理学院水产专业育人平台新模式

湖南文理学院　杨宗升

一、基本情况与背景

湖南文理学院是一所综合实力较强的全日制公办本科院校。学校2016年被确定为国家级"产教融合工程应用型本科规划高校"，转型发展经验被列入国家教育体制改革领导小组简报向全国推广；2017年被湖南省教育厅确定为新增硕士学位授予立项建设单位。

学校位于长江经济带、长江中游城市群、洞庭湖生态经济区、长株潭两型试验区、武陵山片区五大国家战略和"一带一路"倡议的空间叠加核心地带——泛湘西北。特别是2014年4月，《洞庭湖生态经济区规划》获得国务院批复（国函〔2014〕46号），标志着"洞庭湖生态经济区建设"正式成为国家重大战略。学校正位于西洞庭之滨，上述国家重大战略和倡议的实施，必将带来行业经济向区域经济的转型、劳动密集型产业向高新技术产业的转型，经济社会的这种转型加大了对技术型、应用型人才的需求。

目前，学校正按照建设"地方性、开放式、国际化"国内一流综合性应用技术型大学的目标稳步前行。但作为地方普通高校，受限于各方面的条件，教学、科研基础比较薄弱，国家政策支持的范围和力度小。"校地协同、产教融合、深度转型"是学校发展的必经之路和必然结果。

二、特色做法

湖南文理学院水产专业紧密结合国家十大优势产业发展战略、"乡村振兴战略"和习近平总书记提出的"两山"理论及"长江经济带发展要求",并以湖南打造四个千亿产业工程的战略规划为契机,瞄准区域经济发展,实施"校地协同、产教融合、深度转型"。湖南文理学院生命与环境科学学院在大力推行校企协同,聚集高端人才打造优质教师团队的基础上,一方面,组织教师团队积极协同攻关重大技术难题,服务地方经济发展,为企业发展提供支撑,联合共建高水平应用型产学研一体化平台;另一方面,创新运用"四三"式人才培养模式,推行"范蠡创新计划",进行创新人才培养。主要做法有:

1.聚高端人才打造优质教师团队,为校地校企合作打下基础

湖南文理学院生命与环境科学学院以"激情、创新、坚持、超越"为院训,以学院院长、专业带头人杨品红为领头人,凭借其在水产生物学界、行业内享有的荣誉声望(曾兼任上市公司总裁、国家有突出贡献专家、享受国务院特殊津贴专家、省新世纪"121"工程一层次人才、国家发明奖、全国五一劳动奖章、金桥奖、发明创业奖及省十大优秀发明人等获得者)和多方面的社会兼职(中国环境科学学会、渔业协会和产学研合作联合会常务理事,省渔业协会会长,省水产学会、动物学会和食品联合会副理事长等),带领全体教师全身心投入教书育人和教学科研管理工作中,大力引进和培养创新人才队伍,打造出优质高端的教师团队。近3年来,共引进国家千人计划1名、博士25名,建立了院士工作站,聚集有院士、长江学者、国家有突出贡献专家、国务院特殊津贴专家、省"121"人才工程人选等优秀人才,形成"生物学基础课程"湖南省教学团队、"水生生物资源保育与利用"湖南省高校科技创新团队。

2.筑校地合作高水平科教平台,为创新人才培养提供保障

学院联合行业龙头企业,依赖优质高端的教师团队,组建各类平台,在为企业做好科学研究,解决企业技术难题,获取经济、社会和生态效益的同时,为教书育人服务。学院先后建立了4个国家级、11个省级、12个市校级创新平台,1个省级协同创新中心,2个省级重点建设学科,4个省级优秀教学实习基地,16个专业实验室或实验分室,30余个教学—科研—生产实践基地(见图1、图2)。

学院所有平台全部向学生开放并制定了激励措施，鼓励、督促本科生进创新平台、进重点实验室成为人才培养的例行工作。学院将教师承担的科研项目（近3年各级各类科研课题105项）转化为本科生毕业论文课题。学生毕业论文选题约有60%来源于教师的科研项目，有95%以上在创新平台中完成。

图1 湖南文理学院—大湖股份水产院士工作站

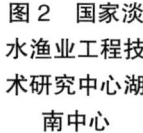

图2 国家淡水渔业工程技术研究中心湖南中心

3. 解攻关重大技术难题，校企协同为企业发展提供支撑

近十多年来，学院科研团队长期与大湖水殖股份有限公司、湖南普利农业科技综合开发有限公司、大通湖天泓渔业股份有限公司、湖南今珠生物股份有限公司等生产企业进行产学研合作，不断攻克生产实践难题。多年来，相关技术成果在以下几个方面居国内外领先地位：（1）创造了RE育珠技术，奠定了淡水珍珠快速育成的基础；（2）发现并选育了填补国内二倍体食用鲫鱼空白的洞庭青鲫；（3）开拓性地并卓有成效地改革了大水面综合开发的理论与技术问题，改变了我国长期以来大水面开发以"三网"为主的开发模式；（4）首次提出并论证了"三角帆蚌质量标准综合评价模型"；（5）提出"能效渔业"的理论并以此为基础取得了"草—藻—肥—水—鱼"五因素的研究成果，为充分利用湖泊、水库生态能与饵料生物资源打下了坚实基础；（6）制定了三角帆蚌、洞庭青鲫、蒙古红鲌、翘嘴红鲌种质质量地方标准；（7）利用生物技术，解决了珍珠难溶的难题；（8）首次进行三角帆蚌三倍体选育及原种选育，获得了三倍体三角帆蚌；（9）研究了世界首例异源四倍体"83-2系抗病草鱼"F6—F8；（10）首次突破蒙古鲌人工繁殖技术并规模化、产业化生产；（11）首次对湖泊大闸蟹原生态放养产业化关键技术进行了研究；（12）提出"能效渔业"和"低碳能效循环渔业"新理念。

4. 建校地联合创"四三"人才培养模式，确保人才培养质量

通过校地企三方结合，建立生物农业人才培养合作基地，共同制定课程模块和教学内容，合作编写教材，构建"四三"式培养模式，培养"二三"式应用复合型人才。"四三"培养模式：指设置"三类课程"（基础理论、实验实习、顶岗实践），通过"三师授课"（学校研发专家、企业技术专家、社会管理专家），实施"三种教学方法"（专题教学法、引导教学法、参与教学法），运用"三督评"（三条工作线：教学工作线、学生工作线、教学督导辅助工作线，三级：学校、教学院、教研室，三类人：学生评教、教师评学、同行和社会）督

导与监控教学过程、评价教与学效果;"二三"式人才:指"三实"(实干精神、实用技能、做人做事实在)"三干"(想干事、实干事、能干好)的高素质、高技能复合型人才。

通过上述实施,已建立产学研用合作示范基地10多个,根据地方、企业需求共同制定了水产学科课程模块,合作编写《水产品标准化健康养殖技术》《农业生态学》等5门普通高等教育"十三五"规划教材,聚集以院士为代表的研发专家、以企业总裁为代表的管理专家、以总工为代表的技能专家、以局长为代表的行政事业管理专家共22人的"三师"团队,每年为学生讲学2—10小时或者合作带学生毕业论文1—2人或者指导1—2人进行实践实习,提高教师与学生的专业热情及学生的"三干"能力;通过"三条工作线""三级"和"三类人"督导和评价教与学,保证教学质量,培养学生的"三实"精神。

5. 施"范蠡计划"激发学生创造潜能,搭建跨学科专业创新性人才阵地

依托"水产高效健康生产湖南省2011协同创新中心",自2015年起,面向全校相关本科专业实施"范蠡"本科创新人才培养计划,试行"专导"个性化人才培养模式,让学生提早参与教师科研与实践项目,充分激发学生创新潜能,培养社会主义合格建设者和接班人。每年从水产养殖学、生物科学、动物科学、食品科学与工程、应用化学、环境工程等专业遴选30-40名本科生,成立虚拟班,每1-2名学生配备1名指导教师,导师全程负责学生从大二到大四3年的思想政治教育和创新实践教学。

6. 重实践应用提师资素质水平,增强师资教书育人及社会服务能力

学校鼓励教师利用专业特长开展社会实践,形成多个科技服务团队,常年活跃在三湘大地为企业、"三农"开展科技服务。近10年来,有多名教师常年服务于社会,担任省、市两级科技特派员、省"万企联村、共同发展"专家顾问团成员、国家罗霄山脉与武陵山脉扶贫攻坚专家等职务,驻西洞庭、西湖管理区等地和大湖股份、天泓渔业等企业,为水产业的健康发展做顶层设计和技术指导(见图3)。

上篇　深化产教融合——向"平台+"演化

图3　第三批"范蠡班"开班指导大会

三、突出成效

1. 模式创新，人才培养实效明显

优质教师团队和高水平科教平台为人才培养提供了条件。跨学科专业选拔的"四三"人才培养模式和"专导"个性化人才培养，高度契合了社会对人才的需求：毕业率达100%、学位获取率97%，初次就业率达95%以上，用人单位满意度为优，考研学生考取"985"或"211"高校所占比例达78%。在"平台+项目"的引领下开展的学生研究性学习与创新性实验计划等获得国家、省部级等科研项目40余项，学生第一作者在SCI、CSCD、中文核心及省级期刊上公开发表科技论文58篇；获省级"双创"奖3项。

2. 产业融合，科技创新成果显著

近几年，学院获得授权发明专利35项，技术推广应用创效150亿元以上。其中，与全国最大的淡水鱼公司——大湖股份合作的"洞庭青鲫产业化关键技术研究与应用"项目，2017年获中国产学研合作创新成果优秀奖；湖南省重点攻关项目"淡水珍珠产业关键技术研究及应用",获湖南省科技进步二等奖;国家发改委高新技术项目、省重点攻关项目"洞庭青鲫选育技术研究与推广应用",填补了国内二倍体食用鲫鱼空白,获湖南省科技进步三等奖;开展"蒙古鲌与翘嘴鲌野生种群驯化利用关键技术研究",获湖南省科技进步三等奖;2015—2017年,与大湖股份开展国家星火计划重点项目"鲌鱼繁育及健康养殖关键技术集成与示范推广",于2018年获常德市科技进步一等奖。

与天泓渔业开展"大通湖大闸蟹原生态放养产业化关键技术研究与示范",首次突破大闸蟹原生态放养产业化关键技术,为我国高品质大闸蟹的养殖开辟了新途径,获益阳市科技进步奖一等奖;与天泓渔业、大湖股份开展湖南省农业科技成果转化项目"湖泊低碳循环能效渔业技术",获中国产学研合作创新成果优秀奖;与大湖股份、普利农业、今珠生物等企业开展国家公益性行业(农业)科研专项课题"淡水珍珠全产业链健康生产关键技术创新及应用",不仅大幅度提高了育珠能力和优质率,而且解决了珍珠难溶的千年难题和劣质珍珠去向的现实问题,扩大了珍珠应用领域,于2017年获湖南省技术发明二等奖。

3. 服务地方,推广辐射效应突出

学院教师常年活跃在湖南省常德、岳阳和益阳,湖北省咸宁、恩施和宜昌等各县市区,进行品种培育与推广、技术指导与推广、水生野生动物种类司法鉴定等工作,行程数万公里,培训数千次,服务上万人次。言传身教,为水产行业培养"贴心"人才。现已培养5名企业高管、20余名技术骨干、50余名技术人员和300余名一线专技人员,年产社会经济效益达4.8亿元,农民增收达2400元/(年·人)。学院教师分别荣获2014—2015年度、2016—2017年度"湖南省优秀科技特派员"称号。

四、总结与思考

转型是地方高校实现内涵发展的必由之路。建地方高校的初衷就是服务地方经济社会发展，校地校企本应如影随形。校地校企协同实施产教融合，既能吸纳社会优质资源转化为促进地方高等教育发展的有效资源，又能促进学校及时回应经济社会需求，更能落实"以学生为中心"办学理念，加强人才培养方案的优化及有效实施，实现人才质量全面提升。湖南文理学院采用校地企协同、产科教融合，把水产专业作为试点进行深度转型，以创新实践能力培养为目标，以学科和科研平台为依托，以"实试"相结合创新平台为牵引，搭建"校企"合作、"校所"合作人才培养基地；以"多师"型师资团队建设为根本，以跨学科专业、"专导"个性化人才培养（范蠡创新计划）为抓手，按照产学研用一体化人才培养模式，运用"四三"式人才培养方法，为水产行业培养科研、管理及技术等多层面创新性应用人才。相关成果与经验被《中国教育报》《科技日报》《人民日报》《中国科学报》《湖南日报》《常德日报》及CCTV-10、CCTV-7、CCTV-2等主流媒体报道该团队的先进事迹30余次（件）。对学校乃至全国同类高校类似专业的"产教融合、转型发展"具有重要的指导意义与参考价值。

无边界课堂：淮海工学院涉海专业育人平台新试验

淮海工学院　刘　丹

一、基本情况与背景

党的十八大以来，我国相继提出实施"海洋强国"战略、推进"一带一路"建设等重大部署，海洋经济在国家经济总体战略中的作用日益凸显。随着海洋产业转型升级不断加快，以海洋装备制造、海洋生物医药、海洋信息技术等为代表的海洋新兴产业发展迅速，产业开放性、创新性和多学科交叉复合型特征更加显著，传统封闭单一的专业人才培养模式，已很难满足产业快速发展对应用型人才的迫切要求。

淮海工学院是国家"十三五"产教融合发展工程高校，近年来面对江苏沿海开发进入国家战略、连云港海洋经济与临港产业转型发展的新形势，加快推进办学转型，倾力打造海洋特色。学校针对区域海洋新兴产业人才缺乏、多样化应用型创新人才培养不足等问题，从2013年开始，以承担江苏省"国家教育体制改革试点项目——全面学分制改革"为契机，围绕区域产业发展和学生核心能力素质要求，积极构建"无边界课堂"育人模式，着力突破学校、学科、课堂等的既有时空限制，加强跨域资源整合，深化产教融合协同育人，全面服务学生个性化成长成才，有效提升了涉海应用型人才培养质量。

二、特色做法

1. 打破边界,对接产业,构建应用型涉海专业集群

根据专业发展规划,聚焦区域海洋与临港产业发展需求,以优势学科为基础,完善落实专业动态调整机制,集成打造"海洋工程与装备制造""海洋生物与医药应用""海洋资源与环境保护""海洋信息技术与应用""海洋经济与文化"等五大应用型涉海专业集群,促进专业间相互渗透、交叉与支撑,形成了"综合框架、工科主体、海洋特色"的学科专业体系,水产养殖学、海洋技术、港口航道与海岸工程等28个涉海专业(含涉海专业方向)几乎覆盖了江苏全部海洋产业(见图1),专业人才培养与产业需求紧密对接。

2. 整合资源,强化支撑,推进专业群实践平台建设

依托国家"十三五"产教融合发展工程项目,重点建设"海洋工程与装备技术实训中心""海洋生物与医药应用技术实训中心""智能制造与物联网技术实训中心""石油化工与新材料实训中心""港口商务与物流综合实训中心""大文科综合实训中心"等专业群实践平台。充分发挥产学研协同优势,加强校内外实践基地建设,成立"72+创客工场""创智苑"等,建有江苏省实验教学与实践教育中心14个,以及国家级大学生校外实践教育基地、国家级高校学生科技创业实习基地、国家级科技企业孵化器、江苏省海洋资源开发研究院、江苏省海洋经济研究中心、江苏省海洋生物产业技术协同创新中心、江苏省海洋药物活性分子筛选重点实验室等一批涉海高水平教学与科研创新平台,面向本科生开放共享,为应用型人才培养提供了重要支撑(见表1)。

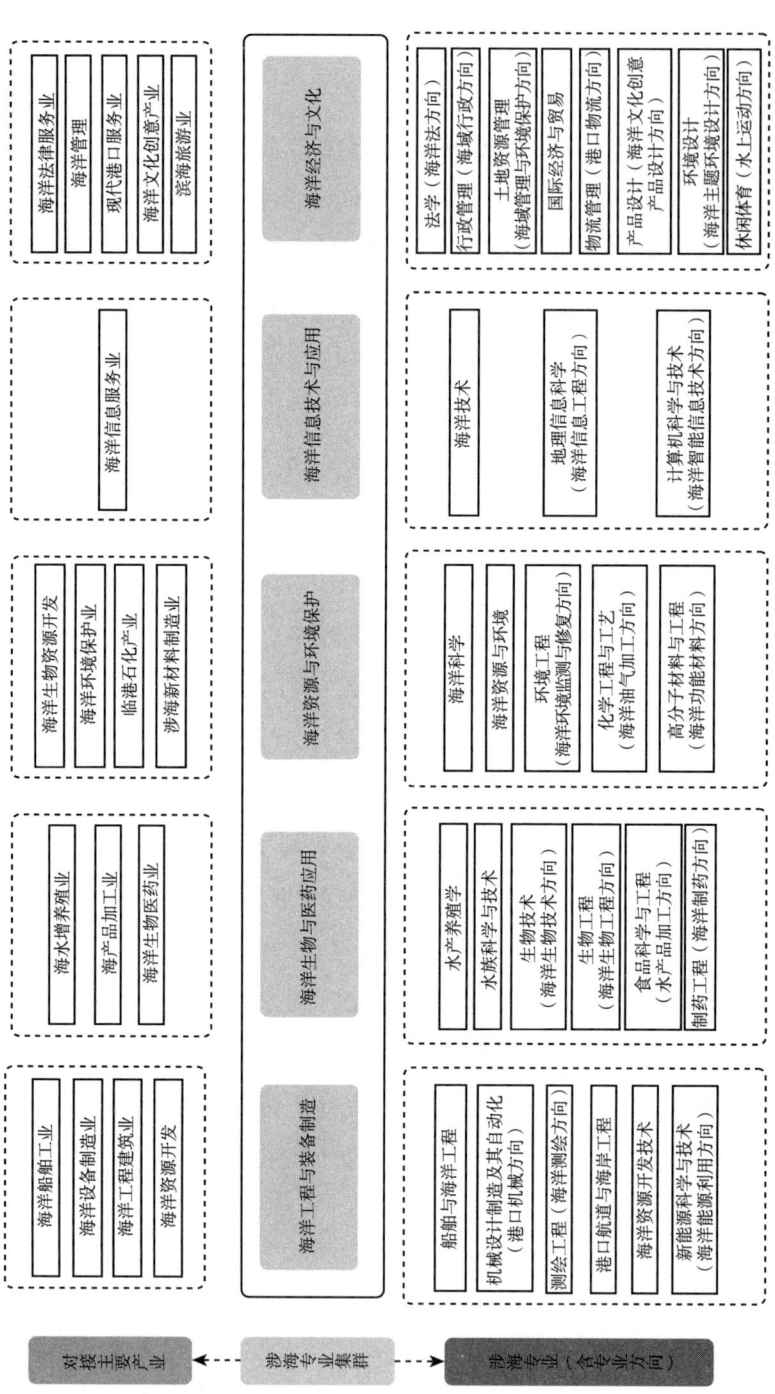

图 1 涉海专业集群与区域海洋产业集群对接情况

表1　　　　　　　　　　部分涉海专业群平台实践教学功能情况

类别	平台名称	实践教学功能
国家级实践教学基地	淮海工学院－连云港港口集团有限公司综合实践教学基地	海洋调查与观测技术实习、海洋测量实习、海洋地质实习、卫星导航定位实习和数字地形测量实习
省级教学示范中心	江苏省海洋工程技术综合训练中心	海洋调查与观测实验、物理海洋实验、海洋环境立体监测实验，"水下机器人"等专业技能拓展培训
	江苏省生物学教学示范中心	基础生物学实验、现代生物技术实验等实验课程教学、专业技能训练
省级重点实验室	江苏省海洋生物技术重点实验室	海洋生物技术实验创新与开发、课题助研、毕业设计（论文）
	江苏省海洋药物活性分子筛选重点实验室	海洋药物开发技术创新与实践性人才培养、开展创新性探索研究、学生毕业设计（论文）
省级产业公共技术服务平台	江苏省海洋生物产业技术协同创新中心	海洋类专业大学生创新项目、学科竞赛训练、海洋生物技术方面协同技术开发与人才培养
省级研发平台	江苏省海洋资源开发研究院	海洋资源发掘与利用，创新人才培养、课题助研、毕业设计（论文）
江苏省海洋渔业局重点研究平台	江苏省沿海特色水产品加工研究开发中心	沿海特色水产品加工研究开发相关课题创新与实践、毕业设计（论文）
	江苏省海水甲壳动物遗传育种重点实验室	海水甲壳动物遗传育种研究与应用型人才培养，学生开展创新性探索研究、毕业设计（论文）
国家级高校学生科技创业实习基地	淮海工学院大学科技园有限公司	大学生创新创业实践，创业项目示范、培训与孵化

3.多元路径，尊重选择，实施学分制大类培养改革

按照学科专业关联度，将现有专业整合为"土木水利类""水产科学类"等不同的专业大类，实行"大类培养，志愿分流，学制弹性、专业准出"，分大类教育和专业教育两个阶段，构建"三级平台，六大模块"，以核心能力素质培养为主线的开放式课程体系。最大限度放开学生对课程、专业、学业进程等的选择限制，明确休学创业、学分转换、专业调整、毕业申请等支持性政策，每年均有近400名学生实现专业调整。在培养方案中设置A、B两类共10个素质拓展学分毕业要求，落实企业课程、校际交流课程、课外实践活动、创新创业成果等的学分积累与转换，借助全国涉海高校联盟、江苏船海高校联盟优势，每年

选派近百名学生赴中国海洋大学、河海大学、台湾海洋大学等10余所高校交流学习,有效拓展了学生多元成长路径(见图2)。

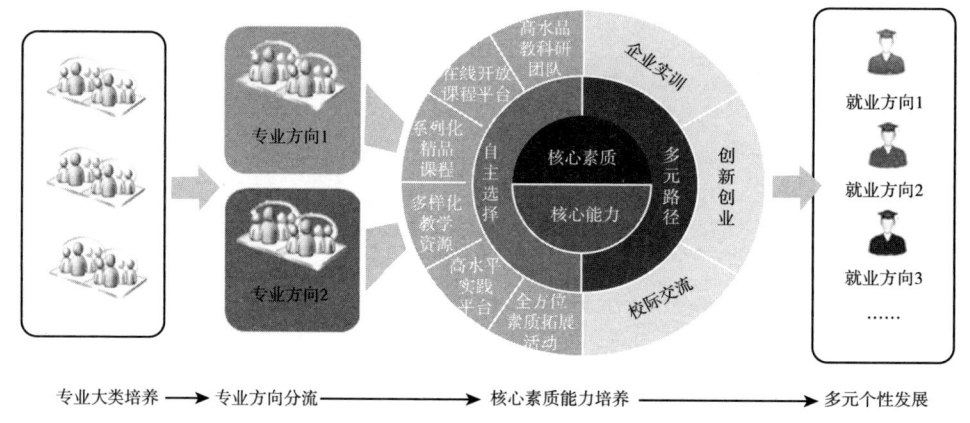

图2 学分制大类培养过程路径示意图

4.开放共享,融合发展,完善产学研协同培养机制

密切与政府、行业、企业联系,分类设立海洋与生物类等15个由校内外专家组成的专业建设指导委员会,参与培养方案修订、学生就业服务等咨询指导。定期开展用人单位人才需求调研,以实施"卓越计划""嵌入式培养""工程教育专业认证"为抓手,与连云港港口集团、江苏恒瑞医药股份有限公司等地方企业合作,采取"定制式""3+1"等模式开办创新班、试点班。推行外聘企业教师制度、毕业设计(论文)校内外双导师制度、学生科研助理制度、创新实践成果培优制度等,强化产学研协同培养。持续开展"挂县强农富民"工程,定期选派专业教师担任科技镇长、科技副总,赴企业实践锻炼与技术服务,以应用研究促进应用型人才培养,形成专业与产业、教师与工程师、校内实训场所与校外实践基地良性互动的产教融合新模式。

5.深度拓展,学为主体,开展课内外一体化综合改革

创新第二课堂成绩单制度,将第二课堂深度融入育人体系,使课堂构建从传授知识、培养能力定位提升到思想引领、改变思维、启迪智慧的核心素养高度,有效拓展了育人空间。依据第一课堂课程标准,课程化打造第二课堂品牌

活动，整合开设海洋生态与文化、海洋学科竞赛、海洋社会实践等主干课程。出台《淮海工学院素质拓展学分认定实施办法》，利用PU平台（大学生成长实践平台，Pocket University），出具第二课堂成绩单和素质诊断报告书，建立学生个性素质培养方案。以思想政治理论课和体育课程为试点，开展第一课堂课程实践环节与第二课堂课程一体化工作，促进了课内外教学的深度融合。成立"对分课堂"教改协作组，鼓励教师利用课程在线平台，引入优质海洋类课程资源，建设"卫星导航与定位""鱼类增养殖学"等一批在线课程，开展以问题为导向的项目式教学、案例教学及翻转课堂教学改革，创新教学方法和手段，促进教育教学从以"教"为主向以"学"为主转变。

三、突出成效

1. 学生创新应用能力全面提高

"无边界课堂"为学生成长成才搭建了多样化的支持与服务体系，改革实践开展以来，相关人才培养理念和举措不仅在涉海专业得到应用，而且推广至全校其他各相关专业，有效促进了学生创新应用能力的全面提高。近五年，学生参加各类省级以上学科竞赛获奖2500余人次，多次在美国数学建模竞赛、"创青春"全国大学生创业大赛、中国水下机器人大赛、全国大学生水族箱造景技能大赛、中国大学生龙舟竞标赛、全国海洋文化创意设计大赛等赛事中获突出成绩。学生完成省级以上大学生创新创业训练计划项目567项，发表学术论文200余篇，取得专利近百项。以高水平涉海平台为支撑，一批大学生创业项目成功孵化。"虾兵蟹将"大学生创业团队，利用沿海虾蟹废弃物进行高值化利用研究，在大学科技园项目孵化后，注册成立了"江苏嘉驰海洋科技有限公司"，有效带动了连云港相关产业快速发展。

2. 专业内涵建设水平有效提升

通过改革探索和实践，促进了专业建设逐步由学科导向向产业导向转型，使专业人才培养与产业需求紧密对接，产学研优势叠加效应显著，专业建设水平得到整体提升。依托四大涉海学科平台形成的学科优势,"十二五"以来,已建成水产养殖学、海洋技术等3个国家级特色专业、2个国家综合改革试点专业、9个江苏省重点专业(类)以及4个江苏省品牌专业建设一期工程项目。测绘工程专业通过了工程教育专业认证。"海洋经济与临港产业应用型人才培养"项目成功入选国家"十三五"产教融合发展工程规划项目。学校被确定为国家现代藻类和贝类产业技术体系建设依托单位。

3.改革特色示范效应逐步彰显

"学分制条件下学生教育教学管理新模式——无边界课堂构建与实践"被确定为江苏省高等教育综合改革试点项目。相关改革举措在全国涉海高校教务联盟会议、江苏省船海高校联盟会议、海峡两岸海洋海事大学蓝海策略校长论坛等场合进行经验介绍和推介,得到了上级主管部门高度评价和兄弟院校的高度认可。相关改革成果获江苏省教学成果一等奖和第三届全国教育改革创新优秀奖、江苏省共青团工作创新创优成果一等奖。《中国教育报》《中国海洋报》《中国教育电视台》等主流媒体,对学校涉海应用型人才培养与改革情况进行系列跟踪报道。连年编印《江苏海洋产业发展与展望》蓝皮书,国家海洋意识教育基地、海洋出版社江苏省分社、中国海洋报社通讯站落户学校。《江苏省国民经济和社会发展第十三个五年规划纲要》明确提出,依托淮海工学院创建江苏海洋大学,进一步增强科技对海洋产业的贡献度。

四、总结与思考

在未来的"无边界课堂"实践创新中,要进行配套政策调整。一是本科人才培养方案调整。修订各专业本科人才培养方案,优化无边界课堂主干课程体系,提高人才培养质量。二是学生教育管理制度的调整。无边界课堂改革要求学校的基本空间单位由单个班级过渡到"班组群",管理效能得到提升,各种教育关系也随之发生积极的变化,增加混龄交流,构成异质学习共同体,相关管理制度需要调整。三是学校教学管理制度的调整。在校级及以上品牌专业评审及推荐中,融入无边界课堂育人的考量。在实践教学上,关注基于学科和基于生活主题的综合学科实践活动，让学生经历典型的学科实践过程，增强程序和模型意识，形成相应的思维方式、实践能力和责任担当意识。在学习评价与考试制度改革方面，探索根据学科素养描述不同等级水平，根据水平设计不同类型试题。定期对相关学科及学院开展无边界课堂人才培养质量评估，加强教学过程管理。四是学校人事考核制度的调整。在教师职称评聘政策中融入教师无边界课堂指导的工作量要求，特别是科技人文讲座、竞赛指导的参与要求。五是建立基于互联网平台的匿名评价模式，借助不同需求客体的评价反馈机制，通过即时的信息反馈，建立动态的资源效用识别，实现学生对高校无边界课堂资源配置效果评价。此举有助于提升资源供需匹配度，实现高校无边界课堂资源配置效用的最大化。

在未来的"无边界课堂"实践创新中，要提供必要的条件保障。一是经费保障。学生工作平台系统与教务系统对接以及无边界课堂系统功能拓展及定制服务需要投入一定的开发经费。二是人才培训保障。在新入职教师（包括辅导员）培训、学生骨干培训中融入无边界课堂协同育人培训体系，在教师发展中心、大学生菁英学校中融入无边界课堂育人培训内容。三是组织保障。明确教务、学工职能部门在无边界课堂建设中的育人职责，不断完善无边界课堂协同育人的组织体系。四是设备保障。配备各类录播系统，实时记录师生互动、教师板书等授课环节，及时把资源存储在教育资源云平台。

学校+基地+产业：昆明学院食药专业育人平台新框架

昆明学院　李维莉

一、基本情况与背景

2015年，教育部、发改委和财政部联合发文《关于引导地方普通本科向应用型转变的指导性意见》中指出，产教融合、校企合作是应用型本科高校转型发展的主要任务和具体措施，也是突破口。积极构建校企合作、工学结合、顶岗实习的人才培养模式，是促进应用型本科高校的办学向地方经济发展，培养技术技能型人才的重要途径。

昆明学院2014年被省教育厅列为首批整体转型发展的试点高校之一，2017年成为云南省应用型人才培养示范院校，2018年成为硕士学位授予单位、云南省应用型高校联盟首届理事长单位。作为一所地处省会城市的应用型本科高校，明确"立足地方、研究地方、服务地方"的办学定位，努力履行地方高校对区域经济发展和产业转型升级发挥支撑作用的根本任务，在学校全面推进整体转型的大背景下，昆明学院化学科学与技术系（以下简称化科系）一直在探索和引领学校应用型专业发展，积累了丰富的经验并取得了一定成果。

化学专业（食品与药品检验方向）是一个实践性极强的应用型专业。昆明学院化科系2009年开始招收化学专业（食品与药品检测方向）学生，至今在校生210人、毕业261人。传统的培养模式主要以学校为主体，依照经验制定培养方案，校内教师独立主导专业教学，并以校内课堂教学为主，兼顾校内实验和校外实习。由此导致培养目标不够明确、培养模式单一、专业理论和生产实际严重脱节等一系列问题，培养的毕业生专业技能和创新能力不强，不能很好地满足用人单位和行业发展的需要。

针对上述问题，化科系紧密依托长期以来建立的"产学研"合作优势，积极拓展和整合校内外教学资源，创新人才培养模式和管理机制，将学校、基地和产业（用人单位）作为本专业人才培养的三个主体，逐步建立了"学校—基地—产业"三位一体的人才培养协同创新机制，根据产业发展需求确立人才培养目标，协同制定人才培养方案，协同实施专业教学过程，协同评价专业教学效果和人才培养质量。

二、特色做法

1.搭建"学校+部门+企业"的专业建设大平台

与地方（昆明）食品药品检验所合作，在校内建立协同育人基地，利用行业权威行政部门的职业示范作用，不断优化人才培养方案，强化学生的实践能力，创新食品药品检验专业的人才培养模式。根据《昆明市食品药品安全"十三五"规划》（2016—2020年），本着服务昆明、发展昆明、满足保障人民群众饮食用药安全检验检测人才培养需求，推动地方食品药品产业健康发展，2016年昆明学院与昆明市食品药品检验所协商选址昆明学院大观老校区（昆明市西华北路260号），由昆明学院投资校区校舍，昆明市食品药品检验所投资购买相关检验检测设备仪器，共建昆明市食品药品检验院作为双方协同育人基地，签订"院所一体化协同育人基地"合作协议，为双方搭建起更高层次的、长期稳定的发展平台，以此为契机，充分发挥检验研究院人才、仪器、设备等方面的优势，为双方在科研、教学、学术交流等方面开展全方位合作奠定基础，为学生提供了一个真实的药品检验实际工作场所，培养理论基础实、专业能力强、上手快、后劲足、能创新的高素质食品与药品检验应用型人才，最终实现优势互补、资源共享、互惠互赢的目标。

2.构建"2+1+1"食品与药品检验人才培养新模式

在原有2012年省级"食品与药品检验人才培养模式创新实验区"构建的"3+1"订单式培养模式基础上探索构建"2+1+1"食品与药品检验人才培养新模式;第一、二学年学生在校本部扎实学习通识课程和专业基础课程。

第三学年学生的专业核心技能教学活动在校企协同育人基地(昆明市食品与药品研究院)开展,实施基地"双导师"制度,企业技术骨干与学校指导教师共同培养学生一年,根据学生的培养目标有针对性地为学生制定相关的学习计划和任务,定期进行校企教学研讨活动,充分利用协同育人基地优质检验检测条件,学校教学团队在协同育人基地承担"食品分析检验""药物分析""科技文献检索"等专业理论课程,夯实学生专业核心能力理论基础;食品药品检验所教学团队承担"食品分析与检验实验以及技能训练""药物分析实验以及技能训练""化学分析样品处理方法"等专业实践课程,骨干技术人员进行真实案例项目教学,提升学生专业实践能力,让学生逐步了解自己与企业需求之间的差距并给自己正确定位,把专业教育和真实案例教学在协同育人基地有机地结合在一起,提高人才培养效率,提升人才培养质量,培养出真正适应企业需求的毕业生(见图1—图3)。

第四学年前半段学生到食品药品检验所的食品检验中心、药品检验中心下属一般成分、功能成分、食品添加剂、农药残留、兽药残留、有毒有害物质、微量元素、卫生学指标微生物类检测等职业岗位进行顶岗实习,并分阶段进行调换轮岗,后续由学生根据自己的职业规划和兴趣特长选择检测方向科室进行毕业论文实践活动,这样学生在毕业论文选题、方法设计、数据收集过程中不盲目,主动思考,创新能力得到进一步提升,而且学生在食品与药品检验各职业岗位进行过轮岗实习,达到教学与职业的直接对接,全面提升学生职业能力。

图1 小柴胡颗粒需氧菌总数计数

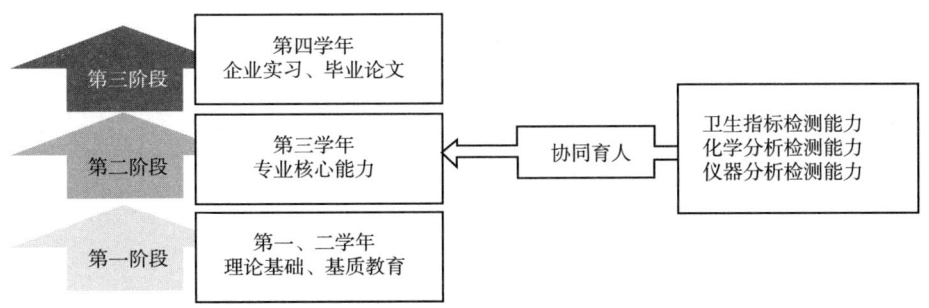

图 2 "2+1+1" 应用型人才培养模式构建

昆明学院·昆明市所协同育人毕业论文（设计）汇总表

院（系）：化学与科学技术　　　　　　　　　　专业（方向）：化学专业（食品与药品检验）

序号	学生		毕业论文（设计）题目	指导教师		成绩	
	姓名	学号		姓名	职称	百分制	五级制
1	李思朗	151004410002	食品添加剂防腐剂的检测	白文莉	主任药师		
2	梁威	151004410003	酸奶中嗜热链球菌含量的检测	白文莉	主任药师		
3	戚荣恩	151004410005	质谱法测定玫瑰花瓣中的多种农药残留	刁玉华	工程师		
4	屈子舒	151004410006	盐度和温度对副溶血弧菌的存活率和运动能力的影响	肖娅丽	主管检验技师		
5	沈鹏	151004410007	超高效液相色谱质谱联用测定感冒清热颗粒中的苦杏仁苷	刘晓俊	主管药师		
6	叶永江	151004410009	久置食品中亚硝酸盐含量的测定及分析	陈平喜	主管药师		
7	张皓宇	151004410010	不同产地金银花中五种重金属含量的分析	马跃新	副主任药师		
8	陈静	151004410015	HPLC法测定白头翁中白头翁皂苷含量	马跃新	副主任药师		
9	董娇	151004410019	玫瑰花瓣中有机磷的测定	陈平喜	主管药师		

图 3 协同育人基地学生部分毕业论文题目

3.构建"三融、三实、三结合"教学工作新体系

在新的人才培养模式基础上，探索构建了应用型人才培养"三融、三实、三结合"的教学工作新体系，围绕其进行一系列教育教学改革（见图4）。

"三融"，即将企业岗位要求融入人才培养方案，将职业技能标准融入教学内容，将行业企业评价融入考核评价体系。"三实"，即真实的工作任务设计教学内容，真实的工作过程全面提升学生职业能力，真实的工作环境培养学生职业素质。"三结合"，即学校与企业相结合的教学机制，理论与实践相结合的教学过程，课堂教学与现代化网络教学相结合的教学手段。

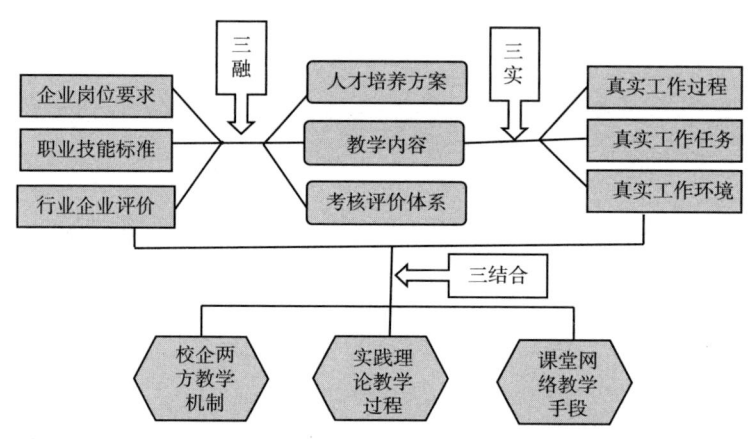

图 4 "三融、三实、三结合"教学工作体系的构建

在"2+1+1"应用型人才培养过程中，由于第三年的教学引入了协同育人基地昆明市食品与药品检验所参与的机制，出现了一些与传统办学有出入的地方，比如在教学内容、教学人员分工、学生管理等方面都需要进行一定的调整和变动，相应完善基地管理机制、互动机制、激励机制和监控机制，一方面深化了其教学功能，另一方面强化了其对校企协同科研、技术研发、社会服务的平台效应。

三、突出成效

近三年，本专业"校企协同育人"模式结合昆明市地方社会发展对食品药品检验人才的需求，定位准确，突出"应用型"特色。专业教学、实践与科研能力大幅提升，实现资源共享，共同增强服务经济社会的能力，提升应用型专业整体水平，为生产应用第一线培养更多的高技能人才，服务于云南省、昆明市经济建设，在省内反响较大，引起了兄弟院校的广泛关注，有一定示范作用。

围绕食品、药品检验专业核心能力（一是卫生指标检测能力，二是化学分析检测能力，三是仪器分析检测能力）建立一系列食品与药品检验岗位实践教学标准，规范学生协同育人基地教学工作，学生实践教学质量，专业核心能力大幅度提高。

学生的综合素质、实践能力得到了很大的提高，参加云南省挑战杯科技作品大赛分获多项一等奖、二等奖；参加昆明市食品药品检验所检验技能大赛，成绩良好，食品检验高级工通过率100%。

学生的创新创业意识得到了加强。近三年食品药品检验方向学生获得大学生创新创业训练计划项目国家级3项，云南省级5项，参与教师科研项目10余项，学生以第一作者发表论文十余篇，参与发表SCI论文十余篇。

本专业学生食品与药品检验职业能力大幅度提升，毕业学生广受用人单位欢迎，就业率高。近三年，食品药品检验方向学生毕业160人，平均就业率为95%以上，考取研究生18人，升学率10%，许多毕业生已成为食品与药品企业的技术骨干，毕业生表现出较高的综合素质和能力，受到用人单位的好评（见表1、表2）。

表1　　　　近三年毕业学生检验单位技术骨干汇总表

序号	就业单位名称	学生姓名	班级	就业岗位
1	云南环绿环境检测有限公司	吕天兴	2011级化学（检验）班	主管技术副总经理
2	SGS通标标准技术服务有限公司云南分公司	邱明阳	2011级化学（检验）班	检验实验室主管
3	昆明顶益食品有限公司	陈腊梅	2011级化学（检验）班	检验实验室主管
4	云南柏妮兰生物资源开发有限公司	颜艳	2011级化学（检验）班	检验实验室主管
5	云南鸿翔中药科技有限公司	李艳敏	2012级化学（检验）班	质量检测，QC管理员
6	普洱市质量技术监督综合检测中心	李绍仙	2012级化学（检验）班	质量检测，QC管理员
7	云南中科检测技术有限公司	黄宋杰	2012级化学（检验）班	检验实验室主管

表2　　　　　近三年学生第一作者发表论文统计汇总表

序号	论文题目	期刊名称	学生姓名
1	水体系中含 Mn~Ⅲ离子多酸化合物的原位合成、结构及性质研究	分子科学学报 2017, 33（5）：418-422.	资巧丽，刘发玺，李劲东
2	云南大理大叶种普洱茶中重金属元素含量调查分析	昆明学院学报 2017, 39（3）：40-42	陆敏连，荼尹超，昝明丽，高思楠
3	云南普洱和临沧地区茶产品游离氨基酸总量测定研究	昆明学院学报 2017, 39（3）：30-33	林家雄，钏湘龙，陈春月，曹喜念，徐曼曼
4	氢溴酸催化的双吲哚甲烷合成	昆明学院学报 2017, 39（3）：103-106	刘光章，付绍光，袁云利，杨涛
5	云南省西双版纳州不同种类茶叶中轻稀土元素分析	昆明学院学报 2016, 38（3）：53-57	李仲彩，李丹，钱靖
6	云南省保山市不同茶叶中重金属浸出特征分析	昆明学院学报 2016,（3）：43-48	颜媛，张琼，朱丽江
7	云南省不同季节茶产品茶多酚含量调查研究	昆明学院学报 2016, 38（6），30-33	陈圆圆，钱靖，李仲彩，施小洁
8	人工快渗系统处理生活污水强化除磷试验研究	辽宁化工 2016, 45（12）1504-1505	董诗成，申亮，高小林，张万前

四、总结与思考

人才培养模式和机制要持续创新，推动人才培养质量持续提高。昆明市食品药品检验所是食品药品检验专业最权威的支持部门，具有检验人才、仪器、设备等方面的明显优势。食药检所组织技能型教学团队与学校理论课教学团队在基地进行"2+1+1"协同育人新模式的培养。经过行业企业调研修订本专业培养方案，把专业实习时间调整为每年3月到8月，期间基地食品药品检验项目任务重，尽可能为学生提供了真实的食品药品检验实际工作场所和检验项目，而且也为学生提供了见习、毕业实习等学习机会。基地内骨干技术人员在第三学年作为主讲教师指导本专业相关检验类专业核心课程的内容设计，突出"学生为主体、教师为主导、训练为主线、思维为核心、能力为目标"的教学理念，使课程教学内容及目标更加符合食品药品行业检验岗位工作实际，充分体现课程的职业性与实效性，尽可能地让学生在现实职业岗位的环境中进行训练，在这一过程中培养学生敏锐的信息意识和及时吸收科学技术和社会发展最新成果的能力，逐步养成学生的职业核心能力。并且，食品药品检验所骨干技术人员参与了本专业相关教材的编写。

进一步完善"双师"型教师队伍，提升师资素质和技术服务能力。在基地建立了"教师企业流动工作站"为学校专业教师进行检验业务培训，使教师专业实践教学能力不断更新和提升，采用内培、外引、兼职等方式，形成以校内专业带头人和行业专家为"双核"，校内骨干教师与企业技术骨干为两翼，以双师型教师为基础的教学团队，为本专业的工学结合提供了强有力的保证，为本专业教学紧密结合现实食药检所、医药企业的工作实际，保证学生学有所用，"零距离"走向工作岗位。

继续改善专业实践教学条件，加强社会服务能力建设。做好学生培养的基础上，在协同育人基地共建"云南省食品安全检验技术重点实验室"，使校内外实践教学条件进一步完善，技能训练平台与食药检所资源共享，为地方行业解决技术难题，共同增强服务经济社会的能力，提升专业办学整体水平，为食品药品检验工作第一线培养更多的高技能人才；探索建立常见食品、药品检测仪器设备的"SOP"；建立食品、药品检测大型仪器设备使用的教学案例库等资源数据库，服务于昆明、云南地区经济建设。

项目平台演化：贺州学院新道平台商科人才培养新改革

贺州学院 蓝文婷

一、基本情况与背景

国务院办公厅《关于发展众创空间 推进大众创新创业的指导意见》（国办发〔2015〕9号）、《关于深化高等学校创新创业教育改革的实施意见》（国办发〔2015〕36号）等文件精神，深化学校创新创业教育改革工作，为学校人才培养模式的优化提供了指导。互联网+创新创业时代下，深化产教融合、促进校企合作是创新创业教育改革与发展的重要途径。"大众创业，万众创新"背景下，高校现有的人才培养方案面临着前所未有挑战，培养创新创业人才、普及创新创业教育、建设双创教育平台、传承创新创业文化成为人才培养模式必须考虑的重大问题。

贺州学院注重创新创业应用型人才培养，也致力于应用型大学的转型与发展，如何在欠发达地区培养出具备特色的商科应用型人才，贺州学院通过与专注商科教育的新道科技股份有限公司合作打造了新的人才培养模式。新道科技股份有限公司成立于2011年，是用友集团的重要成员企业，面向高校提供实践教学解决方案和教育云服务。通过"把企业搬进校园，打造职业梦想社区"，以协同育人、专业共建等形式参与高校人才培养工作。新道科技已经与全国3000多所院校及社会机构开展合作，共建"商科实践教学"与"创新创业教育"实践教学基地超过6000个，培训实践教学师资超过3万人次，培养学生近110万人。旗下新道人才网为近26000名毕业生提供就业服务，为超过6500家企业提供人才服务。

二、特色做法

贺州学院与新道科技股份有限公司共建新道经济管理学院、新道创新创业学院，立足于"产教融合、教育发展新十年——创新创业教育与商科实践教学"的发展新思路，学校出台了《关于加强产学研合作教育工作的若干意见》《关于印发贺州学院深化创新创业教育改革实施方案的通知》等文件，使创新创业和人才培养能够顺利地在新道平台上运行，并顺利推进学校的创新创业教育。

1. 共建商科创新创业实验教学中心

（1）实验中心获得自治级资格。2015年6月，贺州学院与新道公司合作共建商科创新创业虚拟仿真实验教学中心，2017年1月被广西教育厅认定为自治区级（培育项目），2018年5月通过教育厅检查验收被评为"优秀"，2018年11月26日被教育厅认定为自治区级虚拟仿真实验教学中心。该中心积极推进虚拟仿真实验教学的建设，强化虚拟仿真实践教学，主要服务于财务管理、审计学、会计学、国际经济与贸易、公共事业管理、旅游管理、酒店管理、市场营销等专业；同时辐射到全校的所有专业，在专业教育中实践创新创业，在创新创业中强化专业知识。

（2）平台建设有成效。中心现有教学面积2538平方米，包括虚拟现实企业管理平台（ARE）、虚拟商业社会环境实训平台（V综）、创新创业虚拟仿真实训平台、创业心智体验中心、企业经营模拟ERP沙盘、企业信息化中心、营销模拟实训平台等，共有设备资产价值近千万元，能同时容纳580人进行实践教学。中心实验教学条件优良、队伍齐整、体系完整、内容丰富、管理规范、成果丰硕，成为地方院校中有特色的商科创新创业人才培育基地。

（3）核心课程体系完善。通过新道平台，学校建立了"知自我、懂管理、强技能、熟业务、强实践"的人才培养标准，以《虚拟现实企业管理》《虚拟商业社会环境》《虚拟商业社会环境创新创业》等课程为核心支撑点，通过一系列的创新创业实践项目，构建了商科创新创业虚拟仿真实验教学体系。

2.校企共同探索人才培养新模式

商科创新创业虚拟仿真实验教学中心经过3年建设，构建了"金字塔三层次"人才培养体系：基础性认知实验、专业技能仿真模拟实验和虚拟仿真综合实训。在宏观实验教学体系下，将全校商科所涉及的实验课程和实验教学内容进行分层次建设，在实验教学上形成三个层次的实验教学层面。目前认知与验证性实验、专业技能仿真模拟实验两个层次的实验体系已形成体系，最高层次的虚拟商业社会仿真综合实训也已经投入使用。

（1）抓牢基础性认知。主要反映基本知识和基本理论，训练基本技能的经典实验和操作。教学内容具有基础性、规范性的特点，由教师示范，学生做认知、验证等方面的基础性操作训练。

本层次实验模块提供基础性的演示实验与操作实践环节，使专业基础课程的理论与实践紧密结合起来，进行基本操作技能的训练，以此促进学生对课堂教学知识的巩固，解决学生对基础理论和专业基础理论与实际行业的了解和认知过程。

（2）做实专业技能仿真。该层次的实验主要定位在学生具备了一定专业理论和知识的基础上，根据学科专业要求，以适应社会需求为目标，以培养应用能力为主线，通过大量的模拟实验环节组织实验教学。

商科类相关内容的实验教学项目包括10个仿真模拟实验模块，模拟工商企业、金融企业、财政税收、市场营销等经济管理的各方面情境与实务，主要是通过对各种模拟环境的操作与业务实践锻炼，让学生学习解决实际问题的具体方法，培养学生的实际工作能力。

（3）推进虚拟仿真实训。该层次的实验主要定位于二年级以上的学生，这一层面实验分为两个方面：

校内综合性实验环节与校外岗位实践相结合。该层面的实验教学主要是在前两个层次的基础上，强调综合性实践应用能力的培养，可以分为两个阶段。第一阶段主要通过校内综合性、设计性的实验环节训练学生对所学理论知识的综合应用能力，以及学生独立思考问题、解决问题的习惯，并锻炼学生的团队合作精神与决策能力。第二阶段可与校外实务部门合作，通过学生校外岗位实习实践，训练学生对专业知识以及理论的综合应用能力，达到对相关业务实作流程的熟练操作。

开放性、创新型实验教学。该层面的实验教学属于较高层次，主要是针对专科二年级、本科三年级以上的学生。着重培养学生的创新意识与应用专业知识进行相关科研的能力，使实验室本身成为具有辐射作用的创新型人才培养基地和实验教学改革的研究基地。此外，随着经济管理专业对实践环节的日益重视，目前较多院校在校内开展了形式多样的学科竞赛，如企业经营沙盘竞赛、网上模拟证券投资比赛、经济管理比赛等等，这些学科竞赛也可归类于创新开放性实验教学。同时，在学生毕业论文（设计）阶段也鼓励学生应用实验工具，开展经济管理的实践性实验，通过实验手段提升毕业论文（设计）的质量与层次。

校内开展的虚拟商业社会仿真综合实训层采用双主模式与综合训练相结合的教学模式，采用连续集中、分散集中、半集中的教学形式，通过博弈、实景、角色扮演、协作、讨论、激励、验证、研讨等多种实训方法；从组建经营团队、筹建公司和机构、岗位角色模拟，完成部门协作、企业经营、供应链竞合、服务业协同四大类仿真实习，从知识、能力、职业素养三方面进行综合评价，最终形成各阶段实习成果（见图1）。

图1 学生实训课堂

（4）虚拟仿真平台特色鲜明。虚拟商业社会环境实训中心平台促进基础知识应用。虚拟商业社会环境（VBSE）实验教学平台，主要进行企业运营内容的相关培训，以制造业为核心，提供制造企业、现代服务业、金融业和政务中心等机构中的典型岗位，让同学们通过竞聘上岗的方式，加入到各组织中去，并开始经营企业，在之后如对其他岗位感兴趣，可辞职再竞聘。实训过程中通过综合训练，使学生能够在多类社会组织中从事不同的职业，了解各岗位的职责与业务操作要求及其相应技能，熟悉企业运营的基本流程和业务逻辑，掌握现代商业社会中企业运营的基础知识和理论，提高学生的综合执行能力、综合决策能力和创新创业能力。

VBSE实训中心紧紧围绕创业流程与学生的创业能力培养进行培训，采用项目教学法对教学内容进行开发。

本课程首先对学生进行一项创业测评，从创业精神、创业能力、创业特质、和创业意愿四个方面进行评价，使学生了解自己的特征；其次学生通过新建企业，可以了解企业注册（变更）流程及相关法律要求；通过竞聘上岗，让学生体验不同组织中不同的岗位角色，了解岗位操作的不同逻辑要求及其对其他岗位的影响，使学生掌握企业经营活动中需要的基本知识；在具体的经营过程中认知企业的概念以及企业经营决策对企业发展的重要影响，提高学生创办和管理企业的综合素质和能力。通过模拟整个企业运营过程，使学生了解自身的优势与不足，使其通过加强专业学习，遵循创业规律来降低创业的风险和损失。

创新创业虚拟仿真实训平台提高学生专业技能。创新创业仿真实训主要进行创业基础及创业相关培训，创业孵化中心则面向学校学生创业项目进行创业孵化，创业露天花园用于创业创意激发，活动组织等。实训过程中通过创业教育教学，使学生掌握创业的基础知识和基本理论，熟悉创业的基本流程和基本方法，了解创业的法律法规和相关政策，激发学生的创业意识，提高学生的社会责任感、创新精神和创业能力，促进学生创业就业和全面发展。

创新创业虚拟仿真实训中心紧紧围绕创业者的能力培养和创业项目的成功孵化，提出了创业生态圈的理念。通过对其成长路径上不同阶段的心理和能力特点分析，将创业者的成长从时间轴上分为认知职业、模拟创业、创业实战三个阶段，通过VBSE创业版教学训练，使学生掌握开展创业活动所需要的基本知识；认知创业的基本内涵和创业活动的特殊性，辩证地认识和分析创业者、创业机会、创业资源、创业计划和创业项目；掌握创业资源整合与创业计划撰写的方法，熟悉新企业的开办流程与管理，提高创办和管理企业的综合素质和能力，能主动适应国家经济社会发展和人的全面发展需求，正确理解创业与职业生涯发展的关系，自觉遵循创业规律，积极投身创业实践。

虚拟现实企业经营管理突出实践能力。商科是一个缺乏具象的学科，学生很难想象知识对应的场景，这导致商科教学长期以来难以结合具体真实的情境，学生知识迁移能力不足、意识不强、知识转化率低、转化效果不好。

虚拟现实企业管理实训（ARE）主要进行企业运营内容的相关培训。将AR（增强现实）和VR（虚拟现实）等技术融入实践教学，利用人机交互、感知识别等多种技术手段，将认知桌面替代传统黑板、感知桌面替代传统课桌、智能魔卡替代传统鼠标、情境系统替代实习工厂，采用任务驱动的情境教学法：以教师为主导，学生为主体；以情境活动为主线，以任务为明线；以培养学生的知识和技能为暗线。

通过将企业真实场景、管理经营案例作为教学情境，以企业流程、管理报表、业务单据为教学内容，以智能感知设备、企业管理软件等为教学工具，以企业岗位工作内容、用人标准为培养路径，加强学生对行业的认知、企业运营、业务实践等活动的印象，使学生面对即将踏入的企业，可以看得见、摸得着、听得懂、学得会，大大提升学习的效率和效果，激发学习动机、促进知识迁移。

本门课程以企业6个核心岗位的用人标准为培养目标，通过5个场景化的学习路径，30个情境式的团队活动，180个攻略型的流程任务，让学生在32课时的学习中，完整体验企业一个月高度浓缩的业务仿真经营，从而获得五大能力：基础管理能力、业务协同能力、岗位实践能力、综合运营能力与系统思维能力，让学生从一个职场新人变为达人。

在ARE平台上我们实现了企业感知化、流程动态化、数据可视化、情境仿真化、人机互动化，为商科实践教学提供可视化的多维立体学习画布，能够建立学生对人财物、产供销的全局观，能够激发学生学心的动机，能够增强学生学习的沉浸感体验。

3. 突出新道实验班平台特色

以财务管理专业为试点,建立新道实验班,将新道平台课程全部纳入人才培养方案全过程,贯穿大学入学教育专业认知至毕业实习全过程。创新创业课程列为必修课,进入大学的专业认知就是以新道平台课程为基础。通过专业教育,学生能够快速进入"企业化"状态、认识组织管理形式、生产环节、市场调查等,对创业、创新、企业模拟运营奠定了较扎实的基础。同时,班级采用"企业化"自我管理,注重打造团队精神,培养学生的创新创业意识。正是基于新道平台的人才培养实践教学,在包括近3年在全国"互联网+""挑战杯""创青春"在内的多项国家级、省(区)级大赛中活动中,新道实验班所获成绩斐然,并成为学校各类创新创业竞赛的主力军。现在,新道实验班已经从财务管理专业扩展到审计学专业。

三、突出成效

1. 学生的创新实践能力得以提升

创新创业实践能力的提升主要表现在比赛获奖数量大幅增加、档次明显提升。近3年,学生获得创新创业等竞赛自治区级以上奖项一百余项,仅在2016年"互联网+"大学生创新创业大赛中,新道实验班学生就获得国赛银奖1项,铜奖1项,省级金奖2项,银奖2项,铜奖8项,优秀奖多项。利用创新创业孵化平台,近3年商科专业学生获得包括全国大学生"挑战杯"创业计划竞赛一等奖等国家级奖项11项,省级奖项94项,大学生创新创业项目获得国家级27项,自治区级90项。其对大学生创新创业竞赛、学生创新创业能力提升起到了重要作用,其中有51项已经进入孵化基地,有11项已转化成生产力在各领域获得应用。

2. 学生自主创业能力得以提高

通过新道创新创业平台,学生创业初见成效,涌现出一批优秀的学生创业代表。例如2016届国际贸易与经济优秀毕业生李艳香同学通过毕业前平台的训练，现在已经创立了两家贺州市特色餐饮服务公司。她从大学三年级开始自主创业，目前拥有贺州市"老叁屋""千家客"等贺州市知名特色餐厅。该同学的创业经历被载入清华大学出版社出版的《创业人生》，作为十位大学生创业典型之一，并进行了全国巡讲宣传。

3.教师科研教学成效得以提升

近年来，依托虚拟仿真实验教学中心，教师团队提到了较大的提升，成果较为显著。目前中心共有教师74人，其中，教育部全国万名优秀创新创业导师人才库专家1人；广西科技厅备案火炬创业导师3人；贺州市高新区天润科技孵化器特聘创业导师2人；广西教育厅工商管理类专业教学指导委员会成员1人；广西社会科学优秀成果评选委员会委员1人。此外还有6人入选广西"十百千"拔尖会计人才培养工程。其中《依托新道公司、产教纵深融合，财务管理专业办学模式创新与实践》获得2017年广西高等教育自治区级教学成果奖三等奖，《基于新道平台创新创业人才培养模式的探索与实践》获得2017年广西高等教育创新创业教育自治区级教学成果奖一等奖。

4.媒体的广泛关注与社会影响力得以提升

新道创新创业平台在创新实践教学理念和探索应用型人才培养途径取得的成果显著，陆续引起了《中国教育报》《光明日报》等全国性媒体和贺州电视台等地方媒体，以及《人民网》《中国日报网》等知名网媒的广泛关注和不断报道。同时，也吸引了来自全国各地兄弟院校前来考察交流，包括2015年新道校长年会的100多位校长、贵州省教育厅带队的23所高校、湖南、天津、江西、四川等地以及省内高校等。此外，广西新闻网承办的"创新创业展活力高校青春风采行——2016年广西教育网络行"新闻采访团走进我校，来自光明网、中新网、中国日报网、中国网、腾讯网、凤凰网、新浪网等全国近30家网络媒体的记者对我校大学生创新创业和民族文化传承与创新成果进行了深入采访（见图2）。

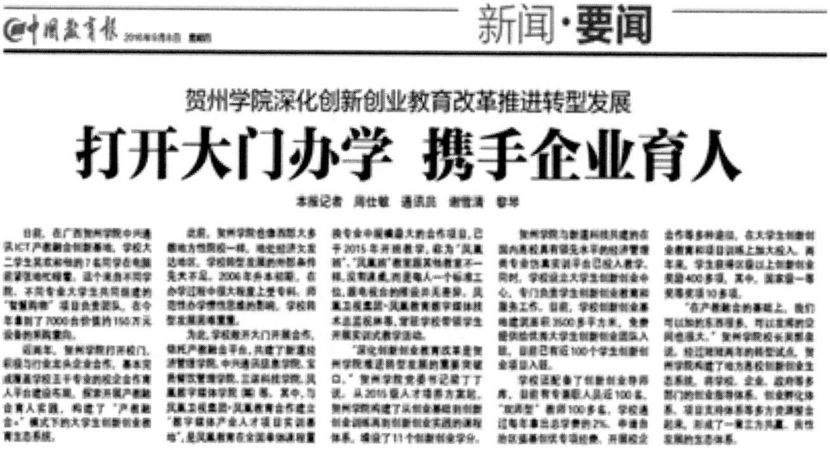

中国教育报

新闻·要闻

贺州学院深化创新创业教育改革推进转型发展

打开大门办学 携手企业育人

本报记者 通讯员

图 2　媒体报道

四、总结与思考

学校坚持开放合作、深化产教融合、校企合作，协同育人平台在应用型人才培养中的作用充分凸显。与新道科技有限公司合作共建的“新道经济管理学院”和“新道创新创业学院”在提高人才培养质量方面进行了有广泛探索，并取得丰硕成果。现在学校已经将创新创业教育融入人才培养全过程，人才培养的质量稳步提升。在新时代，学校正抢抓机遇，大力推进转型发展战略，不断深化产教融合、校企合作，依托新道公司建立的商科创新创业人才培养模式将有力地促进学校打造创新创业教育生态系统，并为加快建设特色鲜明的高水平地方应用型大学做出贡献。

多途径全方位：温州大学开发机械工程专业建设新模式

温州大学　全　力

一、基本情况与背景

温州作为中国民营制造业的发源地，拥有34个产业集群化的生产基地，30多万家制造企业，其中97%是民营中小企业。原材料、制造业、小商品等一应俱全，具有较完备的产业链结构。温州机械制造业主要包括高低压电器、汽摩配、仪器仪表、造船、有色金属冶炼、基础件、食品及包装机械、鞋机、泵阀通用机械等九大门类产业。

温州大学作为温州地区唯一的地方应用型大学，是由政府、百姓、华侨混合出资建设，到2006年与温州师范学院合并成为多科性的本科学校以来，始终将办学方针定位在立足于温州、服务浙江、面向全国，遵循"以人为本、服务地方、特色取胜、追求卓越"的办学理念，不断开拓思维，创新产教融合、校企合作的发展模式，始终致力为地方行业、企业培养高素质的应用型人才。

机械工程专业是温州大学的"十二五"特色专业。随着大数据、云计算、智能制造、物联网等新技术的发展和新一轮产业革命的到来，浙江省及温州地区的装备制造业，迫切需要转型、升级。在这种大形势下，为了更快地适应企业对人才需求的转变，以企业需求为导向，2010年，机械工程专业开始全面实施CDIO的项目制教学，2012年，机械工程专业获批教育部第二批卓越计划试点专业。自此，机械工程专业开始通过进一步探索深化"产教融合、校企合作"的新体系，培养能满足地方企业未来发展的，具有创新、实践能力强的高素质应用型人才作为人才培养的重点。

二、特色做法

1.宏观设计

（1）专业建设以地区产业为导向，知识、素质、能力、创新培养为本。破解专业建设和学生毕业后的能力跟不上企业需求问题。围绕产业链、创新链对人才能力的需求，进行课程计划、课程内容调整、专业模块设置。将产教融合与专业建设接轨，形成以工业自动化、激光与光电智能制造、机器人技术、模具设计制造等方向为主的专业模块。同时，将企业文化与专业建设接轨，使学生在求学中接受企业文化熏陶，提高学生的职业素养。

（2）实现学生企业学习而非简单实习为目的校企合作建设。破解以往学生在企业短期实践过程中，仅局限于对企业产品制造和工艺的认知，从心理上重视度不足，或者由于组织管理松散，校企协同度不足，企业把学生当作廉价劳动力等原因造成的实践效果差的问题。将优质企业引入校内，通过与学校共同构建课程体系，研究课程标准和考核细则，将企业实践过程转变为以学期为单位，教学目标更加综合、教学管理严谨、相关课程介入的企业学习过程。

（3）多渠道、全方位产教融合实践基地建设。破解以往校企合作面临可用企业资源少，送学生实习常要靠"关系"，仅少数企业重视人才储备，参与合作企业在人才培养方面准备不足等问题，利用校企政联合共建校内、校外、企业、研究院、科技产业园区等多渠道的产教融合实践基地。

（4）建立切实可行的校企合作制度保障。政策与制度的保障是校企合作有序推进的基础。从学校和企业的双层面，寻找着眼于长效合作机制的构建，发掘企业协同育人的利益驱动点，建立组织保障、利益保障、管理保障、制度保障，提高企业产教融合的参与度，实现学校和企业的共赢。

2.具体做法

（1）国家级大学生实践基地的建设。温州大学机械工程专业先后与温州十几家企业联合建立了大学生校外实践基地。除了国家级实践教学基地的"合兴集团有限公司"以及规模实力较强的正泰电气和华仪电气、瑞立集团外，部分合作企业仍然存在规模偏小、员工培训体系的软、硬件建设不完善、对人才储备不太重视等问题，仅能提供一两天的学生企业认知活动，无法满足"卓工"模式下人才培养的创新实践活动。

基地基本情况。"温州大学—合兴集团工程实践教育中心"是机械工程专业与温州合兴集团，在2013年联合申报立项的国家级大学生校外实践教育基地，位于温州市乐清虹桥镇。合兴集团有限公司是一家专业制造汽车电子电器、小型断路器套件和电子连接器的区域集团化企业。集团现有员工3000名左右，其中工程技术人员600余名，厂房面积14万平方米，注册资本1.5亿元，总资产4.5亿元，2015年公司销售额达13亿元，具有完善的企业内部员工培训制度以及面向外部开放学习所需的软、硬件设施，是温州2017年度百强企业之一、中国小型精密模具重点骨干企业、国家二级安全质量标准化企业、浙江省高新技术企业。

建设的主要措施。第一，建立和完善了校企联合培养的组织机构。为了使校企全程合作联合培养卓越工程师能够顺利进行，机械工程专业于2013年9月首先成立了工程人才校企联合培养指导委员会，力求搭建校企合作交流平台，总体指导、协调和管理高校与企业在卓越工程师培养上的全方位、全过程的合作，促进校企双方共同制定教学目标、培养方案和考核标准，开发课程体系和实践项目，指导毕业设计，共同管理实践过程，共同评价学生，形成校企共建、共管、共评的校内外实践教学模式，形成真正的利益共同体（见图1）。

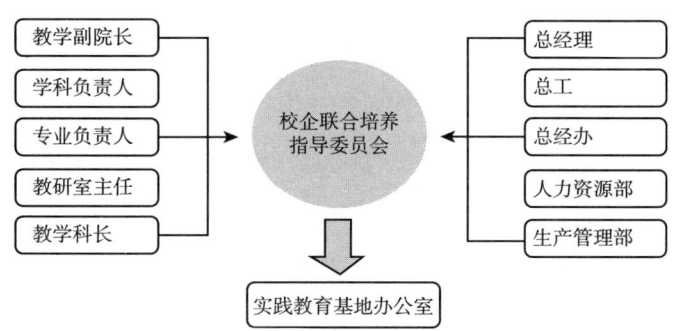

图1　校企联合培养指导委员会组织架构

第二，创新校企合作机制。建立企业与学生双向选择机制。以前学生去哪家企业学习以及实习岗位，均由学校和企业统一安排，学生缺少自主权，导致企业招不到或留不住需要的人才，影响企业今后合作的积极性；而学生对实习企业缺乏认同感，工作态度消极，直接影响企业学习的效果。因此，双向选择机制在兼顾企业和学生双方利益的诉求下，不失为较好的解决方法。设立"企业特派员"制。企业特派员是校企合作的桥梁，企业特派员由在校教师担任，主要负责搭建学院的校企合作平台，每个合作企业设置一名企业特派员。实施准员工制。准员工制是指学生在企业学习阶段的管理模式。学生在企业学习期间，应该以企业管理为主，学校管理为辅。企业人力资源或相关部门依照企业的规章制度，像管理企业员工那样管理学生，并根据学生实习岗位和工作业绩给予相应报酬。对于表现不好的学生，企业有权将其退回学校拒绝其继续实习。

第三，完善企业学习阶段的各项规章制度。完善了校企合作方面的相关制度，以使学院、教师与学生在合理的制度环境下，各施其责、相互配合、努力工作，保证校企合作工作的顺利开展。具体包括：教学管理制度、师资队伍管理制度、学生管理制度、产学研方面制度、建立对外共享开放制度。

第四，实施工程化教学团队建设。围绕专业核心课程群，校企合作构建教学团队。以专业核心课程群为基础构建了机械设计、机械制造、机电控制共三个专业教学团队，团队由校内专任教师和企业兼职教师组成。企业兼职教师的加入使团队能及时了解企业生产现状及发展需求，实时进行教学内容的更新和补充，提升团队的工程应用背景。建立了专职教师到企业挂职锻炼的制度。与区域企业联合，对于没有工程经历的教师，安排他们到企业挂职工作半年至1年，参与企业实际工程项目或研发项目，提高工程实践能力。制定从企业聘请兼职教师的制度。选聘实践经验丰富的高水平工程专家和管理人员到学校任教，承担专业课程部分教学任务，目前在机械工程概论、模具设计、特种加工技术等课程聘请了企业兼职教师。聘请企业的设计部门和生产部门的主要负责人及技术骨干担任学生在企业学习阶段的指导教师，目前已聘请31位企业指导教师。

第五，构建了校内外一体化实践教学体系。在"卓越工程师教育培养计划"通用标准和行业标准基础上，以工程素质培养为核心，工程应用能力培养为主线，以校内实验实训场所、企业环境相结合为途径，以实验、企业实习、项目教学、学科竞赛相融合为手段，实践内容由浅入深，实践覆盖面由窄到宽，构建包括基础实践、专业实践、职业实践和综合实践四个模块层次的校内外一体化实践教学体系（见图2）。

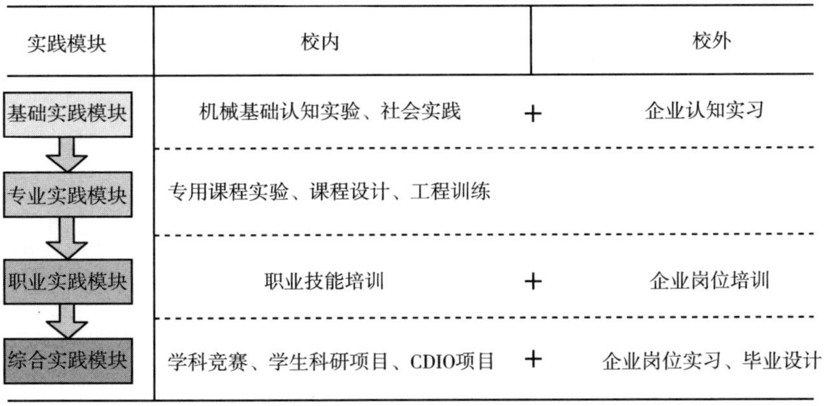

实践模块	校内		校外
基础实践模块	机械基础认知实验、社会实践	＋	企业认知实习
专业实践模块	专用课程实验、课程设计、工程训练		
职业实践模块	职业技能培训	＋	企业岗位培训
综合实践模块	学科竞赛、学生科研项目、CDIO项目	＋	企业岗位实习、毕业设计

图2 机械工程专业实践教学体系

第六，制定四节两段式企业培养计划。将企业培养计划与企业员工培训体系对接。目前大多企业在人力资源管理上都建有一套较为成熟的新员工培训体系，包括入职教育、轮岗培训、定岗培训、技术培训等环节，因此将企业学习阶段的培养计划与企业员工培训体系对接，使理论密切联系实际，有利于调动各方面的办学积极性，充分利用教学资源，实现人才培养与需求紧密结合，使培养计划更具有可操作性。实习多元化。学生的实习不仅仅局限于工程上的技术操作，还会涉及管理行政类、金融数据分析、软件测试等方面的基本操作，从而提高了学生的综合组织、协调、工程管理能力，为学生今后的就业打下良好的基础。制定企业学习成绩的评定办法。对于学生企业实习过程管理及成绩的考核，采用校企共管，学校评价和企业评价相结合，并以企业评价为主（70%）、学校评价（30%）为辅的方法。考核方法为过程评价与结果评价相结合,其中:过程评价主要包括劳动纪律、实习态度、工作能力等;结果评价主要包括实习报告、工作绩效等(见表1)。

表1 企业学习阶段培养计划

企业学习阶段	培养环节		学期	学时	考核形式
	环节	学习内容			
第一阶段	1	认知补习	第2学期	4周	提交实习日记和实习报告
		了解企业概况			
		一线顶岗实习			
第二阶段	2 轮岗实习	市场营销部	第7学期	6周	提交实习周记和实习报告,并由企业指导教师根据学生实习表现、岗位能力给定
		技术研发部			
		生产管理部			
		生产部			
		质检部			
		行政管理部			
	3 定岗实习	深入岗位职责		12周	
		参与企业工作			
	4 毕业设计	拟题、审批与选题	第8学期	12周	开题报告
		开题			中期检查报告
		设计工作			毕业答辩
		中期检查			毕业设计
		毕业答辩			设计成果

第七,促进了校内数字化工厂实习教学系统建设。合兴集团下属的模具技术研发中心和自动化部,专业致力于汽车电器/电子、低频连接器、低压电器等领域零部件生产和精密模具开发,配备了各类国内外一流的专业加工、检测设备450多台,配备了高性能工作站和高档微机400余台。因此依托合兴集团的模具中心、自动化部及其他相关部门,在真实的工程环境中培养学生的专业综合能力、工程实践能力和工程素质。另一方面,从安全角度以及对注塑设备内部结构和工艺参数进行深入学习为目的,借助虚拟仿真技术,按照合兴集团实际

模具生产、设计过程,开发了数字化工厂实习教学系统,将企业认知、员工培训、专业教学等相关环节的内容纳入虚拟实践教学系统,具体包括:企业厂区介绍、员工培训、车间保养维护、零件生产操作流程仿真、产品制造工艺教学、物流平衡、综合考评等功能。通过软件培训,学生可以尽快熟悉工厂的各个厂区和厂区的各个工段;熟悉规章制度和安全生产操作和安全防范的相关知识;熟悉某主要零件的具体生产和操作流程;熟悉车间的保养维护流程。

(2)校内产教融合科技大楼实践教学基地建设。将区域优质企业引入校内,建立校中厂形式的实训基地、使教学过程与生产过程、企业文化氛围直接对接。以真实的职业环境为蓝本,真实的生产任务为纽带,来建设集"教、学、做、研"为一体的校内生产性实训基地,实现"实践教学生产化"和"实训基地企业化"的目标,有利于推进学校与企业在人才培养、专业建设、师资队伍建设、订单式培养与产品开发等方面的全面合作,更有利于形成校企按需组合,相互支持,"双赢"发展。

校内产教融合建设是依托国家发改委投资近亿元建设的科技大楼作为各学科进行产教融合的综合载体。通过引入企业将产业新的技术和工艺带到学校,使企业与高校近距离进行产学研合作,共同参与实际教学和各项人才培养过程,同时有利于增强企业研发实力,通过校内平台向社会展示企业自身,提高社会影响力。平台的硬件环境是由学校和企业双方按比例共同出资,以便相互约束。企业方负责按照实际营运模式,购买设备(所有权归企业),构建生产环境。学校和政府从优秀毕业人才优先推荐和减免税收、管理费、水电费等方面给予企业优惠。

机械工程专业凭借专业优势,已经从学校顺利获得了科技大楼两个层面,近2000多平方米的建设使用权。同时专业按照当前智能制造、机器人技术的发展方向,启动了智能制造自动化生产线、机器人视觉实验室等系列项目的一期建设。另一方面,存在的一些建设难点包括如何遴选优质企业入驻科技大楼,外省优秀企业虽然有强烈意愿共建校内产教融合,但不愿意进行设备资金投入,而目前地方政府的政策无法惠及外省注册公司,以税收代替设备投入的优惠政策。本地企业(包括合兴集团)虽然有兴趣,但更多关心如何通过校内的产教融合,直接解决企业面临的研发问题,对于校内整体建设处于观望状态。其次难点在于后期双方责任和义务的划分、学校教学进度与企业生产矛盾的调节以及合作企业发生更迭时的处理等。

（3）校外浙南科技城海创园产教融合项目前期建设。

浙南科技城海创园。2017年6月，由温州市政府主导的首个浙江省级"千人计划"产业园在温州浙南科技城落户，为聚集优质人才项目、发展新型产业创造更好的条件，全力打造一个以人才驱动引领创新发展的"温州硅谷"。温州大学机电工程学院审时度势，集中全院师资、科研设备于浙南科技城海创园设立了温州大学激光与光电智能制造研究院。

激光与光电智能制造研究院。研究院具有事业单位性质、自收自支的独立法人机构。具有灵活的运行管理与基础保障，采用理事会与技术委员会联合管理下的院长负责制。应用研究方向明确，涉及工艺方向的激光先进制造技术、装备方向的制造系统与智能成套装备、可靠性方向的装备状态监测与可靠性技术。为此首批从机电学院引进了8个创新创业，其中机械工程专业包含了激光制造、机器人技术、故障诊断等团队。同时分别从俄罗斯、美国、日本引入高层次人才（见图3）。

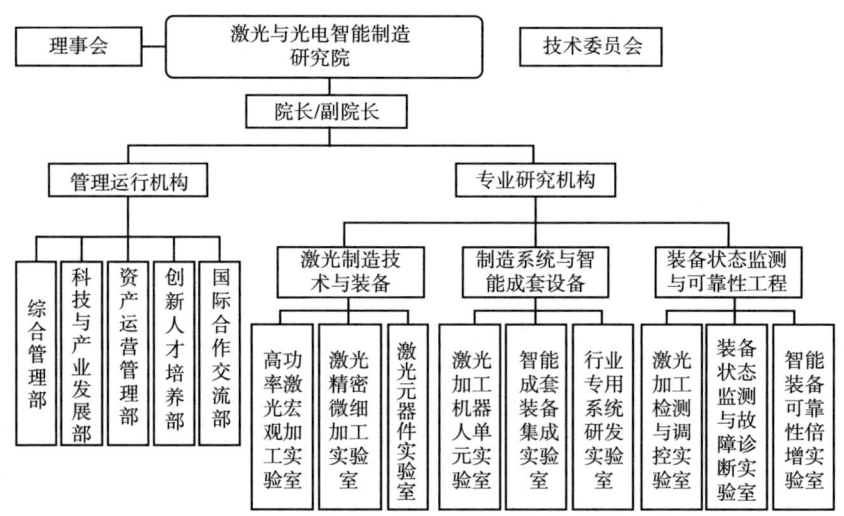

图3　激光与光电智能制造研究院

产学研融合项目建设。依托激光与光电智能制造研究院的创新团队、海外高层次人才，以及海创园的硬件条件，积极开展与高新企业的合作，筹建产学研用一体化成果转换平台以及国家级产学研用的师范基地，开展创业孵化与地方服务项目，其中与平阳三星机电有限公司合作，由市财政拨付50万元、自筹900万元的首期市级重大专项《机器人与视觉系统的机械制造行业智能生产线开发与应用》项目已经落地研究院。通过产学研平台的建设，将机械工程专业的教师科研转移到研究院与企业直接合作，提高科研能力，从而为反馈教学提供了很好的途径。目前，机械工程专业的研究生已经全部转到研究院的创新团队，直接与海创园的企业对接进行产教融合。未来随着研究院与企业合作规模的扩大，产学研基地的更加完善，将会有更多的本科学生从中收益。

三、突出成效

1. 教学成果丰硕

《面向中小企业的地方本科高校应用型人才培养探索与实践》获国家级教学成果一等奖。

《地方高校卓越计划企业学习阶段的运行机制探索与实践》获省教改立项。

《基于产品制造过程的工程训练创新能力培养改革与研究》获省教改立项。

《机械类专业大学生创新创业教育实践途径研究与探索》获校重点教改立项。

2. 企业工程推动专业育人深度融合

将企业工程案例引入课堂教学：在塑料模具设计、特种加工技术、模具CAD/CAE、机器人技术等专业课程中引入企业实际工程案例，将理论与实践相结合。实施现场教学：在塑料模具设计、特种加工技术等课程教学过程中，将理论教学课堂搬到企业，在生产实际中强化知识的工程应用背景。专业毕业设计全过程在基地完成。毕业设计选题全部来自企业工程实际，毕业设计的开题、中期检查汇报、毕业答辩均安排在企业完成；毕业设计的成绩评定，由校内外指导教师共同评定。校企合作强化了学生的技能训练，并将企业文化与理念传输给教师和学生，技能人才的综合素养明显提升，与企业需求的契合度不断增高。

3. 教师教学水平得到切实提高

教师通过承担教学改革项目、承担教学技能竞赛、建设课程资源、改革教学方法与考核方式、撰写教研教改论文等，切实提高了专业知识和技能，创新实践能力和探究学习能力也得到提高，对企业的技术要求和素养需求更为熟悉。相应的，他们的教学针对性更强，教学水平也就得到了提升。

四、总结与思考

温州大学机电学院2014年建立全英文授课的机械工程国际化专业，采取国内生和留学生混合授课方式，2016年在国际化产学融合方面，温州大学设立了中国高校首家意大利分校"温州大学意大利分校"，并借此打造一条"教育集团+基础教育+高等教育"的教育链。另外，吉布提教育机构将每年推荐50名本国优秀留学生在温州大学学习机械工程等课程。因此，以此作为契机，温州大学机械工程专业在未来的产教融合的发展建设中，必然要考虑国际化因素，致力于培养学生的国际化视野，拓展留学生教育，开辟海外产教融合基地。未来的机械工程专业将不拘一格，构建校内外、国内外、校企政院的多渠道、全方位的产教融合模式。

面向未来，产教融合的有效进展，不能只靠本专业或者学校以一己之力来实现，必须要与区域产业发展和企业需求紧密结合，充分了解企业生产经营、规模、技术瓶颈，有利于企业转型、升级，有利于企业利益诉求，才能调动企业主动介入本科人才培养的积极性。同时，必须依靠国家和地方政府的政策支持和法规、制度的深层次保证，从宏观上建立产教融合的软、硬件环境，才能从根本上深化产教融合。应当针对不同类型的企业、不同的合作模式，制定灵活的制度保障，必须在顾全学校、企业和学生三方利益的基础上建立长效运行机制，才能促进校企合作健康、可持续发展。在校企合作中，学校应该立足区域经济的特点和企业、市场的需求，积极发挥学科、学院、研究院、企业、产业园等的作用，对专业规划、课程设置等方面进行调整，真正做到人才培养与区域产业、与企业市场的无缝对接（见图4）。

上篇 深化产教融合——向"平台+"演化

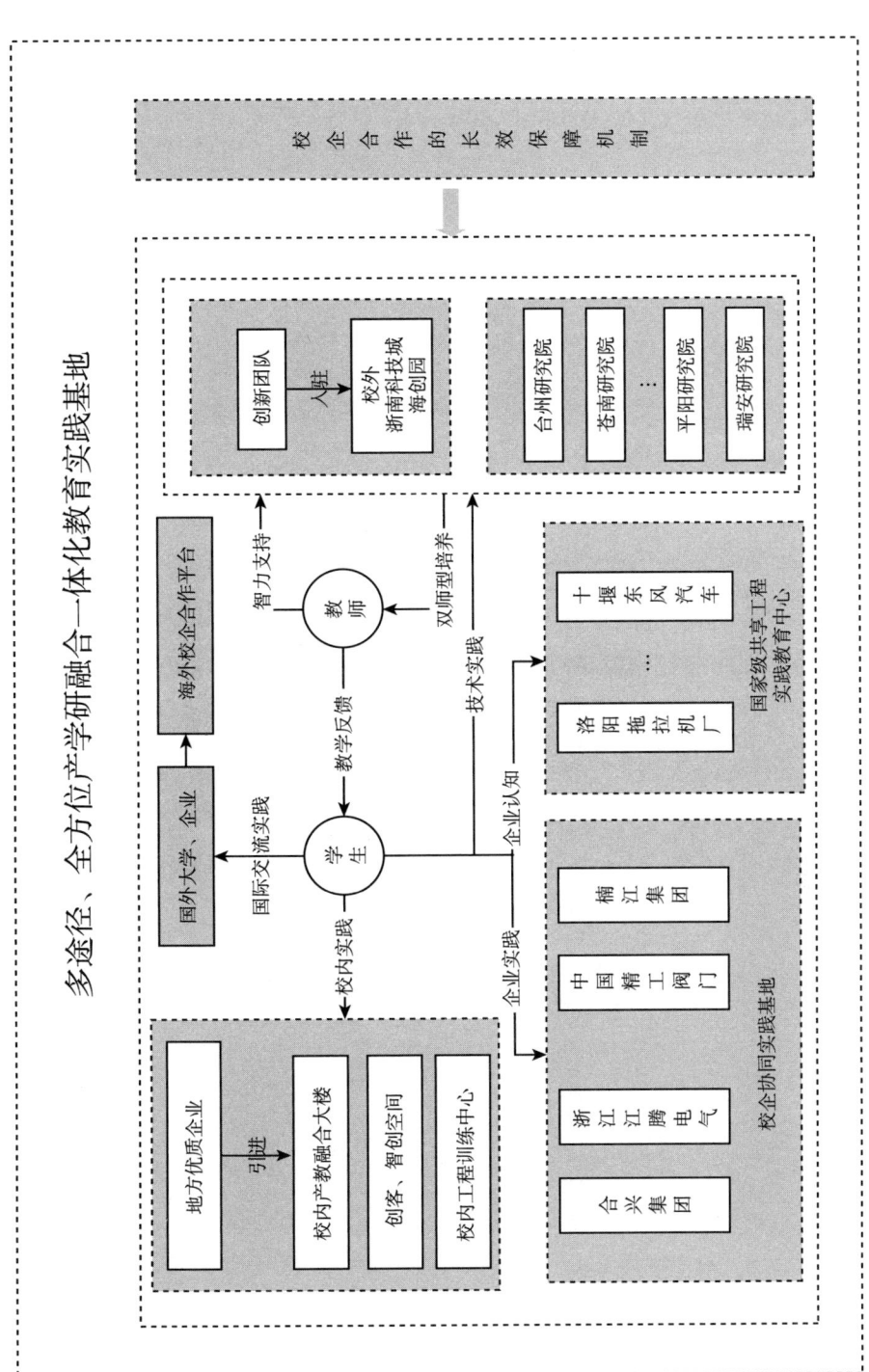

图 4 多途径、全方位产学研深度融合的一体化实践体系建设方案

下篇

产教融合 2.0
——向"大平台+"迈进

◆ **主题一　大平台导航**

陈锋：坚持以"大平台+"战略推动产教融合指数级发展

习近平总书记在全国教育大会上指出，要提升教育服务经济社会发展能力，调整优化高校区域布局、学科结构、专业设置，建立健全学科专业动态调整机制，加快一流大学和一流学科建设，推进产学研协同创新，积极投身实施创新驱动发展战略，着重培养创新型、复合型、应用型人才。

教育部学校规划建设发展中心积极服务国家创新驱动发展战略，先行先试，在持续的理论创新与落地实践中不断完善产教融合业务架构，做优做强产教融合业务集群，以深化产教融合、校企合作，提升教育服务经济社会发展能力为目标，积极参与实施国家"十三五"产教融合发展工程，深化实施产教融合系列工程项目，大力推进"智慧学习工场"创新实验，在实践中概括理论、集成经验，将大会精神升华到教育规律层面，转化为中心事业发展的强大动力。

三年来，教育部学校规划建设发展中心首先开局的产教融合业务取得迅猛发展，和合作伙伴一起共同创造的模式和经验为国务院办公厅发布《关于深化产教融合的若干意见》提供了坚实的实践支撑，为产教融合创新发展开辟了宽广道路，为高等教育和职业教育的改革创新不断地提供新经验，为国家急需的战略产业领域培养了大批新型人才。

在现有基础上，推动产教融合深化发展和加速增长，朝着创建新型创新生态系统的既定目标前进，需要我们继续创新思路，推动"大平台+"战略向纵深发展。

深化对"大平台+"战略的认识

在产教融合、科教融合不断深化和新科技革命影响快速渗透的背景下，中心产教融合项目的核心竞争力越来越体现在虚实相融的集成化大平台建设上，这已经成为下一步发展的关键性战略问题。要紧紧抓住当前发展趋势，瞄准产业链、创新链目标，这之中开放化、集成化是关键，数字化、智能化是基础。

实体平台的建设：

一是以基地项目为基础，推动领先企业、项目学校和地方政府、本地行业企业、其他院校、科研机构、园区和社区共同建设开放化、集成化的创新平台，并在此基础上，积极推动相关项目连接整合，建设以智慧学习工场为核心特征的超级平台。

二是在基地创新平台联结整合的基础之上，构建由行业领先企业、产业链相关企业、行业部委、高层次科研机构、国际合作伙伴等共同参与建设的行业领先的创新生态系统。

虚拟平台的建设：

主要通过互联网、云平台、人工智能、大数据、区块链等技术建设数字化、集成化全要素场景和开放化、互动化平台。虚拟平台既依托实体平台、连接实体平台、服务实体平台、发展实体平台、创新实体平台，又要突破实体平台在时空维度上的约束，在整个知识信息网络中更充分聚集资源，为更广泛的服务领域赋能。

"大平台+"就是通过大平台战略实现赋能维度、能力与能量的跃升。

加快建设数字化、智能化的核心引擎

数字化、智能化是整个社会经济和教育事业的发展趋势，也是企业、学校和科研机构的发展趋势。数字化和智能化不仅是大平台的基础设施和核心竞争力，也是大平台创新发展的新动能，更是学校形态变革的重要标志之一。

要通过产教融合基地平台和智慧学习工场的数字化和智能化引擎引领、推动整个学校的大平台创新发展的新动能、新趋势。数字化和智能化不仅构成了大站台数字化、智能化核心引擎建设,进而引领学校功能结构、组成结构的深刻变革。

要将大平台的虚拟平台按照整个系统的数字化、智能化引擎的要求来进行规划,以此为核心推动整个产教融合平台加快突破要素资源和物理边界的约束,加快向创新生态系统演化,为基地平台和学校的数字化、智能化引擎建设赋能。

数字化、智能化的核心引擎是智慧学习工场的本质特征,智慧学习工场实验要牢牢抓住引擎开发这一核心,通过各个层面的引擎协同工作和功能叠加,推动智慧学习工场加速发展。

在引擎建设的过程中,必须高度重视大数据这一未来教育的核心资源,完善数据获得、汇集、整合、分析、应用、分发的机制,开展算法研究的合作、协同。

以开放精神汇聚资源,构建全新的强大供应链体系

大平台发展的核心机制是开放。

平台牵头公司要加快建立开放机制,以完善创新链为目标,以虚拟平台为核心载体,推动科研机构、行业、企业和专家学者加入平台建设,推动天使基金、风险投资基金和产业投资基金加入平台建设,推动各层次的高等学校、职业院校、培训机构、企业大学和境外教育机构加入平台建设。

基地学校要在大平台的支持之下,强化行业和本地化连接,推动行业内或区域内的政府部门、产业园区、科研机构、中小企业和社区加入平台建设;支持工程师、教师、学生和其他人员以各种团队组合开展创新创业。

要在每一个层面以开放精神冲破传统教育封闭自足的供应体系,支持专业化的机构和团队为大平台建设提供知识、信息、数据、课程、教师、技术、产品和服务,建设开放多元竞争合作的供应链体系。

坚持共建共享发展模式,完善创造价值、分享价值机制

共建共享是大平台发展的基本模式和基础性的价值机制。

衡量大平台发展的成败和价值,在于是否能够通过平台建设形成创新发展

的强大动能，从而为经济社会、学习者和所有参与方创造更大的价值。平台的建设者，无论是企业、学校和个人，都不是简单的交换、交易关系，而是通过互补、合作、协同、融汇、整合、进化以及创业等方式，加快知识、信息、数据的流通，加快文化、知识和技能的积累，提高生产和服务的能力。只有充分发挥所有的平台建设者、参与者的积极性和创造性，大平台才能形成自我演化的机制，才能加快向创新生态系统的发展。

平台建设的牵头企业、基地高校应当不断探索以知识产权和人力资源服务为核心的共建、共享、合作、协同、定价、交易和创业机制，加快推动协同育人、协同创新、协同开发、协同服务的平台建设，不断引领大平台的结构性变革。

以"大平台+"加快拓展服务领域和范围，持续创新经营模式

"大平台+"的赋能模式，是打破原有的发展边界和维度，进入更加广阔的发展天地，形成能量更加聚焦、形式更加多样、主体更加多元、演化更加迅捷的"大平台+"服务和经营模式。

要通过"大平台+"拓展基地学校，以大平台的资源为基地学校赋能；

通过虚拟平台加快突破原有平台疆界，促进多样化用户规模快速增长，强化快速度、数字化、灵活性和多样化的赋能形式；

通过大平台形成专业化服务能力，使每一条专业化服务线成为相对独立的产品和解决方案，向有多样化需求的学校、其他教育机构、企业、社区和个体赋能；

通过大平台资源向端口聚焦的优势，形成开展大型科技创新项目、大型工程项目、行业整体解决方案、产业园区、特色小镇服务的能力；

通过完善大平台本身的服务链，进一步贯通人才培养、继续教育、创新转化、创业孵化、就业服务等整个体系。

"大平台+"意味着要有新的战略思维，在下一阶段发展中推动主体的主动能、结构演化动能、维度跃迁动能、创新驱动动能形成动力协同，形成累积性增长、平台化扩张、DNA式复制、高维度突破叠加的增长模式。牵头企业应当持续创新经营战略、经营思路、经营模式，提升思维境界和管理能力。

推动学校建立基于大平台发展模式,破解跨越式发展瓶颈约束

学校开展产教融合,核心目标定位不是通过几个校企合作项目解决技术、师资、课程、科研能力的不足,也不能简单停留在通过产教融合机制引领人才培养模式改革。对学校而言,根本的战略意义在于以加入国家级的产教融合平台作为全新的平台、全新的起点,更快地摆脱学校所处的地域、环境、层次对学校发展需要的信息、资源、人才和项目的约束,加快缩短知识、技术、经验积累的路径。

基于大平台的发展模式,要求学校有更加广阔的发展视野,更加灵活的发展机制,具备开放众筹、共建共享的积极性和主动性,学会利用和经营大平台的资源,探索吸引平台资源向本地化端口聚集的机制,推动"大平台+"人才培养、"大平台+"科学研究、"大平台+"社会服务、"大平台+"创新创业、"大平台+"智库等发展形态。

先期加入平台的学校应当充分发挥共建共享的先发优势,强化对平台建设的贡献力和平台资源的利用率,后期加入平台的学校要从一开始就树立"大平台+"的发展理念实现后来居上。

中心自产教融合工作启动以来,正是由于坚持持续创新才有持续发展。但各个平台的发展仍然存在不平衡的现象,这里有战略设计问题,有团队执行问题,有开放协同问题。

中心承担着国家产教融合创新实验的重大使命,各个产教融合平台要有国家队的目标、责任,要有创新开拓的担当、勇气,要有开放协同的气度、胸怀。特别是中心正着力推动智慧学习工场实验,是实现产教融合更大的应用场景和教育供应链体系的革命性变革,更需要所有团队向着未来的目标团结奋斗。

让我们在习近平新时代中国特色社会主义思想的指引下,以我们的创新实践,为实现中华民族伟大复兴的中国梦做出我们应有的贡献。

声音！产教融合"大平台+"怎么建

2017年12月19日，国务院办公厅发布《关于深化产教融合的若干意见》（国办发〔2017〕95号，以下简称《意见》）。《意见》已走过一周年，产教融合的果实结满枝头。

教育部学校规划建设发展中心积极贯彻落实《意见》精神，创新设计并推出一系列产教融合项目，举办第五届产教融合发展战略国际论坛、2018国际产学研用合作会议、2018产教融合平台建设经验交流会等，为产教融合搭建平台、创新机制，不断推动产教融合快速升级，迈向第二阶段。

在2018产教融合平台建设经验交流会（以下简称枣庄会议）上，教育部学校规划建设发展中心主任陈锋，倡议社会相关各界携手共同推动产教融合的创新，担负起服务国家创新驱动发展战略的使命，推动教育形态和学校形态变革，吹响了向"大平台+"进发的号角。

对话与共话：产教融合"大平台+"这么建

在枣庄会议上，与会代表、专家学者、产教融合项目合作方围绕产教融合和"大平台+"核心内涵，从技术趋势、底层架构、制度和机制再设计等方面展开精彩对话；随即，各产教融合项目合作企业负责人齐聚教育部学校规划建设发展中心，围绕实训基地建设组合投融资支持政策落地方案及各项目向"大平台+"深化演化工作展开研讨（见图1）。

教育部学校规划建设发展中心首席专家牟延林："推进产教融合大平台建设，企业方提供的教学产品要有很好的资质水平，能提供好的教学质量；利益分配机制要设计好，并配套相关的评价办法；要持续思考怎样服务产教融合的大趋势，以学生为本，质量为先，建立科学的管理体系，才能使产教融合走得稳，走得远。"

图 1　产教融合平台建设经验交流会

安徽省教育厅高教处党支部副书记徐海洋：安徽充分发挥本科高校联盟平台作用，积极推进校际间的协同创新，坚持地方型应用型国际化办学定位，围绕学生实践和创新能力，构建应用型人才培养体系。

美国大数据专家、Orange Bigdata Partners CEO 魏广平："中国在应用场景创新方面非常快。从技术角度来说，智能化平台要靠数据，数据的核心价值是趋势分析。一切都是数据，数据一定会走到人工智能。"

华盛顿国际科学与技术学院院长余文华："数字化让我们的教育突破教室、校园、国界的空间限制，帮我们实现排课工作的国际化，把美国、德国、法国的老师排进去。数字技术让知识变现更加方便。"

北京华晟经世信息技术有限公司董事长张勇：我们在新一代信息技术"智慧学习工场（2020）"，探索了新学习生态模式。学生能够一站式完成所有与学习相关的事情，涵盖讲课视频、作业、在线考试、答疑等。老师可随时随地了解每位学生的学习情况，同时还可以使用全国共享的视频、考题资源。

北京金蓝无忧国际教育技术有限公司董事长郭雅琴：建设项目基地、呈现可视化空间能更好带动全校进行教育变革，发挥规模效益，更好地推广"大平台"的概念。如美国有"创客空间"，在空间内人们共享设备，同时配备课程体系、训练体系等。希望能够把这样的创新理念推广到学校。

凤凰数字媒体产业教育集团董事长王阳：实训基地建设，是产教融合落地的切口。产教融合的重要目的是培养技术技能型人才。我们正在跟高校合作，提升学校人才培养的效率，提升教育对人才培养的增值服务。

圆通科技股份有限公司董事长王民权：未来可以加强不同项目间的合作，引领多方资源，发挥"大舰战略"。例如将不同产教融合项目培养出来的高素质、高复合、技能型人才，通过"会工作网"直接对接到用人单位或者产业园区。

东方宇新（北京）国际教育科技有限公司总裁黄向奎：企业需要在院校和国家政策、产业动态之间架好桥梁。我们首先在项目上建立一个决策发展建设和学术的委员会，推动项目间的平台化链接；每年为中方院校提供三个月的海外培训；建立第三方监测平台，在学生的留学、升学、就业、实习及课程的满意度进行监控。

汉唐教育集团董事长张晓彬：实训基地建设是产教融合的关键环节。下一步，我们要探索金融工具赋能产业发展，助推产教融合，依托金融大数据和区块链技术的应用，构建一个供应链金融平台，以此服务实体经济。

安世亚太科技股份有限公司董事长张国明：智能制造这个产业比较新，目前在中国还没有一个完整的学科体系来支撑。产教融合就是促进这类新兴产业快速发展的科学路径，也是促进区域产业人口长期均衡协调发展的关键一步。

曙光睿翼教育合作中心总经理张晋容：我们正在尝试在平台上实现学科交叉和产业交叉。目前围绕大数据和人工智能展开的数据工作反映工程成功演化成"大平台+"，重点在于资金支撑，要讲求风险分散，应用现代技术形成有效的风控机制，构造从微观到宏观结合的结构化产品。

达内时代科技集团校企合作中心总经理高玮：达内一直致力于打造以课程为核心，以实施为保障的校企协同体系。在实施过程中，实训基地建设是关键的一环。未来达内将与中心一道，发挥积极参与探索利用金融政策，撬动实训基地建设、推动产教融合深化发展的创新模式。

华渔教育科技有限公司运营管理中心王云峰：华渔VR世界实验室项目目前

已经开发的 IM 的沟通交流统一门户，以及资源的发布、资源的制作平台，其实相当于大平台的一个模块，已经通过验收了。未来公司内部将进一步加强协调沟通，与中心层面的产教融合平台去做一个对接和优化。

教育部学校规划建设发展中心相关负责人表示，数字化为开放共享提供了技术支撑，制度创新是推动平台建设的底层架构。在产教融合、科教融合不断深化和新科技革命影响快速渗透的背景下，中心产教融合项目的核心竞争力越来越体现在虚实相融的集成化大平台建设上，这已经成为下一步发展的关键性战略问题。

平台的架构，就是一个虚实双平台的建设，实体平台以产教融合项目为基础，并在此基础上构建由行业领先企业、地方政府、科研院校、社会组织等共同参与建设的创新生态系统；虚拟平台通过互联网、人工智能、大数据、区块链等技术，建设数字化、集成化全要素场景和开放化、互动化平台。虚拟平台既依托实体平台、链接实体平台、服务实体平台、发展实体平台、创新实体平台，又要突破实体平台在时空维度上的约束，在整个知识信息网络中更充分聚集资源。通过虚实平台的相生、相融、相胜，为更广泛的服务领域赋能。

大家共同表示愿意把大平台的巨大能量聚集起来，释放给每一个学习者，释放给每一位老师，释放给每一个学校，赋能学校跨越式发展，赋能经济社会发展，打造创新驱动新动能，真正实现大平台建设的初衷。

中心擘画"大平台+"演化图

教育工作者不能停止对未来的思考，如果教育工作者停止了对未来的思考，就很难把握教育变革的方向。

我们正处于教育形态深刻变革的"前夜"。未来教育变革立足何处？如何实现？有哪些有效途径？教育部学校规划建设发展中心"绘"出了如下一张翔实的图。

未来教育变革的三个立足点

1.立足点一：探索教育在创新驱动发展的时代中如何发展

产教融合本质上是通过新的机制，为国家的创新驱动战略带来创新动力。创新动能教育变革不仅停留在技术层面上的教学、课堂或者管理模式变化，它的出发点是学校如何适应和引领新时代，这也是产教融合的基本立足点。

2.立足点二：以新技术变革传统教育形态

人工智能、大数据、区块链等新技术不是服务于当前教育方式的，它们的发展意味着对现有教育体系的颠覆。学校形态不是固有的，课堂教学绝不是未来教育的形态。探索未来教育，就是要思考新的技术革命如何颠覆现有教育体系和方式的过程。

3.立足点三：持续追问教育、学习和创新的本质

我们要从人类历史发展的角度，思考学习的本质是什么，教育的本质是什么，创新的本质是什么。还要从理论上去思考学习、创新和教育的模式。未来教育形态的变革，是基于人工智能、大数据和区块链的时代发展趋势的。转型发展、产教融合、科教融合、研究生教育的改革和智慧学习工场的建设，都只

是在不同的层面去实现这种新型的制度而已。只有不断对本质进行追问和深刻的思考，我们才能始终沿着正确的道路前进。

产教融合的四种典型实践

一是搭建平台——教育部学校规划建设发展中心积极搭建产教融合平台，最新搭建的产教融合平台是2018年12月成立的中医药产教融合促进委员会，由国家中医药项目和全国排在前列的中医药企业构成。事实上，中医药自身的发展逻辑就是产教融合。我们的任务是搭建一个平台，帮助中医药在产教融合框架下找到发展路径。

二是产教融合项目——我们围绕国家战略性新兴产业，针对学校发展痛点，联合科技领先企业和第三方服务组织，创新设计并推出了一批产教融合项目，帮助学校转型发展。经过两到三年的发展，已经探索了很多成功的经验。

三是智慧学习工场——比如新一代信息技术智慧学习工场、先进设计与增材制造智慧学习工场，它既是产教融合的2.0，但又不仅仅是产教融合2.0。可以将它定义为未来高等学校的基本单元，将会呈现出更多样态。

四是新型大学——在现有智慧学习工场初级实践的基础上，我们准备再往前走一步，设计以智慧学习工场理念和模式为指导的新型大学，并在这些大学的创建中应用5G、人工智能、区块链和大数据等新技术。

产教融合路线图上分布着这四个不同阶段。学校在现有的基础上向智慧学习工场发展，需要一个中间的桥梁和支撑点，这就是我们要构建的产教融合"大平台+"。

"大平台+"的战略思维，既是产教融合项目的自然延伸，又是构建智慧学习工场的关键支撑。

构建"大平台+"的六个方面

1. 深化对"大平台+"战略的认识

真正的产教融合要在融于技术进步的基础上打造创新动能，为学习者、为社会创造价值。集成化是平台建设的关键，集成化过程中的灵魂是智能化。

形态变化最核心的东西是数字化工程，而不是构建一个新型的大学校园。平台架构是一个虚实相融的平台化结构建设。通过虚实相融实现教育从低维向高维的跃迁，才是真正的革命性变化。

实体平台以基地项目为基础，推动领先企业、项目学校、地方政府、行业企业、其他院校、科研机构、园区和社区共同建设开放性和集成化的创新平台，并在此基础上积极推动相关项目连接整合，建设智慧学习工场的核心。学校和企业基于现有的项目，能够实现更广泛连接，让更多本地化资源聚合到这个平台。

每个平台都是为了当地区域经济发展而发展的，必然会面临服务能力不足的问题。我们通过虚拟平台来解决这个问题，把创新服务能力聚焦于端口，调集整个平台的资源。虚拟平台变强意味着发展实体平台也将很容易。

2. 加快建设数字化、智能化的核心引擎

数字化和智能化引擎的建设，对建设产学研平台、对学校及整个教育，乃至于整个城市的发展，都具有非常重要的意义。

学校建设数字化和智能化的核心引擎要分四步。第一步，形成产业集群的数字化和智能化体系，为产业集群、学科专业集群发展赋能。第二步，发展出每个项目院校的数字化和智能化的平台，实现校际连接。第三步，把数字化和智能化平台建设作为推动当地教育变革的中心，变成区域基础教育和职业教育创新发展的驱动器，把数字化和智能化的核心引擎扩展到整个区域的教育。第四步，成为城市数字化和智能化的重要动力源。在数字化和智能化平台的建设中，有三个对教育非常重要的领域：一是人工智能，二是区块链，三是大数据。

3. 以开放精神汇聚资源，构建强大的供应链体系

开放的集成化平台要用开放的精神来汇聚资源，不断补充和优化创新链。学校要在本地区汇聚本地资源。传统教育没有供应链，在机制上决定了教育的落后。我们要进行技术革命，建立开放的供应链。通过产教融合平台、企业家平台向本地化开放，带动本地中小企业和科研机构进来，构成开放供应链。通过虚拟平台实现更大范围的资源聚集与衔接。

4. 坚持共建共享发展模式，完善价值创造分享机制

建设汇聚资源的大平台，机制是什么？就是价值的共建共享。企业要成为强大的供应方，提供好的产品、服务、课程、教师和技术；学校要在产教融合过程中，为企业创造价值，为区域的经济社会发展创造价值。我们的目标是让更多的学校、企业和教育机构加入进来，建立价值的分享机制。同步地还要推进既有学校和新建学校的结构功能和空间规划的重大改革，推动智慧学习工场里的重要概念——共享核先行实施。

5. 以"大平台+"加快拓展服务领域和范围，持续创新经营模式

我们通过大平台，为学校发展赋能，实现大平台资源向端口聚焦。打造专业化平台是一个集成化过程。大平台要贯通整个服务链体系，提供智库建设、人才培养、技术交流等各种服务。校企合作的关键在于学校能够为企业创造什么价值，这取决于校方的创新能力。学校一方面通过产教融合汲取发展资源，加快发展速度；另一方面要站在比区域行业更高的台阶上，赋能企业和行业。

6. 以大平台赋能学校，破解跨越式发展的瓶颈

对学校而言，开展产教融合的根本战略意义在于以加入国家级的产教融合平台作为全新起点，更快地摆脱学校所处的地域、环境、层次对学校发展需要的信息、资源、人才和项目的约束，加快缩短知识、技术、经验积累的路径。

基于大平台的发展模式，学校要探索吸引平台资源向本地化端口聚集的机制，推动"大平台+人才培养""大平台+科学研究""大平台+社会服务""大平台+创新创业""大平台+智库"等加快发展。

为推动"大平台+"建设，推动产教融合发展，教育部学校规划建设发展中心希望和大家一起做六个方面的努力：

一是中心、学校和企业等各合作方共同完善每一个平台的设计，进一步汇聚平台资源；

二是从学科专业集群的数字化、智能化建设出发，逐步推进覆盖整个学校乃至区域的数字化、智能化平台建设；

三是促进不同类型的合作企业互相融合，共同努力，协同发展，实现高质量、高水平的创新；

四是共同完善"大平台+"战略的共建共享体系，形成新的发展机制和创新动力；

五是汇合企业和院校的力量，共建区域数字创新中心，一手为学校服务，一手为企业和社区服务；

六是发挥教育在"一带一路"建设中的作用，并逐步引导建设更具创新性、更富有规模价值的智慧学习工场。

最终，通过产教融合的创新，担负起服务国家创新驱动发展战略的使命，推动教育形态和学校形态变革，满足人民群众对更加美好生活的需要。

"大平台+"精装施工图来了

习近平总书记在庆祝改革开放40周年大会上的讲话指出,改革开放是党和人民大踏步赶上时代的重要法宝。只有顺应历史潮流,积极应变,主动求变,才能与时代同行。

教育部学校规划建设发展中心积极服务国家创新驱动发展战略,致力于打造产教融合国家级平台。

三年来,中心和合作伙伴一起共同创造的模式和经验,为国务院办公厅发布《关于深化产教融合的若干意见》提供了坚实实践支撑,为国家急需的战略产业领域培养了大批新型人才。

我们需要继续创新思路。教育部学校规划建设发展中心擘画了"大平台+"演化图,细绘了"大平台+"精装施工图,宏大设计正在微观精彩展现。

"大平台+"建设的三个重点

(1)数字化、智能化平台——首先要建设具有基础性、连接性、开放性、延展性的数字化智能化平台。分阶段加强平台建设。

第一阶段建设重点是网络平台,主要实现以下功能:

第一,网络学习功能。要借助网络平台服务全校各专业学生通识课学习,进而提供面向社会的全民培训课程与服务。

第二,业务协同功能。要形成企业工作人员、教师、学生等主体基于网络平台开展教学、研究、开发业务的协同机制与模式。

第三,学习者社区功能。通过学习者之间的联系、交流、互动、协同等活动,完成课程开发、项目开发等非正式任务。

第二阶段的数字化、智能化平台建设需要重点加强以下建设：

第一，感知系统建设。通过物联网技术构建智能传感系统，采集教育教学的过程数据，整合建设教育大数据的输出系统。

第二，人工智能驱动。要逐步向人工智能方向演化发展。

第三，数字化学习。构建基于产业特征的数字化全要素的学习体系，实现集成化学习场景与数字化系统的无缝衔接。

第四，区块链技术。利用区块链技术重构学分体系，定义学习成果、速度、态度等关键价值，实现人力资本的再定价。

（2）生态系统平台——生态平台建设关键是要构建共建共享的利益协同机制。

一方面要构建全国产教融合的核心供应链大平台，加强顶层的制度设计，吸引汇聚优质企业资源；

另一方面要依托地方合作院校基地平台连接当地产学研用，吸引企业资源，实现小平台互联互通，做好同国家产教融合大供应链平台的协同互动。

（3）集成化基础平台——要按照大舰战略要求和智慧学习工场要求，以推动深化产教融合为目标，加强实训基地等集成化基础平台建设，促进基础平台不断迭代升级。要创新基础平台的空间形态、流程和机制，构建集成化、灵活、功能有机组合的基础平台，逐步提升基础平台的规模和功能。

推动"大平台+"的两个维度

（1）以共享核为核心引擎，推动学校结构性变革。共享核实际上是高等学校的一个核心平台、核心引擎，是学校往平台走的一个变革。

共享核的形态功能包括以下要素：

一是数字化平台，推动学校数字化转型。

二是综合性学习场所，改变学习方式。

三是企业家学院，促进教育提升中小企业管理者创新和综合能力。

四是学术交互中心，提升科研创新能力。

五是双创引擎，重塑学校创新创业流程。

（2）构建综合性的数字科技中心服务区域创新发展。要组团式服务一个区域，形成一个综合性的一个数字科技创新。一方面面向区域内的学校，甚至包括中小学，服务教育教学需求；另一方面面向当地的中小企业和社区、政府，服务经济社会发展和企业转型升级。

基于"大平台+"战略的平台管理

为了更好地服务、响应"大平台+"战略，要将基础管理和质量建设摆在更加重要的位置。

要着力提升人才培养质量。一方面，要以"新"为思路理念，依托平台持续导入最新行业发展需求，最新国家政策体系，最新国际发展案例，始终发挥大平台的优势，引领学校地方发展，形成将最新信息转化为课程、培训、研究的制度体系。另一方面，要以"实"为基础方法，优化基础管理、流程设计和一线队伍建设。要坚持"严实细清"的队伍建设标准，严格要求，细致研究学习与管理制度，增强关键节点事件的实效。

要着力提升项目的研究质量。一方面企业要组建自身研究队伍，加强自身对政策、行业的研究水平；另一方面要发挥学校教师、学生力量共同研究，发挥企业对产业熟悉的优势。

要着力打造教育创新供应链。要将平台汇聚的机构、专家作为供应链体系的一部分，打造强大的课程、科研等供应链体系，不断输出产教融合资源要素，努力增强平台的经济效应和社会效应，持续创造价值。

要充分依托平台拓展区域社会需求。要拓展社会服务网络，创造学校服务社会经济发展的机会，让教师、学生在社会服务中锻炼解决实际问题的能力，不断提升项目的质量。

"大平台+"战略的推进策略

一是要开展思想观念变革。要打破原有思维边界和思维限制，充分提高平台的连接性，通过提升平台拓展性，在更大的范围内把各方面资源进行更有效的对接。

二是强化目标引领。要细化目标,将平台化思路和经验做法融入目标制定。

三是要注重节点把握,强化热点轮动。要将内容和形式相结合,形成品牌。

四是要注重项目联动。拓展发展思路,加强协同合作。一方面,要构建利益共同体,形成抱团干大事的合力。另一方面,要互为供应链,发挥比较优势,提升大平台的运作效率。

五是要远近结合。要提升项目战略布局能力,结合"大平台+"战略,远近结合,统筹规划,分布实施。

《意见》一周年，产教融合从制度供给到集成突破

深化产教融合，提升教育服务经济社会发展能力是党的十九大和全国教育大会做出的重要战略部署。

2017年12月，国务院办公厅印发《关于深化产教融合的若干意见》（以下简称《意见》），推动产教融合从发展理念向制度供给落地。《意见》发布已走过一周年。

产教融合：从制度供给到集成突破

2018年1月11日，由教育部学校规划建设发展中心举办的《意见》一周年茶座在京顺利召开。茶座主题为"产教融合：从制度供给到集成突破"，旨在探讨随着经济发展阶段转向、社会主体矛盾转变，产教融合在加快建设实体经济、科技创新、现代金融和人力资源协同发展的现代产业体系，加快建设知识型、技能型、创新型劳动者大军中如何发挥更大力量，彰显更大作为（见图1）。

茶座分嘉宾致辞、政策前沿、深度思考、一线之声和圆桌对话五个环节展开，由教育部学校规划建设发展中心陈建荣副主任主持，国家发改委、教育部、工信部相关负责同志，中国职业技术教育学会、全国高校设置评议委员会委员、教科院职教所等相关专家学者，温州大学、宁波工程学院等近10所大学校领导受邀到会，中国建设银行、新兴际华集团等公司代表共30余人参会。

图1 《意见》一周年,产教融合从制度供给到集成突破

嘉宾致辞

五方面深化对产教融合的认知——教育部学校规划建设发展中心主任陈锋:"我们应从五方面不断深化对新时代产教融合意义的认知:第一,产教融合是扎根中国大地办大学的根本要求。第二,产教融合是创新驱动发展的关键动力。第三,产教融合是以劳动和实践促进人的全面发展的重要引领和集成载体。第四,产教融合是高等教育结构性改革主要动力和重要抓手。第五,产教融合是城市和产业可持续发展的必由之路。"

要搭建产教融合集成平台——中华职教社党组书记、总干事方乃纯:"产教融合、校企合作、工学结合是三个相互关联但又不同的层次。产教融合的主体是市场和政府,校企合作的主体是学校和企业,工学结合的主体是岗位和专业。我们要鼓励各方加强对产教融合各层次规律性的研究,同时,也要搭建产教融合集成平台。"

产教融合是国家战略的重要构成——中国职业技术教育学会副会长、宁波工程学院党委书记苏志刚:"我们要更加重视产教融合在国家战略全局中的定位,更加重视系统化设计,更加重视从产业侧推动,更加重视从制度上支持,在资金上支持,在机制上保障。"

政策前沿

要以小切口推动大变革——国家发展改革委社会发展司人力处副处长徐辉:"《意见》发布一年来,对推动产教融合改革的势头与日俱增。经过一年的研究,基本明确了以城市为节点,行业为支点、企业为重点的产教融合改革的新路径、新模式,明确了以实训基地建设的小切口来推动产教融合大变革的改革方法论。"

产教融合的三个维度——教育部高等教育司二级巡视员理工处处长吴爱华:"我们要深刻思考以下三个维度的产教融合:一是新校区层面的建设有没有体现产教融合思想,二是学院层面的产教融合如何培养适应产业需求的复合型人才,三是专业领域的产教融合如何开发课程体系。大学需要在以上三个层面开展创新。"

打通职教改革最后一公里——教育部职业教育与成人教育司综合处副处长 李慧萍:"即将印发的《国家职业教育改革实施方案》对提高职业教育现代化水平提出了新要求。我们要强化理论学习、加强统筹领导、打好政策组合拳、扩大试点成效、提升育人质量,打通政策的"最后一公里",构建高质量现代职业教育体系。"

深度思考

20多个省(区、市)都已积极行动起来——中国教育科学院职业与继续教育研究所所长孙诚:"在《意见》推动下,目前有24个省(区、市)的教育厅或多部门联合发布应用型本科高校发展相关文件;25个省份遴选了320所本科高校开展了应用型转型改革试点,在校地合作、校企合作、教师队伍建设、人才培养方案和课程体系改革、学校治理结构等方面积极改革探索;20多个省(区、市)通过专项资金或其他方式支持应用型本科高校发展。"

应用型高校应体系化设计产学研——全国高校设置评议委员会委员、厦门大学高教质评所所长史秋衡:"关于产教融合,关于教育改革,我们已经从过去单纯地从教育内部讨论,转向了内外部互动。应用型高校应该从知识体系的建设转向系统的产学研合作,从实验性和理论性基础科学研究转向服务实践和实用导向的应用科学研究，以应用的创新建设取代纯学科的平台建设，集中优势资源，形成应用创新链条的体系化设计。"

共建建行大学是自身需求——中国建设银行大学校务委员会办公室副主任祝增坤："我们之所以打造建行大学，是为了贯彻落实国家政策号召，也是源于社会对金融教育的期盼，另一方面也是为了促进建行自身的发展。当前，建行大学正在按照标准大学的架构来组建，不断加大投入、整合内部资源；深化校企合作，更充分地利用大学的资源，共建建行大学。"

一线视角

这个实验室已经成为创新创业的标志——清华大学X-lab实验室主任毛东辉："清华大学X-lab实验室已成为中国高校创新创业教育的标志。我们致力于为国家和社会培养杰出创新型人才，成为引领中国高校创新创业教育的典范：一是以工商管理教育互补理工人文学科专业教育，培养学生的创新意识、创业思维和创业能力；二是提供创新创业方法论和行动路径，指导项目团队成长；三是整合国内外、校内外要素资源，拓展国际合作，营造富有活力的创新创业生态。"

产学研创融合发展的"温大模式"——温州大学副校长方益权："温州大学积极探索产学研创融合发展的'温大模式'。一是破解堵点，有效激发企业、政府与学校合作的积极性。二是疏通痛点，着力提升产教融合平台自身的造血能力。在建设产教融合平台的过程中，我们依托于两个国家级科研平台，22个省部级平台，以及135个各类创新平台，实现了学科建设和服务经济社会发展的双提升。"

校企合作的"共享经济"模式——湖南三一工业职业技术学院院长张辉："校企合作平台的顶层设计要基于'共享经济'模式。我们一是建立校企双方共同的使命愿景，打造以帮助产业发展为主体、以学历教育和职业培训为两翼的发展模式。二是以产业链映射专业群，技术链映射课程体系，业务链映射实践教学体系，讲师链映射双师队伍，岗位链映射就业体系，研发创新链映射科研双创体系,人力发展链映射职业培训体系,国际业务链映射国际化体系,质量管控链映射质量保证体系,实现专业、课程、实践实训、双师型教师、就业、双创科研、职业培训、国际化、质量保证与企业发展需求的'九链对接'。"

与会专家还就产教融合集成平台建设、高校多校区办学、产教融合型城市建设评价等进行深入研讨。

趋势：高校联盟的"朋友圈"在壮大

高校联盟是促进联盟高校之间优势互补、风险共担、资源流动的一种组织关系。成立联盟是高校合作共赢，提升内生动力的好抓手。高校可通过协作互促互进，共享资源，由此提高办学水平。

高校联盟：世界高等教育协同发展的普遍抉择

国外高校联盟历史悠久，1900年出现了第一个初具规模的高校联盟——美国大学联合会（又称北美大学联盟）。

西方国家积极利用联盟提升地区整体教育水平，如1999年提出博洛尼亚进程，旨在整合欧盟高等教育资源，促进各国高等教育间的合作，整体提升各国教育水平。

澳大利亚八校联盟积极推行国际化战略，提高国际知名度，开展各种前沿领域的合作交流。

源于21世纪初的世界一流大学的高校联盟"常青藤联盟"，不仅以悠久的历史、优雅的环境闻名，更以严谨的治学，杰出的创新能力为世界各地学生所追捧。

成立于2000年的"世界大学联盟"，由来自美洲、欧洲、澳洲和亚洲的16所科研型大学组成，是在科研、教学、知识转化等各方面开展横向合作的全球性高校联盟组织。

我国高校联盟近年来呈多元化发展态势，成为实现教育资源最优化、推进教育高效发展的科学路径。

依据资源互补达成的高校联盟：2009年北京大学、清华大学等9所首批"985工程"高校成立联盟，旨在加强深层次合作与交流，利用优质办学资源互补，共同促进高等教育发展。

依据高校特色进行的联盟：2011年成立的北京高科大学联盟，由12所高水平行业特色型大学组成，该联盟利用其示范性集成应用方面的特色和优势，共同探讨解决重大科学问题。

转型发展势在必行，应用型高校联盟应运而生

推动地方本科高校向应用型转型，建设一批高水平应用型大学，是中国高等教育供给侧改革的重要任务，是国家高等教育的重大战略部署。

《国家中长期教育改革与发展规划纲要（2010—2020）》提出"促进高校办出特色，建立高校分类体系，实行分类管理""建立现代职业教育体系"等要求。

十八届五中全会、国家"十三五"规划纲要明确要求"推动具备条件的普通本科高校向应用型转变"。

十八届三中全会、五中全会和十九大报告，均强调要"深化产教融合、校企合作"，这不仅是对职业教育的要求，也是对高等教育的战略部署。

十九大后，国务院办公厅出台了《关于深化产教融合的若干意见》，进一步完善了产教融合的政策支持体系。

应用型高校是产教融合的实施主体之一，产教融合是地方高校转型发展的根本路径。

各地积极落实党和国家的决策精神，将高等教育分类管理和特色发展写入了"十三五"规划：

广东、辽宁、云南等20多个省份出台了引导部分普通本科高校向应用型转变的文件，从专业设置、招生计划、教师聘任等方面出台了相关政策，为高校转型改革提供了支持。

河南、河北、福建等20多个省份通过多种方式对试点高校改革给予资金支持。

与此同时，地方政府将产教融合纳入区域发展规划，特色小镇、产业园区、企业研究院等融入教育创新元素后显示出强大的生命力，产教融合的新格局加快形成。

应用技术型高校因时代而生，地方本科院校转型发展势在必行。

2013年，在教育部的指导下，由以应用技术大学类型为办学定位的地方本科院校（简称应用技术大学）等单位发起成立了应用技术大学（学院）联盟。

2014年4月，178所高等学校代表聚集驻马店，以产教融合发展为主题，共同探讨"部分地方本科高校转型发展"和"中国特色应用技术大学建设之路"，发布了《驻马店共识》。178所高校成为这一改革的积极探索者和实践者。

如下联盟模式可圈可点

安徽、浙江、云南等省份纷纷成立区域应用型高校联盟，促进转型高校交流合作，联盟高校扎根区域特色，以服务老区经济社会发展为己任，促进资源共享和互惠互利，探索了诸多可圈可点的模式。

"浙闽赣皖四省边际城市应用型大学联盟"成员高校包括衢州学院、武夷学院、上饶师范学院、黄山学院等。这几所高校办学均为地方性、应用型本科院校，各校优势学科、特色专业明显，可优势互补共同发展。（见图1）

图1 浙闽赣皖四省边际城市应用型大学联盟

联盟内高校实现了"八互八多",即:

互认学分,多区域学习;

互用基地,多区域实习;

互通信息,多区域就业;

互享待遇,多区域创业;

互派教师,多区域工作;

互享设备,多区域使用;

互融团队,多区域研究;

互享经验,多区域研讨。

教育部学校规划建设发展中心主任陈锋表示,四省边际应用型大学联盟的成立是应用型大学发展的一项创举,联盟的成立将有助于推动各高校在应用型办学过程中相互学习、取长补短,共同发展。

"联盟从一开始成立,就有实实在在的内容、规划和明确的战略目标,以产教融合书写"一带一路"教育合作新篇章,服务国家发展战略,服务高等教育强国建立。"

"大别山革命老区高校联盟",是2015年7月,为落实国务院《大别山革命老区振兴发展规划》,由信阳师范学院发起成立。联盟扎根红色文化,联合湖北、河南、安徽三省的19所成员学校,以服务老区经济社会发展为己任,促进资源共享和互惠互利,做出了积极的努力和显著成效。12月6日,大别山革命老区高校联盟第四届年会暨高峰论坛召开,教育部学校规划建设发展中心副主任陈建荣出席了会议并作主题报告表示:

"希望联盟赋能高校跨越式发展;要面向未来,构建产教融合创新生态体系;协同开放,构建应用型高校创新共同体;创新驱动,推进应用型高校内涵式建设,不断提升服务经济社会发展的能力。"

实践证明,当一所高校打开围墙,扎根于经济社会发展来办学时,学校进发出蓬勃的生机;当高校之间协同发展,会产生显著的溢价效应;当区域的高校联盟协同创新,抱团发展,不断地去扎根于国家发展战略需求,扎根于时代发展需求时,会吸引巨大的资源,会产生巨大的发展动能。协同发展,抱团发展,教育创新时不我待。

应用型高校联盟新年新起跑

"大平台+"战略推动了产教融合指数级发展,应用型高校联盟发挥了重要的集成作用与规模效应。

教育部副部长孙尧指出:"应用型高校要加强校际之间的合作,实现同一区域学校间实验设施、行业资源、教学资源、科研资源等相互共享。"

围绕上述内容,云南32家应用型高校刚刚进行了新年大"誓师",产教融合联盟"朋友圈"正逐步壮大。

应用型高校联盟在云南新起跑

1月12日,云南省应用型高校联盟2019年年会在云南师范大学商学院顺利召开,32家成员单位代表齐聚一堂,共话云南应用型高校发展。此次年会以"对接地方产业需求,推进云南本科高校特色专业群建设"为主题。会上,教育部学校规划建设发展中心相关负责人以"一流地方应用型大学建设"为主题,为地方应用型大学建设把脉,提出了建设一流应用型大学的基本路径。

云南省教育厅高教处处长卢明在本次会议上表示:

"联盟要充分发挥研究、咨询、指导、服务等方面的作用,主动作为,成为推动高校服务经济社会发展重要力量;服务发展,彰显联盟高校办学优势和特色;推进创新,不断探索区域应用型联盟发展的新路子。"

云南省应用型高校联盟于2018年4月13日由云南省32所高校、10个合作企业和1个教育服务咨询机构组建而成。该联盟遵循"优势互补、资源共享、互惠互利、共同发展"的原则,以培养适应社会需求、人民满意的高素质应用型人才为宗旨,形成了明显的整体优势和学校特色。

典型分享：云南四校联盟立交，创新发展

1.保山学院政治与公共管理学院：边疆基层社会治理专业群建设

以实践教学和服务社会为抓手，促进跨专业、跨学科、跨学院整合。在实践教学方面，政治学与行政学、思想政治教育等专业面向各级学校、本地企业、政府机关、社会组织、基层社区，建立了23个校外实习实训基地。

在服务社会方面，搭建了基层社会治理研究中心、地方立法研究评估与咨询服务基地、社会工作人才培训基地、四叶草社工服务中心、校内外实训基地等社会服务平台，规划了学校社工站、"儿童之家"、"三区"社工人才支持划、大学生防艾与性健康教育、青爱小屋——禁毒防艾、未成年人司法保护等社会服务项目，构建了立足专业、扎根基层、党建引领、协同治理的社会服务机制。

2.云南经济管理学院：群"策"群"利"推进专业群建设

学校主动融入和服务"一带一路""南亚东南亚辐射中心"与"智慧城市"建设管理需求，服务"路网建设"、建筑产业发展及城镇化建设需求，服务生物医药和大健康产业发展需求，服务保障与改善民生事业发展需求，服务信息产业发展和互联网建设、"中国制造2025"及"八大产业"，形成了一批办学定位准、产教融合深、培养质量好、社会认同高的优势特色专业群。

3.云南中医药大学：以傣医药为核心推动学科集群建设

构建了以中医药学科为主体，民族医药为特色，医、理、工、管等学科门类协调发展的学科体系。支撑了滇西应用技术大学傣医药学院和云南省州、县、乡三级傣医机构建设，推动了澜—湄国际交流合作，以及云南少数民族医药的研究和国家彝医执业医师考试。

以提高傣医临床综合能力为中心，形成了院校教育与师承教育结合、傣医与中西医诊疗技术结合、傣医教学与科研结合、傣汉双语教学结合的"一中心、四结合"的人才培养方案。构建了高校传承体系、老专家工作室、傣医药传习所"三位一体"的人才培养模式。

4. 云南师范大学商学院艺术学院：以项目为核心实现跨专业融合

以项目为依托，围绕1个主题，即"融创云南，互联未来"，坚持2个关键词，即"艺术、商业"，探索3个专业板块，即"音乐舞蹈类、美术设计类、传媒类"，实现4重保障，即"硬件条件保障、制度保障、经费保障、师资保障"，搭建5个校内平台，即"项目管理中心、技术保障中心、新媒体宣传中心、公共艺术中心、师生成长中心"，推动专业群建设，培养服务区域经济社会发展需要的应用型艺术人才。

教育部学校规划建设发展中心立足高校发展需求，及产教融合发展需求，创新机制，从以下几个维度推动高校创新共同体建设：

第一，构建政产学研用合作平台，推动建立学校、地方、行业、企业和社区共同参与的合作办学、合作治理机制。

第二，以高水平应用型高校为龙头，开展现代职业教育体系的区域式建构实验，推动职业教育、高等教育和继续教育融合发展。

第三，建立共建共享平台与机制，推动数据、课程、教学资源、信息化成果的共享，及大型教学、科研基础设施共建共享。

第四，开展对高水平教师和国际优秀人才的联合聘用，促进应用型师资交流、培训，建设联合师资培训体系。

第五，促进学生交流、游学，推动学分交互认可。

第六，开展协同研究，共建协同创新中心。

第七，开展高水平应用型高校的国际合作，并促进高水平应用型高校间的交流与合作。

第八，开展高水平应用型高校创新共同体内部评估、评价和认证。

链链看：四省边际应用型大学联盟：打破孤岛，开放融通

2018年7月18日，"浙闽赣皖四省边际应用型大学联盟"启动，衢州学院、武夷学院、上饶师范学院、黄山学院四所应用型本科院校正式签约，成立合作联盟。教育部学校规划建设发展中心主任陈锋在该联盟成立大会上表示：

"联盟的成立是应用型大学发展的一项创举,有助于推动各高校在应用型办学过程中相互学习、取长补短、共同发展。"

四校建立了"八互八多"的共享机制。开展互认学分,多区域学习;互用基地,多区域实习;互通信息,多区域就业;互享待遇,多区域创业;互派教师,多区域工作;互享设备,多区域使用;互融团队,多区域研究;互享经验,多区域研讨等方面合作,优势互补、抱团发展。

四校搭建了"应用型大学联盟产教融合示范区"。面向地方产业和区域发展需求,创新教育组织形态,建立紧密对接地方产业链、创新链的学科专业体系,促进教育和地方产业联动发展,逐步形成教育和地方产业统筹融合、良性互动的发展格局,浙闽赣皖四省边际应用型大学联盟高校将打出"产教对接、产教合作、产教引领、产教互促"组合拳,形成"四校"与"四地"的产教融合互动,使需求导向的人才培养模式逐步完善,人才教育供给与地方产业需求重大结构性矛盾基本解决,地方高校对地方经济发展和产业升级的贡献显著增强。

四校对标了"建设高等教育强国"战略,为创新的中国应用型本科发展模式树立新标杆。计划在"一带一路"沿线国家设立境外教学点,将具有中国区域特色的办学理念、人才培养模式与当地发展需求相结合,凸显中国特色。

推进"大平台+",高等学校产教融合创新实验再出发

习近平总书记在2018年全国教育大会中指出,要提升教育服务经济社会发展能力,调整优化高校区域布局、学科结构、专业设置,建立健全学科专业动态调整机制,加快一流大学和一流学科建设,推进产学研协同创新,积极投身实施创新驱动发展战略,着重培养创新型、复合型、应用型人才。

2019年的政府工作报告提出,要发展更加公平更有质量的教育,深化教育教学改革。

教育部学校规划建设发展中心产教融合发展平台建设高举产教融合旗帜,推动教育更好服务创新发展战略和战略性新兴产业发展。截至目前,该中心产教融合业务已取得迅猛发展,产教融合项目已覆盖300所高校,已成为推动产教融合的重要阵地。

在2018年枣庄会议期间,教育部学校规划建设发展中心提出推动产教融合"大平台+"战略,吹响了向"大平台+"进发的号角。

在"大平台+"指引下,各项目院校抱团发展,促进了产教融合转型向纵深发展,落了地,开了花。

依托"大平台+",他们的产教融合落地开花

高等学校产教融合创新实验项目在"大平台+"指引下,按照"五步走"规划,稳扎稳打,求实创新,不断推动项目院校依托中心平台,进行重点突破,促进产教融合转型纵深发展。

河北民族师范学院:完善大学内部治理结构,优化学校治理体系;深化产

教融合，搭建"产、学、研、训、创"一体化融合创新平台；坚持特色办学，推进教育教学综合改革；推进专业集群建设，实现专业交叉共生、融合创新发展；持续开展课程建设，推进课堂教学改革；加大开放办学力度，全面做好校校、校地合作。

北部湾大学：2018年11月底，教育部批准在钦州学院基础上设立北部湾大学。

该校找准发展定位，明确发展思路，以改革开放为动力、以内涵提升为重点、优化学科专业结构、强化海洋办学特色、增强社会服务能力，不断服务国家战略和地方经济社会发展。深化综合改革，推进专业建设集群化、专业建设标准化、教学管理信息化、学校发展国际化等"四化"建设。

营口理工学院：改革发展不放松，在深入推进混合所有制改革上实现新突破。立足营口不动摇，在深化产教融合项目建设上实现新突破。内涵发展不掉队，在落实课堂革命上实现新突破。

兰州文理学院：不断探索新体制，成立校院两级校企合作专业建设委员会；不断着眼产业链需求，全面修订人才培养方案；不断坚持"新工科"建设，推动工程教育校企合作深入开展；不断加强专业建设，拟定专业认证（评估）工作方案；不断进行创新实践，助力OBE理念主题培训及实践推进；不断探索实践教育，加强实践教学体系建设；不断进行课程开发，推进应用型课程体系建设。

滇西应用技术大学：通过理实研讨，提炼滇西大产教融合模式，探索滇西大办学机制体制。通过教学探索，推动教学活动、教研活动、教务工作顺利开展。通过校园文化建设，在学校书院制大环境下结合学校及区域民族特点营造特色的学院文化氛围。通过推进双创工作，开展创新创业导师培训，指导各类赛事活动的设计和申报。通过推进信息化建设，指导智慧校园平台系统集成融合。

如何更上层楼？专家"精准把脉"

日前，高等学校产教融合创新实验基地项目院校负责人、项目指导专家齐聚宁波，围绕如何做好项目攻坚工作，促进项目院校重点突破，纵深发展，进行了充分讨论。

徐州工程学院原院长韩宝平:"项目院校要进一步聚焦重点,突出主线,坚持产教融合,勇于创新实验。要善于学习,敢于借鉴,利用他校优势,补充自身短板。在教育部学校规划建设发展中心牵头下,建立五校联动机制,实现学校间、区域间联动发展。要着眼产业链发展需求,进行专业集群建设。"

重庆市教委原副主任牟延林:"五校基地要深入研究,开拓发展,努力做到'新上加好、好中见特、特中求新'。要立足本校地域特点、院校特点,实行差异化发展,提高产教融合的理论维度与哲学内涵,助力中国未来产教融合探索。在工作机制上,应按照课题的方式科学推进,通过构建评价指标、打造成果作证,明晰项目推进情况,并通过成果的累计,提炼标志性成果,不断凸显成果的价值。"

上海工程技术大学校长夏建国:"项目院校要把握规律,找准定位,努力探索,把握一般大学办学规律、应用技术大学办学规律、专业建设需求导向规律、人才培养梯度规律,以及学校内部治理规律。项目院校要聚焦目标、探索路径、努力突破,项目要有成果,并有效加以转化。"

商丘师范学院党委书记介晓磊:"项目院校领导层要继续转变发展思想,创新发展思路,突出创新实验,推动产教融合深度发展。要依托自身特色,继续提高将学校办成高水平应用型大学的信心。在学校宏观设计中,要理清学校发展如何更好地响应国家政策,如何更好地发挥地域优势,如何更好地利用教育部学校规划建设发展中心的平台优势,努力促进创新转型。"

天津职业技术师范大学原党委书记孟庆国:"项目的选点具有代表性、普遍性,可复制性强、覆盖度高。基于这一结构体系,五校要通过团结协同,努力争取国家级教学成果奖项。项目学校要努力做到继承发展,通过产教融合应用转型,对传统优势进行继承创新。项目学校要依托产业链,进行专业建设,通过专业集成,打造完整的专业链。"

助力"弯道超车":中心带来全套推进方案

教育部学校规划建设发展中心陈锋主任结合项目院校发展情况和项目工作

推进情况，对高等学校产教融合创新实验项目的未来工作进行了思路指导。

第一，抓住机遇，乘势而上。项目学校要准确把握国家重大战略布局和经济社会发展的重要机遇。教育部学校规划建设发展中心将通过平台搭建，发挥平台价值，助力学校转型发展，实现弯道超车。

第二，坚持专业集群发展，确保聚焦突破。项目学校要着眼经济社会发展需求，坚定服务产业发展的目标不动摇，从产业链的上下游纵深维度，在某一个领域不断深化，不断聚焦，实现蜕变突破。

第三，借助中心平台，进行融合发展。中心的智慧学习工场平台、专家平台、项目平台、绿色校园平台、高水平应用型高校共同体平台等都向项目院校开放，学校要积极主动充分利用好中心各种平台，促进自身转型发展。

第四，双向对接，协同发展。项目学校与教育部学校规划建设发展中心之间应该进行双向对接，这其中既要中心向项目院校提供平台对接，更需要项目院校根据自身实际，发现中心平台资源，主动进行平台对接。

第五，坚定不移推进干部教师队伍培训。项目院校应借助各种资源、各种平台，对干部教师队伍进行培训，以转化干部教师队伍观念，不断推动学校干部教师创新发展骨干队伍建设。

第六，要积极探索重大领域的个性化解决方案。要理清学校发展中各类问题的主次轻重关系，类似于学校宏观体制机制改革、人才培养、科研发展等事项属于学校发展的重大领域问题，需要协同研讨，针对学校实际，提供个性化解决方案。

第七，要加快推进智能化、数字化转型。项目院校虽然起步较晚，但在这个快速变革的社会中，可以在智能化、数字化转型方面进行优先发展，找准学校在这一宏大转型中的定位，开拓创新，形成自身的先发优势与特色。

2019年是高等学校产教融合创新基地项目的"攻坚"年。2019年高等学校产教融合创新基地项目组将在"大平台+"思路的指引下，按照"五步走"规划框架，继续深化五校产教融合工作，促进五校创新转型发展。

枣庄学院：要开启产教融合2.0新航程

日前，由教育部学校规划建设发展中心主办的2018产教融合平台建设经验交流会（以下简称枣庄会议）圆满落幕，在各界产生深远影响，诸多高校都将之作为学校跨越式发展新契机。

其中，枣庄学院在深化产教融合、创新发展机制方面迅速行动、积极部署，为高校产教融合向"大平台+"战略深化演化提供了可供借鉴的思路（见图1）。

图1 枣庄学院

产教融合再深化

思想认识深化是最关键深化——转型发展为学校特色发展提供可行路径，产教融合是高等教育面向未来变革的核心机制之一。深度产教融合要实现教育同产业的供需对接、资源转化、价值交换和利益共享，实现教育链、人才链与产业链、创新链四链衔接、产教协同发展的局面。

校企合作内容再深化——枣庄学院与合作企业开展"八个共同"协同育人，形成了一个多元化、闭环式的人才培养机制，取得了实效。人才培养要对接产业需求，人才培养方案制定要进一步贴近市场需求、贴近产业发展、贴近生产过程。深化课程改革，加强在线开放课程建设。探索实践"企中校""校中企"模式，加强实习、实训基地建设，解决实习实训"虚化"的问题。借力企业建设师资队伍。推动应用型人才培养模式由知识传授型向能力应用型转变的再深入。

质量保障体系再深化——枣庄学院出台了《校企合作专业管理办法》，对合作基础、申报流程、风险防控等进行了全面规范。制定《校企合作专业绩效评价实施方案》，构架了对校企合作办学全程监控的具有引领性的校企合作绩效评价体系。

人才培养模式改革再深化——枣庄学院不断推动校企合作育人模式的优化升级，用OBE教育理念引导和促进专业建设和教学改革，提高工程教育人才培养质量。

校政行企产学研用再协同

专业产业再协同——枣庄学院不断优化调整专业结构和专业布局，有效整合校内外教育资源，精准对接行业需求，构建行业—专业—企业相互衔接的产教链条，提高专业设置与产业需求契合度。

校内学科专业再协同——该学院协同推进文、理、工各学科应用型转型。接下来，要进一步推动文科类专业向应用型转型的深化，进一步发挥科学工作能力提升计划的作用。

校企产学研再协同——一方面，学校科研工作瞄准企业创新发展的突出问题与现实需求，解决科研与市场需求脱节问题；另一方面，通过共建科研机构、委托横向课题等形式，推进产教协同向产教研协同演化。探索长效合作机制，推动校企由合作伙伴向"共生共荣"的利益共同体演化。

校地发展再协同——枣庄学院的专业设置等要精准对接新一代信息技术、高端装备等枣庄新旧动能转换的九大重点产业，充分发挥山东省鲁南煤化工研究院等科研机构的作用，推动学校与枣庄、鲁南乃至山东省产业、教育、科技、人才深度融合，助力地方新旧动能转换战略，成为地方经济社会发展的智慧库、催化剂、助推器。为方便与地方对接，学校实施了领导班子成员联系区市制度，由校领导分别牵头对接枣庄市7个区市，根据各区市产业发展定位，统筹全校优势资源，精准对接，精准服务，有针对性地开展服务新旧动能转换行动。

国际合作再协同——2016年7月，教育部印发《推进共建"一带一路"教育行动》，提出实施"丝绸之路"合作办学推进计划，该学院将利用这一政策红利，创新合作模式，在南非项目、孟加拉项目的基础上，进一步推进与"一带一路"沿线国家地区的交流合作。

应用型大学建设迈向新征程

再发展，就要再创新。枣庄学院产教融合的2.0已于近日正式开启，校政行企再协同是基于创新的再协同。

1. 体制机制再创新

要创新教育教学管理模式，将深化学分制改革同深化产教融合有机结合，坚持开放、共享的原则，推进"大平台+"建设：

打破项目壁垒、院部藩篱、专业隔阂，将产教融合创新基地整合为产教融合创新大平台，实现资源共享；

打通学生自由选课通道，允许学生跨专业、跨院部选修学分，允许学生自由选择专业；

探索创新师资跨院部共享机制，解决生师比例结构性矛盾，让产教融合的成果惠及全校学生。

2. 教育教学再创新

包括教学内容、教学方式、课堂形态等都要再创新，要体现时代性、前沿性。

教师不能再照本宣科，要全面梳理各门课程内容，淘汰"水课"打造"金课"，塑造"金师"，切实提高课程质量。

教师要接纳新技术、应用新技术，创新课堂形态、教学时态，线上线下相结合、课内课外相结合，推进落实慕课、微课、翻转课堂、虚拟仿真课、实习实践课等多样化课堂形式。

3.校政行企关系再创新

要创新校政行企关系模式，探索建立与政府、企业的新型关系，推动学校与政府、学校与企业形成共生共荣的利益共同体，既要为地方发展服务，也要争取地方的政策、资金等支持，构建学校持续深化发展的外部生态。

枣庄学院已经站在了一个新的起点上，将紧紧抓住改革契机，采取有力措施，推动学校应用型转型发展的再提升，全面实现枣庄学院建设高水平应用型大学的奋斗目标。

北部湾,将"立起"一个产教融合新标杆

新时代,新形势,地方高校进行供给侧结构改革,转型创新发展已迫在眉睫。

教育部学校规划建设发展中心"高等学校产教融合创新实验项目",依托强大的研究平台、专业团队、合作伙伴和校企合作网络,整合产业链、创新链、教育链,加快资源聚集与突破创新,助推项目基地院校办学实力、技术创新能力和科技服务能力实现快速提升。

面向未来,打造产教融合的新标杆

2019年1月5—7日,中心陈建荣副主任带领专家及项目组团队赴北部湾大学开展北部湾大学启航暨工程认证专家进校指导活动。此次进校是项目启动以来该校的第5次专家进校工作。专家组成员由上海工程技术大学校长夏建国、黑龙江工程学院副校长叶树江、上海工程技术大学电子电气工程学院院长方志军、上海工程技术大学化学化工学院院长饶品华、大连理工大学运载工程与力学学部教授黄一等组成。

在启航活动上,北部湾大学赵君书记、区教育厅高教处李美清处长、项目首席专家夏建国校长分别进行了致辞。韩峻峰校长从办学成效、问题与挑战、未来展望三个方面展示了北部湾大学的发展情况。

教育部学校规划建设发展中心副主任陈建荣表示:"全国教育大会为产教融合工作确定了新坐标,要通过学科共建、校际共享、校地共融推动产教融合平台化演进,促进学校治理创新、机制创新与制度创新。各项目基地需要继续提升产教融合理念,面向未来,形成发展合力,打造产教融合的新标杆。"

标杆如何建？专家这样谈

夏建国："以专业认证为契机，推进应用型高校专业布局优化升级；对标工程教育认证核心理念，推进应用型高校教育教学改革；以工程教育认证为突破，聚焦卓越应用型人才培养。"

叶树江："要建立全过程的学生指导系统，体现学生为中心的教育理念，通过吸引生源、学生指导、跟踪把关和学分认定进行重点把握。"

方志军："要形成以需求驱动为导向、以工程实践为主线、以交叉学科为支撑、以错位竞争为内核、以行业特色为亮点、以创新能力为抓手、以立德树人为根本的专业建设思路。"

饶品华："要从本专业与认证要求进行对标、参照国内其他高校同类专业认证情况、摸清专业认证委员会和专家情况、领会最新精神四方面着手进行申请的准备工作。"

面对面：标杆建立具体应如何实施？

该校电子信息工程学院计算机科学与技术专业、机械与船舶海洋工程学院机械工程专业和自动化等专业的负责人从专业概况、师资队伍等方面向专家进行了汇报。专家组按照专业评估标准进行了逐条对标分析，指出存在问题，给出切实可行的修改建议。

叶树江校长指出，要把专业建设细分为多个学习模块，学校按照学习模块进行教学管理、教师按照学习模块进行人才培养、学生按照学习模块进行专业学习，提高人才培养质量和效果。

黄一教授指出，要按照专业认证答辩的具体要求和框架进行准备，以此为基础，进行工作细分，并不但充实完善，提高答辩效果和专业认证通过率。

方志军院长指出，专业要应产业而生，因产业而长，随产业而兴，要建立启迪智慧、感知未来的发展主线，要实现学科群、专业群对接产业链、技术链，协同育人、协同办学、协同创新的"两对接""三协同"。

未来乡村学院要做到十对接十坚持

1月5日下午,教育部学校规划建设发展中心相关负责人介绍了未来乡村学院工作。

未来乡村学院由教育部学校规划建设发展中心、地方高校、地方企业、企业导师、牵头企业、乡村社区、学校导师和在校学生等主体构成。

该学院要做到十个对接:

在国家战略层面,与国家乡村振兴战略相对接。

在学校发展层面,与学校政策对接;与学校优势特色对接;与大学生互联网+创新创业项目对接;与三下乡和大学生实习实训对接;与大学生学分计算方式对接。

在乡村发展层面:与乡村特色优势产业对接;与乡村基层干部对接;与乡村治理主体能力标准化建设对接;与乡村文化特色挖掘和保护对接。

要做到十个坚持:

着眼学生成长:坚持大学生人才培养主轴不变;坚持学生利益最大化;坚持学生安全保障与预警机制底线。

着眼项目发展:坚持"项目+"平台化合力与共赢;坚持被资助项目方向不变;坚持项目教师团队核心成员不变;坚持倾向精致和特色项目;坚持项目运营资助的方式,而非课题立项方式;坚持项目过程监督考核评价机制;坚持培养项目造血功能。

新试验:"大平台+"赋能滇西大

在深入推进落实产教融合过程中,高校内涵建设、机制创新至为关键。

教育部学校规划建设发展中心设立的"高等学校产教融合创新实验项目",利用"大平台+"发展思路,依托强大的专业团队、合作伙伴,整合产业链、创新链、教育链,加快资源聚集与突破创新,助推项目高校办学实力、技术创新能力和科技服务能力实现快速提升。

日前,教育部学校规划建设发展中心相关负责人带领专家及项目组团队赴滇西应用技术大学开展第六次专家进校指导活动。本次进校致力于通过"大平台+"推动滇西应用技术大学内涵建设提质增效。专家组成员由云南省教育厅原副厅长邹平教授、黄淮学院创业学院薛凡院长、河北民族师范学院历史文化与旅游学院原副院长黄大伟教授等组成。

项目落地——助推学校内涵建设

应用文科人才培养平台:该平台有效推动了该校文科人才培养模式改革。通过专业与行业的对接、虚拟训练场景与现实实践场景的对接,有效提高学生对专业的归属感、对行业的认知度。通过科学的标准化训练,使学生"会一事""精一岗""通一行""知百业"。

国际人才港平台:该平台项目为滇西大面临的体制机制、人才资源等发展瓶颈提供了解决方案。结合滇西大和滇西产业发展需求,国际人才港提供来自全球的优秀人才交流、先进技术合作、前沿科技讲座、国际名校课堂、企业家论坛、高级技能培训等国际引智服务,能有效满足大理政府、滇西大和相关行业企业发展需求,打造了区域产业创新技术的新发地,创新型人才培养的主阵地。

大数据公共服务平台：数据中国"百校工程"实施以来，推动了高校"双创"教育和人才培养模式的改革。该平台在滇西大将面向全校服务、融通专业，打造特色双创，提升信息化应用。通过大数据+X专业、大数据+双创，推动教育大数据应用，促进人才培养模式改革。该平台在大理落地，将面向大理产业提供人才供给和技术应用支撑。

教育部学校规划建设发展中心相关负责人表示："中心将围绕'大平台+'战略，进一步布局与推进产教融合工作，促进项目之间的抱团发展、协同共进、开放共享。学校要以项目为平台，通过落实项目工作，推动产教融合落地生根。"

双创教育——培养高素质应用型人才

云南大学滇池学院马杰院长表示："要深化'双创'教育改革，将'双创'教育融入人才培养方案制定、学科专业建设、课程教学体系、第二课堂建设等人才培养全过程，构建'双创'教育全新体系。"

黄淮学院创业学院薛凡院长表示："当前，高校的'双创'教育要解决培养目标、思想观念和方法路径三方面问题。高校的'双创'教育要融入人才培养顶层设计、课程教学体系设计、学科专业建设、课外实践活动和学生发展评价体系。"

教学指导——提升课堂教学效果

专家组利用大平台思维，采取课堂听课、教案审阅、专家评课、示范课以及完善人才培养方案的方式，对滇西大教学环节进行了详细指导。

专家组一致认为，滇西大要充分利用自身优势，创新教育方式，围绕人才培养主轴，以"大平台+"思维，着眼产教融合落地生根，通过校际间教师交流、专业间课堂共建、课堂内外协同联动提高人才培养质量，促进学校内涵建设。

河北民族师范学院历史文化与旅游学院原副院长黄大伟教授表示："作为成

果导向和能力导向的教育方式，OBE以精熟内容为基础，注重个性化评定，明确绩效责任，以能力为本位，强调人人都能成功。在教学设计实施中，以确定学习成果为开端，构建课程体系，确定教学策略。"

机制创新——突破学校内涵资源瓶颈

在本次进校活动开幕式上，滇西应用技术大学校长袁希平教授发表致辞表示："通过六次专家进校，学校的教育组织形态与产业地区布局、企业成长与人才培养、师资队伍建设与行业企业发展、产业与学科专业均得到深度对接，希望中心继续对学校未来发展把脉诊断，扎实推动学校产教融合创新提升。"

云南省教育厅原副厅长邹平教授表示："教育部学校规划建设发展中心六次进校，对学校产教融合发展起到了重要的引导与推动作用。在学校未来发展中，要通过体制机制改革，深入推动产教融合工作进展，通过人才培养模式改革、应用型师资队伍建设以及新工科、新商科、新文科的发展，为滇西产业转型升级培养应用型人才。"

教育部学校规划建设发展中心相关负责人强调，要以产教融合大平台赋能学校，从项目着手创新教育要素，以联盟建设汇聚教育资源，助力滇西大发展转型升级，促进学校内涵建设提质增效。

平台导入滇西大，打造发展新引擎

为提高适应和引领经济发展新常态、服务创新驱动地方发展的能力，促进高等教育供给侧结构改革，支持、促进地方高校转型发展，中心设计并实施了"高等学校产教融合创新实验"项目。

教育部学校规划建设发展中心近日组织专家团队进校，就滇西应用技术大学（以下简称"滇西大"）未来发展与机制体制创新召开专题研讨会，助力学校更好适应滇西经济社会发展需求，准确把握人力资源开发扶贫示范区的战略定位，真正肩负起培养服务滇西特色优势产业高层次技术技能人才的使命（见图1）。

图1　教育部学校规划建设发展中心组织专家团队进校开展指导活动

滇西大：我国第一所以创新方式建立的应用技术大学

滇西大2017年5月顺利去筹，实现招生，学校初步形成了总部加若干特色学院、应用技术研究院（"1+N+M"）的开放式办学构架，校企合作的人才培养模式基本落地。

为促进学校教育组织形态与产业地区布局进行深度融合，学校将总部建在滇西重镇大理，普洱茶学院办在普洱茶生产和交易聚集地普洱市，珠宝学院办在珠宝集散地腾冲县，傣医学院办在傣医传承地西双版纳景洪市。同时采取"平台"+"模块"的教学模式，突出试验、实践和技能训练等课程特色，将理论学习和技术技能训练有机融合到教学全过程，实现知行合一、理实结合。

学校积极探索应用型人才培养新模式，促进校企合作深度融合，与玉石加工企业、普洱茶企业、傣医院联合成立研究机构，以培养学生技术能力为导向，构建多方参与、开放多元的实践育人平台，形成命运共同体，激发办学活力。

专家建言献策：人才培养为发展引擎

滇西大积极探索应用型人才培养路径的同时，也暴露出产教融合机制创新方面乏善可陈的问题。

专家针对学校未来发展、特色学院机制创新、课程设置等方面提出建议。未来学校将在"大平台+"战略构想指引下，以应用文科人才培养平台、国际人才港平台、大数据公共服务平台（"三平台"）建设方案落地为突破口，通过成熟的产教融合项目，加快培养服务滇西特色优势产业高层次技术技能人才的步伐。

云南省教育厅原副厅长邹平："滇西大肩负着为当地经济社会发展提供人力资源保障的重要使命。下一步，以创新特色学院运营机制为契机，吸引实力企业广泛参与；以加强校企合作为动力，提高学校办学质量；以培养和聚集高层次技术技能人才为引擎，促进滇西特色优势产业快速发展，从而实现滇西地区整体'脱贫摘帽'。"

教育部学校规划建设发展中心相关负责人：

一是借鉴国内外高校先进经验，优化"1+N+M"学校顶层设计。探索特色学院发展新路径，创新机构运行新思路，适应地区产业结构变化和经济发展新常态，激发自身办学活力。

二是坚定立足于促进滇西地区精准扶贫、精准脱贫的战略定位。以人力资源开发扶贫为重要突破口，发挥"国际人才港"平台的杠杆作用，聚集国内外优秀人才，提高当地人才知识和技能水平，形成支撑滇西经济社会发展的高端人才群体。

三是合理运用金融手段，与实力企业开展深度合作。结合滇西产业发展方向，在全国范围内遴选有教育情怀、有市场实力、有产业结构支撑并且产业契合度高的企业进行深入合作，通过资源互补、利益共享的方式形成抱团式发展。

四是导入企业资源，提升教学质量，满足学生对优质教育的需求。借助合作企业在市场长期探索后积累的丰富经验，转化为优质课程和先进知识内容，让学生毕业前即可熟知行业最前沿动态和发展方向，提升了学生知识结构的实效性，缩短了学生适应岗位的周期，也加快了企业创新步伐，从而形成人才—产业—创新链的闭环式衍生发展。

◆ **主题二 项目平台化演进**

"百校工程" 2.0：构建新型创新应用型人才培养路径

习近平总书记在全国教育大会中强调指出，"要提升教育服务经济社会发展能力"，"推进产学研协同创新，积极投身实施创新驱动发展战略，着重培养创新型、复合型、应用型人才"。

聚焦大数据、人工智能战略新兴产业和技术的发展，突出创新应用型人才的培养，以平台化策略提升应用服务能力，以新兴技术打造学校的信息化、智能化引擎，是地方高校开展深度产教融合的重要方向。

2016年5月，教育部学校规划建设发展中心启动实施数据中国"百校工程"项目，在全国范围内遴选百所应用型院校，设立"曙光瑞翼大数据学院"与"大数据应用创新中心"，实现大数据、人工智能领域的人才培养、科研支撑、行业应用、资源开发和社会服务"五位一体"的功能。同时，百校联网形成"大数据应用协同创新网络"，逐步引入战略资源，打造百校联盟的产业创新服务平台。

数据中国"百校工程"项目实施两年来，合作院校已覆盖23个省市自治区的85所院校，在校学生近9000名，形成完整的大数据、人工智能应用型人才培养体系，正在开展的行业应用项目近百项，覆盖教育、农业、交通、金融、政务、健康医疗、旅游等多个产业领域。由于百校平台汇聚了庞大的计算资源、人才资源，并且具备显著的地方院校的在地优势，吸引了很多科技龙头企业与顶尖科研机构的合作，目前已经建立战略合作关系的伙伴就包括了作为国家级数学中心的上海数学中心，以及物流领域的龙头企业博韩伟业等（见图1）。

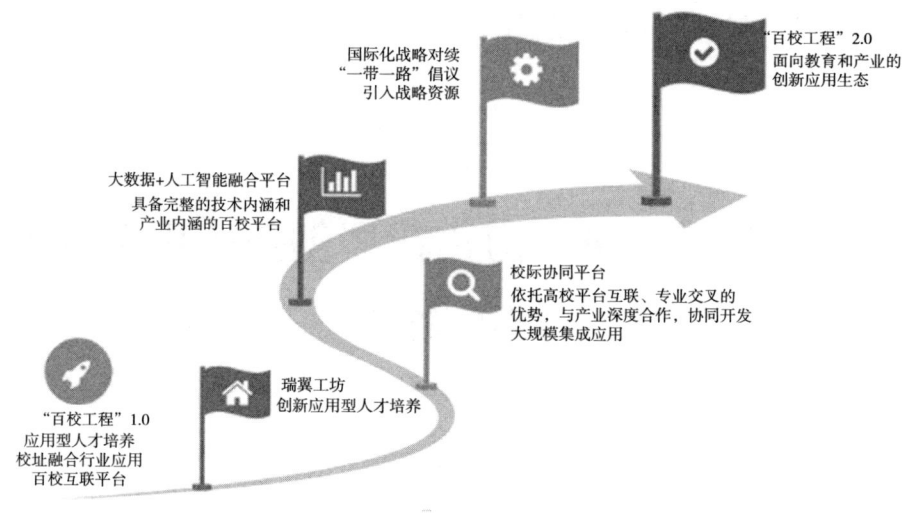

图1 "百校工程"2.0

如果说"百校工程"1.0实现了百校平台的功能搭建与高校的接入,"百校工程"2.0则是要构建新型的创新应用型人才培养路径,建立跨学校跨专业协同应用的新策略,打造大数据+人工智能融合平台,不断接入新领域的战略合作伙伴,拓展国际化发展空间,充分发挥互联平台的效能,培育同时面向教育与产业的创新应用生态。

横断众流,协同共享,打造创新策源地

"百校工程"2.0要依托院校的大数据专业平台,打造新型教学形态——瑞翼工坊,聚焦学生创新应用能力培养,培育学生的双创创意,同时推动不同学科的协同科研、资源共享,充分发挥大数据平台效能,形成多学科协同发展的专业集群。

实际上,大数据、人工智能具有显著的横断学科的特点,正在快速与其他学科专业相结合,并对各个产业领域发生深刻影响,形成各种类型的"大数据+"。大数据、人工智能与各学科领域的交叉融合,已经成为最具活力的创新应用的策源地。

"百校工程"2.0推出的瑞翼工坊,由企业工程师与院校教师主导,组合不同年级、不同水平的学生,以灵活的共学、共研形式开展。为了培养学生的创新应用能力,瑞翼工坊建立四项机制:一是情景嵌入,工坊的共学、共研完全围

绕着真实的行业应用项目展开；二是垂直整合，不同水平的学生协同参与项目，学生逐步提升参与项目的深度乃至要发挥组织领导功能；三是合作学习，针对应用项目明确任务分工，学生之间互助学习；四是竞争合作，学生组成协作团队，攻关竞赛性的创新应用项目。依托大数据人工智能创新应用平台所具备的教学、研发、管理一体化的功能，以及随时随地互联网接入的功能，瑞翼工坊实现灵活多样，同时又有效管理的学习方式和协作方式。

近期，瑞翼教育在池州学院、洛阳理工学院、凯里学院等院校以瑞翼工坊的形态开始推动的大学生应用创新、数模竞赛等一系列活动已经取得令人瞩目的成绩，参与学生显示出强烈的学习兴趣和自主学习动能。

专业跨界，校际协同，发力集成应用

"百校工程" 2.0要依托高校平台互联、专业交叉的优势，建立跨专业校际协同平台，与产业深度合作，协同开发大规模集成应用。

以"百校工程"近期开展的与农校通项目的合作为例，这一由北京国育农校通科技产业发展有限责任公司（农校通公司）推动的跨地域的农校衔接工程，打造从生产基地到餐厅的绿色食品供应链，包括环境测评、基地生产，食材预加工、冷链物流，餐厅加工及就餐等不同的系统。系统的构建以及它所涉及的数据的采集、存储、维护、分析和管理，是一项非常复杂的涉及多学科的大数据、人工智能行业应用工程。

借助百校互联平台，这一工程将会由"百校工程"的项目院校协同完成。根据各个院校的学科特点、技术优势以及地理位置等特征，农校通项目的各个子系统可以在不同的院校开展，智慧农业、订单管理、智慧物流等不同的应用可以由各个院校合作开发，数据系统的备份、容灾可以由多个院校协同完成。

技术赋能，拓展平台，重构教学形态

"百校工程" 2.0要把握产业应用创新的发展趋势，打造大数据+人工智能的融合平台。

大数据与人工智能技术的融合已经逐渐成为产业发展的主要趋势，因此要顺应产业的发展趋势，夯实专业建设的技术基础，必须建立具备深厚技术实力的大数据+人工智能的融合平台，形成大数据、人工智能相关专业群协同联动的发展局面。

另外，运用大数据、人工智能技术重构教学形态、学习场景，建设学校的数字化、智能化核心引擎，也已成为教育创新的关键动能。

资源聚集，内容裂变，推动国际化办学水平

"百校工程" 2.0将不断发挥百校平台的整体效应，推动国际化战略，为合作院校引入战略资源。

日前，联合国教科文组织（UNESCO）、联合国南南合作组织（UNOSSC）等国际组织支持倡议的发展中国家工程技术科学院（The Academy of Engineering and Technology of the Developing World，"AETDEW"），与"百校工程"项目共同发起"数字一带一路双百计划"。该计划将在中国"一带一路"框架下，推动中国高校与"一带一路"沿线国家高校的教育合作与文化交流，建立AETDEW的中国培训中心，与其他国家的培训中心一起形成全球的培训网络，服务于"一带一路"国家的工程技术领域，特别是通信、云计算和大数据等核心技术领域的人才培养。

联想集团作为全球智能终端设备、数据中心、云及解决方案的领军企业，在亚洲"一带一路"区域为各国提供的智能终端设备占据该领域的首位。在此次枣庄会议上，教育部学校规划建设发展中心将与联想（北京）有限公司、瑞翼教育共同签署合作协议，共建"一带一路"数字丝路学院，推动"数字'一带一路'双百计划"的快速实施。

以"大平台+"战略赋能合作院校，着眼智慧学习工场与创新产教融合生态的建设，是"百校工程"项目必然要走的方向。"百校工程" 2.0能否以集成应用的平台化机制与创新的教学形态带来崭新的学习场域？它所培育的产教融合生态，是否既可以发挥高校优势推动产业发展，又能把握产业脉动助力高校创新？这一切都已在枣庄会议揭晓。

"大平台+"赋能！应用型文科人才培养蓄力再出发

学习贯彻全国教育大会精神，推动教育事业改革发展，培养一批创新型、复合型、应用型人才，推动教育为经济社会发展赋能，是每个教育者的使命与担当。

推动高校文科应用转型改革，是地方高校向应用型转型发展的重要任务。

教育部学校规划建设发展中心于2017年2月启动了科学工作能力提升计划（百千万工程）项目，推动应用型文科人才培养机制创新。在进入产教融合第二阶段的关键节点，科学工作能力提升计划（百千万工程）蓄力再出发，从三个维度对项目进行升级演化。

建立科学工作标准研究平台，对工作标准开源共研

围绕科学工作理论标准，打造高校教师和行业专家等多元主体的科研团队，实践和理论双管齐下，开展不同行业、不同岗位、不同专业的工作标准研究，不断优化中国工作标准数据库和中国工作能力等级评价数据库，将多元研究主体纳入课题组，将最新的岗位工作标准转化为实训课程内容，将工作标准植入"大平台+"相关项目，在源头上打造工作标准的创新引擎。

目前，已在全国范围内遴选15个科学工作能力实训基地院校立项课题15项，内容涵盖会计工作、工会工作、设计工作、初中教育工作、注册税务师工作、民委工作、艺术教学工作、电子商务企业工作、服装企业管理工作、高新园区工作、小学（k12）教育工作、注册评估师工作、广告行业工作、秘书工作、物业管理工作等多维度、多行业、多领域标准体系研究，直接参与课题研究人员近百人。

建立基于科学工作能力评价的人才交流平台——"会工作网",搭建无界服务网格

从在校训练到毕业后从事岗位工作,平台为学生提供档案与服务管理,连接用人单位、人才交流网站及院校,为大学生就业创业以及终身职业成长提供保障服务,同时"会工作网"将根据行业岗位能力需求、院校人才培养改革、师生能力成长流线等特征,实现院校专业之间、基地之间、校企之间、师生之间多点互动的智能化数字化线上培训,为学生和用人单位的发展提供无界服务、永续服务(见图1)。

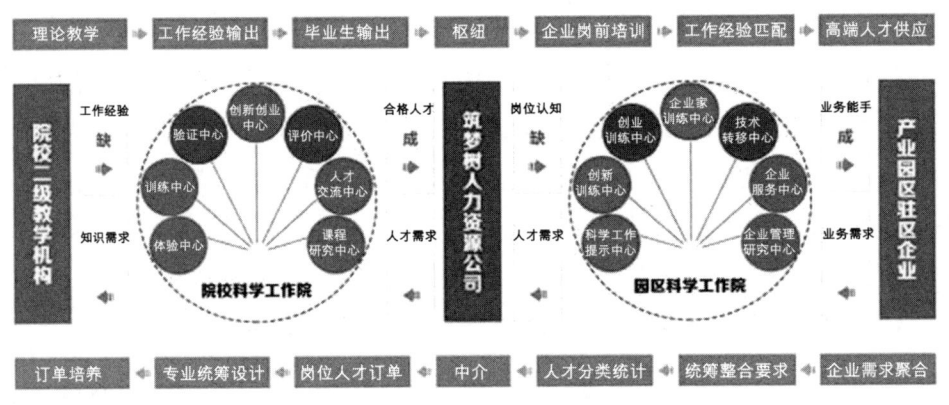

图1　终生职业技能支撑平台

实施应用型文科实训指导教师培养计划,打通项目院校间壁垒,实现集成联动、协同发展

教师队伍是实现应用型文科人才培养的直接支撑和保障。在全国建立多个区域性应用型文科人才培养师资培训基地,然后构建机制将各个基地联结成网,通过定点培训、轮训等模式,将培训合格师资纳入全国应用型文科人才培养改革"训练指导师"数据库,为应用型文科人才培养提供坚固的师资保障,同时为教师提供持续的成长机会,推动高校文科教育管理改革,充分激发教师团队创新生机活力(见图2)。

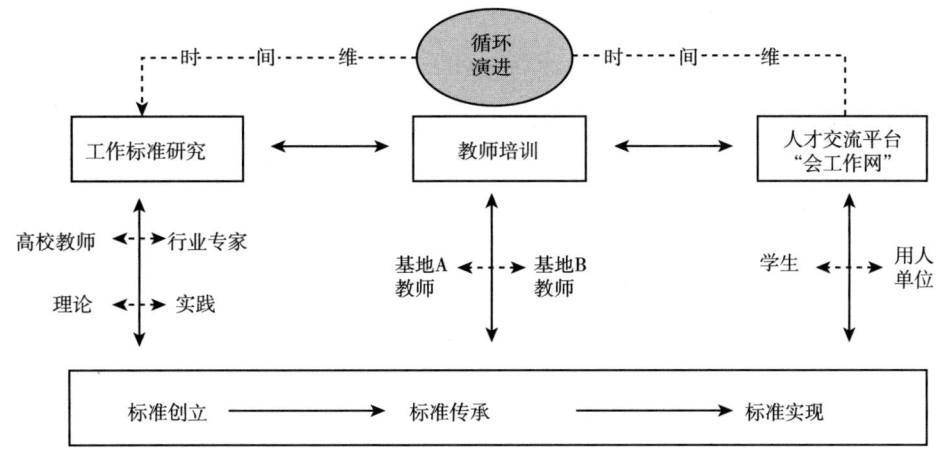

图 2　教师培训计划

2018年9月27-29日，由教育部学校规划建设发展中心举办的高校文科骨干教师研修班在重庆第二师范学院举行，总共有来自16家院校的50余名骨干教师参加本次活动。来自项目院校的文科骨干教师面对面进行了研讨互动，相互交流文科教学中的经验，共同设计实训课程与教学内容。

吕梁学院的薛卫峰老师说，培训期间利用工作标准系统，对《物业管理理论与实务》课程中"物业管理招投标"部分的教学内容进行了重新设计，切身感受到科学工作标准教学法的强大力量，不仅可以提高工作效率，更可以将工作做得更为严谨、细致、有条理。

郑州升达经贸管理学院的赵晓庆老师说，研修班上专家学者从哲学角度透析了人们学习、工作体验应该回归生态、生命和生活，让我更好地理解了体验教学的必要性和趣味性，接下来在教学中要帮助学生实现工作标准"固化"—"内化"—"泛化"—"优化"的过程，引导学生科学工作和快乐工作。

2018年10月下旬，第二批科学工作能力提升计划（百千万工程）项目试点院校顺利通过申报评审，预示着又有新鲜血液融入应用型文科改革试验阵营中，为建立更广泛的工作标准体系研究，培养国家治理现代化与新兴产业发展需求的应用型文科人才，提供了更加强大的动力和支撑。

下一步，科学工作能力提升计划（百千万工程）将秉持项目设计初心，从培养学生岗位工作能力的角度出发，以开放包容的姿态，整合各方社会资源，以数字化、智能化为核心引擎，促进文科人才培养模式高效运转，助力项目向"大平台+"战略深化演化。

中美高校互通更便利！服务向平台，资源正汇聚

习近平总书记在全国教育大会上指出，要提升教育服务经济社会发展能力，调整优化高校区域布局、学科结构、专业设置，建立健全学科专业动态调整机制，推进产学研协同创新，积极投身实施创新驱动发展战略，着重培养创新型、复合型、应用型人才。要扩大教育开放，同世界一流资源开展高水平合作办学。

教育部学校规划建设发展中心积极推动"大平台+"战略，在构建"一体两翼"国际教育合作创新网络的基础上，促进中美产教融合+高水平应用型高校建设项目向"大平台+"转型升级，建设中美产教融合平台，发挥项目国际校企研资源优势，从人才培养方案、课程体系建设、师资队伍建设、教学模式、评估评价体系、实验实训基地建设、终身教育体系等方面，加快院校国际化建设进程，更好地服务于区域经济和产业发展，最终形成产学研用国际合作生态体系。

平台架构——打造"4+1"平台基础架构 实现中美高等教育全方位互通

中美产教融合平台（见图1）将围绕院校、教师、学生、企业，通过建设校校合作平台、校企协同平台、教师协作平台、学生协同发展平台四个子平台，通过在线平台——中美高等教育互通平台，实现校校、校企、师师、生生"四位一体"的协同互通网络。

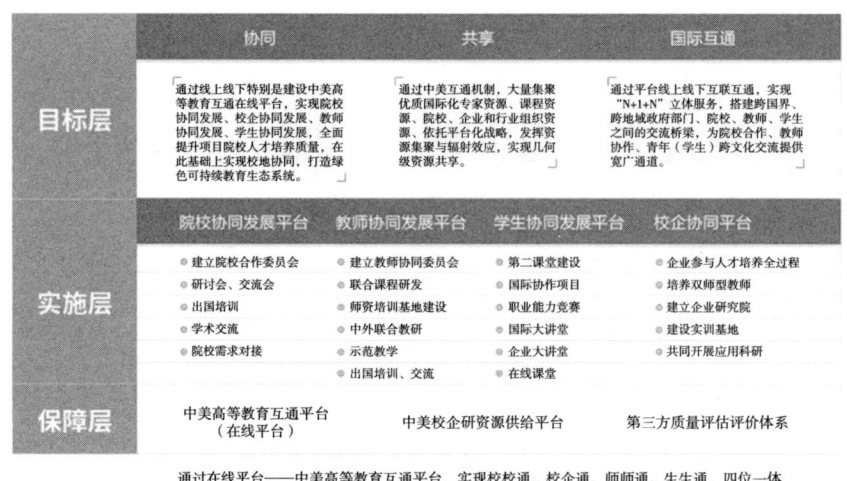

图 1　中美产教融合平台

1. 院校协同发展平台

通过中美产教融合+高水平应用型高校建设项目不断推进院校合作,建立院校合作委员会等沟通机制,定期开展研讨会、交流会等,开展出国培训和学术交流,进行院校需求对接,经验分享,从而达到资源优势互补,合作共享共赢。

2. 教师协同发展平台

建立教师协同委员会等沟通机制,整合中美教育界、企业界、行业界资源,共建教师社区,提供课程研发、师资发展、基地建设、社会服务相关的解决方案,构建院校相连、中美互通、服务本校、辐射地区的教师协同发展平台(教师社区)。通过骨干教师线下/线上培训、赴美实地观摩考察、中美名师入校示范授课、专家入校指导、教学工作坊研修、企业师资入校教学等多种形式,帮助项目院校教师将世界先进教育理念、产教融合思想贯穿于教育顶层设计与实践,从而具备专业引领和教育教学示范能力。

3. 学生协同发展平台

中美产教融合+高水平应用型高校建设项目,借鉴美国高等教育第二课堂建设方面的经验,以CBE理念为指导,依托平台资源,有计划地开展国际协作项目、语言竞赛、职业能力竞赛等形式多样、内容新颖、贴近生活、吸引学生的活动,将传统课堂全面升级拓展。竞赛活动依照"以赛促学"原则,从赛前准备、到赛中切磋、再到赛后总结,由平台专家全程提供专业指导,让理论学习、能力训练融入丰富多彩的学生竞赛,并贯穿整个项目过程。同时,借助互联网力量,不断推出精品线上课程,深度挖掘第二课堂育人潜能,打造大学生素质拓展、能力提升、人格养成的重要阵地,推动"第二课堂专业化",更好地实现高校人才培养目标。

4. 校企协同平台

通过开展引企入校,企业参与人才培养全过程,建立企业研究院,共同开展应用科研,培养双师型教师,全面整合校企需求对接,建设培训基地,实训基地等形式,全面拓宽和深化校企合作,服务地方经济社会发展。

平台保障——构建现代教育质量保障体系 推动人才培养对标国际标准

1. 依托中美高等教育在线互通平台

中美高等教育互通在线平台构建"N+1+N"立体式服务支持体系,为中美产教融合平台四大子平台提供支撑:搭建院校跨国界、跨地域、跨专业搭建沟通共识、合作协同的平台;创造校企协同育人新高地;搭建中美教师、学生交流桥梁;建立求职者个人档案和职业能力测评的综合服务系统;打造中美教师协作社区,打破教师交流合作瓶颈;建设在线学习社区,共享优质学习资源;建设企业人才对接平台,共育国际化应用型人才;通过网络视频会议,沟通无限可能;深度高端定制,定制化培训实践者。

2. 构建中美高等教育质量保障体系

中美产教融合平台积极借助中美教育界、企业界、行业界多方力量,合力构建具有三个特征、涵盖两个维度的现代教育质量保障体系。打破以往主体单一、政府主导的教育评价机制,建立具有以"学生"为中心的增值性评价视角、以"实据"为基础的可持续评价方式、以教育改进为目标的评价理念等特征的双维度质量保障体系。横向维度力求全面,由学生评价、院校自评、同行评价、专业认证、企业反馈、第三方质量监督等共同组成多元主体评价体系，将各利益相关者纳入其中，全方位、多角度、宽领域保障教育教学质量。纵向维度力求深入，采用过程评价与结果评价相结合的立体评估评价体系，建立常态性评价机制，对人才培养方案、课程、教师、教学、学生能力以及项目的实施与管理进行评价，全过程、多指标、深层次监督人才培养每一环节，锁定问题，持续改进。

平台资源——汇聚中美校企研资源 形成产学研用国际合作生态

目前，中美产教融合+高水平应用型高校建设项目已拥有100余名美方院校专家、10余个美方全国性协会、可对接500余所美方大学、2000余所社区学院，同时引入思科、NI、潍柴动力等企业资源，以网状形式快速拓展，共同打造国际产教融合模式；项目还将建设中美产教融合教育、全国绿色教育资源积聚和科研创新平台，创建中美产教融合教育、绿色教育领域课题研究、创新性解决方案、产品、技术、软件、课程和咨询服务能力建设中心和交付中心。全面构建绿色教育+的产教融合模型；成立加州旧金山湾区与浙江杭州湾区联席会，推动美国加州与浙江省300余所高校互通互访合作机制的建立，并促进两湾地区政府、产业和高校多元合作，开展包括但不限于各种学术研讨会、论坛等，促进双向的省州对接、师资培训、学生互派、出国留学。

依托于中美产教融合+高水平应用型高校建设项目，中美产教融合平台将不断开拓中美校企研资源，实现以中美院校合作为基础的校校通、以校企协同育人为核心的校企通、以中美教师交流与发展为主要目的的师师通、以留学、游学等为内容的师生通、以国际项目、学生竞赛为主要载体的生生通，推动中美教育大融通、院校企业大联通、教师学生面面通，形成中美产教融合体系，构筑产学研用国际合作生态。

拭目以待：11月17日，教育部学校规划建设发展中心将在山东省枣庄市召开产教融合平台建设经验交流会。活动现场，中美产教融合+高水平应用型高校建设项目负责人将分享中美产教融合赋能的思路和想法，为与会嘉宾揭开校企互通合作创新模式如何助力合作院校跨越式发展、如何赋能高等教育国际化。

科学工作能力提升计划 培养更多新时代应用型文科人才

全国教育大会强调要着重培养创新型、复合型、应用型人才。推动高校文科应用转型改革，是地方高校向应用型转型发展的重要任务。

培养全面发展的应用型文科人才

为促进高校应用型文科人才培养机制创新，提高学生科学工作能力，教育部学校规划建设发展中心于2017年2月启动了"科学工作能力提升计划（百千万工程）"项目，目前已有35所项目院校。

2018年1月13日，中心组织新增项目申报院校在滇西应用技术大学开展了项目答辩会。同时还就应用型文科人才培养机制的创新、工作标准理论的研究、知识理论与岗位实践的关联性和衍生性等问题进行了深入探讨。

新增项目申报院校高度重视本次答辩会，校领导亲自带队现场介绍项目建设方案，以自身优势学科专业为切入点，结合区位产业结构优势，与专家一起对项目基地的硬件设施、管理团队、课题研究等方面进行了深入研讨。

中心相关负责人表示："百千万工程项目将结合'大平台+'战略构想，以培养符合新时代需求的应用型文科人才为出发点，整合产业园区与高校的区位优势，深化虚实双线的文科人才培养模式；同时，增添高校党建工作标准体系研究工作，进一步夯实高校党建基础，增强学生思想政治意识，从而培养更多又红又专、德智体美劳全面发展的应用型文科人才。"

文科人才的实训平台

百千万工程依托数字技术和互联网技术，正式发布了"会工作网"线上工作能力实训平台，打破时间和空间上的壁垒，解决了学生实训难、训练少等突出问题（见图1、图2）。

工作能力实训平台如何更好地服务于应用型文科人才培养？

一是要落实"四个对接"。即对接高校文科专业教学、对接学科建设、对接实验实训、对接学生毕业后持续跟踪服务，与学校原有教育教学体系进行有机融合，融入学生成长流线，达到事半功倍的效果。

二是融入园区建设。让学生在产业园区中通过对真实岗位的体验，进一步夯实专业知识、学科知识、行业知识，检验线上工作能力实训成果，完成整体岗位工作标准的培训流程，虚实相结合的培养模式既可以缩短学生适应岗位周期，还可以帮助学生寻找适合的岗位，解决学生的就业问题。

三是在真实工作场景和虚拟实训平台间建立联动机制。学生先在原有工作标准的理论框架下进行"学和会"的训练，再融入真实工作场景进行"练和用"的操作，最后针对实际操作过程中的盲点进行系统的反复训练，在此过程中对原有工作标准进行检验与更新，突出以能力为导向的人才培养模式，真正建立知行合一的工作经验传承系统。

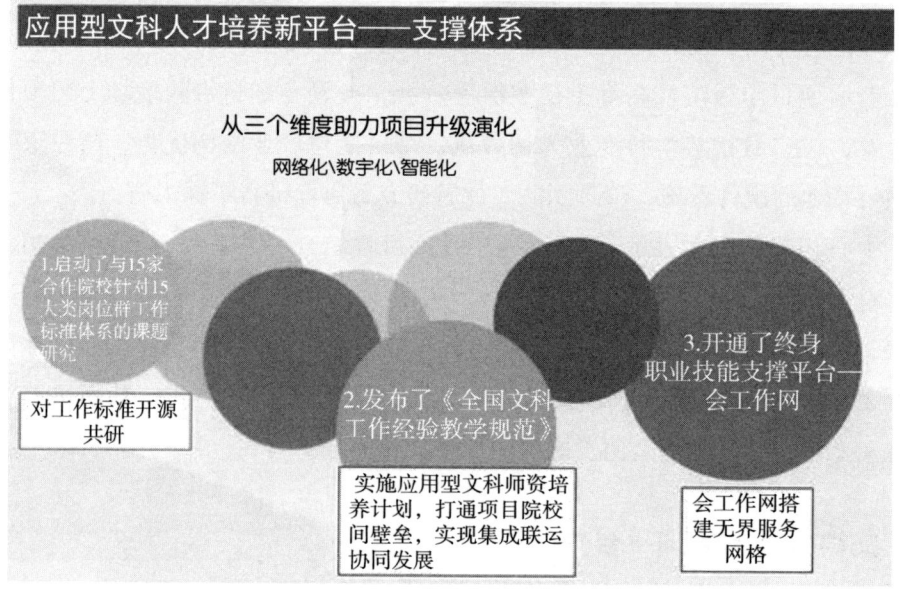

图1　工作能力实训平台服务于应用型文科人才培养

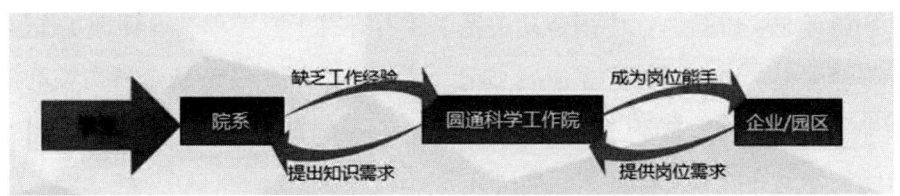

图2 圆通科学工作院是校企合作的桥梁

新时代高校党建工作标准研究提上日程

百千万项目已与项目院校合作开展了15项工作标准体系研究工作。为全面贯彻落实全国高校思想政治工作会议、全国教育大会精神，项目将启动新时代高校党建工作标准理论研究工作。通过对新时代高校党建工作标准进行进一步萃取，让高校成为党建理论与专业技术知识有机融合的"主阵地"，培养出一大批懂党建、精专业的复合型人才。

项目大事记

2017年2月9日，教育部学校规划建设发展中心发布《关于开展"科学工作能力提升计划（百千万工程）"试点院校申报工作的通知》，标志着项目正式启动。

2017年3月6日，百千万工程基地建设与运营研讨会在中心召开。陈锋主任强调，百千万工程项目各方要以科学工作能力实训基地建设为抓手，集思广益，共同研究，做好应用文科改革项目百千万工程设计、实施和总结工作，推动应用文科教育改革发展。

2017年5月6日，百千万工程项目首批试点院校评审会在中心召开，会议评审出24所项目试点院校和6所培育建设院校，标志着"百千万工程"进入全面试点阶段。

2017年10月26日，第二期2017年地方本科高校文科应用转型研讨会暨百千万工程现场会在郑州升达经贸管理学院召开，会议围绕高校文科应用转型主题展开讨论。

2018年8月17日，在中国劳动关系学院召开百千万工程教学管理工作会议，中心陈锋主任、中直机关党委原副书记、工会主席陈存根等20余所高校的80余位领导参会，会上发布了"会工作"网和《文科工作经验教学规范》，并与15所项目院校签约开展"岗位工作标准研究"。

2018年11月17日，在枣庄学院召开百千万工程项目现场会。共有来自山东省内外数十所高校领导观摩科学工作能力示范基地，并现场还聆听阿坝师范学院老师及学生代表分享的学习体会，全面了解了学院运行机制，深度体验了教学整体过程。

2018年12月24-26日，百千万工程项目"工作标准体系研究"课题培训班在西安开班，主要就圆通制工作标准体系、如何编制工作标准、标准编制案例解析、实际研究编写训练辅导等培训内容展开，共吸引15所项目课题申报院校的50余位研究人员参加。

产教融合"再上一城",从欧洲走向了大洋洲

习近平总书记在全国教育大会上指出,要推进产学研协同创新,积极投身实施创新驱动发展战略,着重培养创新型、复合型、应用型人才;扩大教育开放,同世界一流资源开展高水平合作办学,提升我国教育的世界影响力。

教育部学校规划建设发展中心积极推动"大平台+"战略,以平台化方式汇聚全球创新要素,抓住"一带一路"的机遇和历史使命,提出构建以"平台对平台""学校+企业"为核心模式的"一体两翼"国际教育合作创新网络,促进中欧/中澳/中新产教融合+高水平应用型高校建设项目向"大平台+"转型升级,赋能学校发展,力争为解决全球教育挑战提供中国方案,推动中国教育走向世界。

立足项目——中英合作构建平台化基础

2017年,"中英产教融合+高水平应用型高校建设项目"启动,坚持"本土改造、以我为主、系统设计、开放共享"的原则,充分体现"平台对平台,学校+企业"的中外教育合作新模式,对于拓宽中外学校与学校之间、学校与企业之间交流合作的广度与深度,拓展中外教育及产业合作领域有重大意义,也是推动"一带一路"教育合作的有益尝试和创新探索。

项目自发布以来,共收到来自国内70多所本科院校的申请。目前已确定12所首批合作试点院校。其中重庆第二师范学院与英国中央兰开夏大学已经完成学校匹配对接,并于2018年9月迎来首批新生入校。

2018年7月,在中国教育部部长陈宝生与新西兰教育部部长克里斯·希普金斯的见证下,教育部学校规划建设发展中心与新西兰政府间伙伴关系办公室

签署了《关于促进产教融合创新发展合作的安排》。项目进一步升级为"中欧/中澳/中新产教融合+高水平应用型高校建设项目"。从"中英"到"中欧/中澳/中新",项目不断拓展为向平台化演化打下了坚实的基础。

平台演化——国际教育创新开拓全新版图

在教育部学校规划建设发展中心"大平台+"战略的整体设计下,中欧/中澳/中新产教融合+高水平应用型高校建设项目将利用其覆盖多国家和多专业的优势,实现院校资源的有机整合,推动跨产业跨地区的信息交流和产教融合,打造信息共享、立体互通的网络结构,使项目向平台化演化升级,更好汇聚资源,推动国际教育交流和产教融合事业。

产学研资源深度融合 服务区域转型升级

为推动项目向平台化演化升级,中欧/中澳/中新产教融合+高水平应用型高校建设项目将积极整合行业企业、院校、科研院所等资源。推动国内外产学研资源深度融合,以产业需求带动教育转型,以教育改革促进科研发展,以科研成果推动产业发展,形成良好的循环生态。

一方面,强调企业的重要作用,加强企业的参与深度,通过引企入校建设校内外实训实习平台,与合作高校联合推动产教融合深化发展。

目前项目已建立京东集团校内实训基地、全国工商联房车专业指导委员会国际房车营地校内实训基地、清华启迪产业园校外实训基地,并联合智联招聘、英标国际制定国际对标实习培养计划,要求学生在一学期内完成国际职业技能实训课程(6门课程,行业导师)、对口岗位轮岗实习(6个月,岗位导师)、技能测评和人社部证书、就业推荐服务。

另一方面,汇聚整合国内外院校、企业等多元参与主体的资源,探索全新创新创业模式,通过立体教育培养创新型复合型应用型人才,围绕地方产业升级发展需求,动态调整教育专业结构,优化教育布局,推动产学研一体,更好的服务区域经济和产业转型发展。

国内外教育互通共享 推动"一带一路"共建

项目在平台化升级过程中,将"引进来"和"走出去"相结合,搭建全球化教育交流平台,更好地服务于国家"一带一路"倡议。目前,项目已系统引进并改造人才培养方案156套,从机制、理念、政策支持、配套资金等方面全套引入全球优秀的创新创业孵化机制,着力打造国际化、全英语学习氛围,构建考研、留学、就业、创业等多维度、全链条国际人才服务体系。

同时,进一步开拓国内外院校平台资源,采用"一校一策"理念积极对接优势互补的国内外高校,依托国内外教育行业的合作平台,包括英国国家学历学位评估中心(UK NARIC)、爱尔兰高等技术教育协会(THEA)、新西兰政府间伙伴关系办公室(G2G Know-How)等,实现院校资源的全覆盖,打造全球化教育交流平台。

最新进展通报:项目正积极拓展新西兰院校资源,项目执行方东方宇新近期赴新西兰国际推广局、奥塔哥理工学院、Ara坎特伯雷理工学院、怀卡托理工学院、梅西大学等多所新西兰综合性大学与理工院校调研,将不断开拓新西兰优质教育资源,为推动项目向"大平台+"演化升级奠定资源基础。

准备就绪！人工智能人才培养按下"快进键"

人工智能连续第三年写入总理政府工作报告，2019年有些不一样，报告首次提出"智能+"，为制造业转型升级赋能。政府工作报告同时指出，深化大数据、人工智能等研发应用，培育新一代信息技术、高端装备、生物医药、新能源汽车、新材料等新兴产业集群，壮大数字经济。

短短几年间，人工智能已成为举国重视的话题。

发展人工智能，人才是关键。但是中国高校人工智能学科建设还不成熟，存在着缺乏教材、缺乏师资力量等问题。人工智能学科设置如何更科学？人才培养如何更能与市场需求接轨，更好地服务地方经济发展？……成了业界学界关注的重点。

2017年12月国务院发布《关于深化产教融合的若干意见》中，提出要"引企入教"，鼓励把企业资源引入高校的教学环节。

2019年2月，中共中央办公厅、国务院办公厅印发《加快推进教育现代化实施方案（2018—2022年）》并指出，健全产教融合的办学体制机制，大力推进产教融合、校企合作，开展国家产教融合建设试点。

在人工智能人才培养方面，有业内专家直言，想要加快推进人工智能落地，推进校企合作是至关重要且必不可少的一步。

校企合作，企业能够提供人工智能领域平台和一些实践实训的课程。这就相当于把企业的技术和经验转变成了教学资源，学生能够在实践实训中更好的体验和感受所学习的理论知识。

在新工科与产教融合等政策指引下，2018年1月，教育部学校规划建设发展中心联合达内时代科技集团有限公司正式启动"AI+智慧学习"共建人工智能学院项目。目前，已确认28所院校为首批项目试点学校，其中19所本科院校，

9所高职院校。枣庄学院作为枣庄市唯一一所省属本科院校，2018年7月，入选首批项目试点院校。

精准定位人才培养方案　让学科设置和产业需求无缝对接

校企深度融合是培育高质量人才的重要途径之一，枣庄学院与达内集团共建的人工智能学院在课程体系、师资队伍、培养方式、创新理念、实习实训、就业保障方面协同创新人才培养模式。具体来说，课程体系方面，专业核心课与项目实践相结合，校企共同参与学生四年的学习过程，校方主要负责基础和专业课的学习，企业主要负责人工智能课程及项目实践实习课程实施的教学任务。在合作期间，随着技术升级，校企合作双方将持续优化落地内容，以保障专业实训环境与实际岗位技术应用同步。

师资队伍由学术师资与行业师资组成，培养方式采取基础授课与经验分享方式，由合作双方共同设计符合产业发展需求的人才培养方案和课程体系，研发符合人工智能领域人才培养要求的新形态配套教材。同时，创新理念，加强双创服务体系的构建，提供行业比赛指导，并由达内集团引入风投机构和创业基金，提供创业孵化等服务。实习实训方面，将达内集团提供的教学案例、企业真实项目植入教学过程，让学生的理论学习和生产实践有机结合，学生的知识培养和职业素质培养有机结合，提升学生应用科研能力及创新、创业能力。就业服务保障上，由达内集团为毕业生推荐产业企业实习与就业的岗位。

人工智能学院的建设由人工智能行业企业专家全程参与，人才培养方案制定紧密贴近市场需求、贴近产业发展、贴近生产过程，推动学院由传统理论型模式向应用型人才培养模式转变，培养学生创新、创业能力，让毕业生能力与行业人才要求的无缝对接。

人工智能学院赋能智慧枣庄

枣庄被工信部认定为"宽带中国示范城市"，正打造宜居宜业之城，同时提出了打造智慧枣庄的建设目标，并以电子政务、智慧服务、智慧产业、城市运行管理4大体系建设为着力点,培育一批新技术、新应用、新模式、新业态,释放创新红利、数据红利和市场红利。

电子政务方面,枣庄市"互联网+"政务一体化,整合各级各部门电子政务基础资源,提高电子政务集约化建设和管理水平,解决重复建设、资源浪费和信息孤岛等问题,提高政府公共服务能力。人工智能学院为电子政务建设提供智力支持、人才支撑及人才培训服务。

在互联网与公共服务融合创新方面,枣庄市搭建"枣庄云平台",推动信息技术与产业融合发展,为实体经济插上互联网的翅膀,让互联网扎根于实体经济的土壤。实施"服务业+互联网"行动,加快互联网小镇建设,打造互联网经济产业园。推动智慧景区建设,发展在线旅游。人工智能学院将与鲁南大数据中心合作,提供经济信息咨询服务、代收电费等民生服务,更好的服务区域经济发展和人民生活改善。

人工智能学院以服务区域经济、服务本土企业、服务技术创新及服务学科建设为宗旨,积极推进枣庄市智能电子信息产品、智能工程机械、智能物流、智能交通、智能服务机器人等智能装备的产品研发及产业化。智慧产业生态培育,将以数字化工厂为基础,利用物联网技术和智能系统,构建高效、节能、绿色、环保、舒适的智能化工厂。这些都将为人工智能学院提供非常好的科技创新实践平台及人才输送基地。

枣庄市城市运行管理精细化行动,旨在通过完成建设智慧枣庄运营管理中心、建设全市统一的云视频平台、开展智能网格试点、实施智慧交通工程、建设食品药品质量追溯平台、建设环境在线化监测平台,实现以数据驱动的可视化、精细化、智能化城市运营管理模式初步形成。这些将为人工智能应用提供项目支撑,人工智能学院也将在枣庄市智能基础设施建设、数据资源体系构建等方面提供支持与服务。

目前,枣庄学院与达内集团共建的人工智能学院已经进入项目实施阶段,枣庄学院AI应用创新中心竣工后,已经迎来全国百余名教育界领导、院校师生前来参观指导。

虚实双平台"全线布局" 新金融人才培养

习近平总书记在全国教育大会上强调，新时代新形势，改革开放和社会主义现代化建设、促进人的全面发展和社会全面进步对教育和学习提出了新的更高要求。我们要抓住机遇、超前布局，以更高远历史站位、更宽广国际视野、更深邃战略眼光，对加快推进教育现代化、建设教育强国作出总体部署和战略设计。

虚实双平台是什么？

新金融智慧学习工场（2020）项目依据教育部学校规划建设发展中心"大平台+"战略设计，发挥国家金融与发展实验室的科研创新优势，运用大数据、人工智能等先进技术手段，构建以项目院校为主体的实体平台和突破时间与空间限制的数字化虚拟金融市场，建立虚实双平台联动机制，推动新金融人才培养模式变革，搭建金融学科研究创新网络，促进区域金融产业更好地服务实体经济发展，最终成为建设现代金融产业体系的重要支撑。

多层次构建综合性产教融合平台

新金融智慧学习工场（2020）项目将从基础层、实施层、目标层，分层次推进平台搭建。

基础层是平台运行的载体。其中，实体平台是以院校为依托，形成新金融智慧学习工场与企业、行业、社区、城市的共生发展。

虚拟金融市场是基于金融市场本身具备统一性和数字化的特征，通过建立虚拟金融市场、虚拟市场主体、虚拟金融监管，实时导入金融政策、交易数据，以及金融科技的应用，建构多维学习空间和模式，形成以虚拟技术为场景支撑、真实规则为秩序的新金融人才培养统一场景。

虚实双平台通过知识、信息等数据资源共享，交互融合联动，使新金融智慧学习工场具备了开放共享、无限连接、高度集成、自主演化、动态感知、高维跃迁、数据智能等特点，从而构成了新金融智慧学习工场的基础层。

实施层包括了平台主体基础设施建设、建立科学的人才培养体系、建设师资与课程供应链，以及构建从创新源头到产业化的创新链。

1. 打造平台主体基础设施

新金融智慧学习工场（2020）项目包含1个智慧学习和管理平台、5个展示体验中心和8个实验室组成。

2. 建立科学的人才培养体系

基于未来大学新金融人才的培养将遵循金融学习者能力为本位的成长流线，以灵巧学习为理念，通过虚拟金融市场与实体平台的相互联动，针对院校、金融企业、行业、区域经济的实际人才需求，构建多元化的人才培养模式，开展多层次、多业态的虚实双平台模式培养，实现多样化、复合型、创新型的专业金融人才培养目标。

3. 重构课程与师资的供应链

通过强化能力、课程调整与产教融合的方式，协助项目院校创新专业特色，打造一流专业和高水平特色专业群。

依托国家金融研究与发展实验室或当地企业，结合院校现有师资资源，进行基于专业的"双师型"队伍建设，丰富院校师资资源；聘请行业顶级专家，成立专家工作室，为院校的高素质新金融人才培养方案制定、区域金融市场横向课题研究以及推动地区金融学术交流和政策对话，提供智慧支持；联合金融企业组成行业专家教学团队，进行教学实施监督和教学安排，指定金融专家亲自参与教学过程，保障教学质量，并定期邀请金融领域专家、行业专家进校，开拓学生视野。

4.贯通从创新源头到产业化的全链条

从新金融人才教育顶层设计入手,以产教融合为实现路径,在"政产学研金"五方联动机制框架之下,通过教育链、人才链与产业链、创新链的有机衔接,构建区域产教融合创新生态系统。

目标层的建设包含了三个方面内容:培养新金融人才、构建金融科研协同创新机制以及服务国家构建现代金融产业体系。

5.培养新金融人才

根据产业、创新和个人发展的需求,智慧精准地提供学习资源和支持,实现学习者的终身发展。既重新定义了大学的职能,提供给学习者发展需要的一切资源,又塑造了大学发展的一种新机制——基于不断增长的学习者的系统需求。

6.构建金融科研协同创新机制

通过建立开放机制,实现了院校共享国家金融与发展实验室资源,汇聚创新要素,发挥不同层级院校的积极作用,建立全国金融学科专业集群的立体协同创新网络,服务金融产业发展。

7.服务国家现代金融产业体系建设

通过虚实平台联动,贯通了新金融人才培养、地区研究和咨询、服务当地经济发展、传承创新当地文化以及国际交流合作五大功能并行,打造区域金融产业发展驱动引擎,实现服务国家现代金融产业体系的构建。

新一代信息技术"智慧学习工场（2020）"驱动教育教学模式深度变革

习近平总书记在全国教育大会上指出，要深化教育体制改革，要深化办学体制和教育管理改革，充分激发教育事业发展生机活力。

移动互联时代下，随着人工智能、云计算、大数据技术领域的发展，教育行业正经历着用户线上化、碎片化、社交化等行为习惯改变带来的变革浪潮，这迫切要求高校转型升级，以顺应"人类对更美好、更理想教育的追求""新技术的集群突破""学习方式的深度变革"这三个驱动未来教育形态变革的力量。

2017年11月，教育部学校规划建设发展中心联合北京华晟经世信息技术有限公司（以下简称"华晟经世"）、华为技术有限公司共同启动新一代信息技术"智慧学习工场（2020）"项目（以下简称"项目"）。项目将携手全球大学伙伴，以信息化、产教融合为基础，通过资源建设、人才培养、创新创业、区域经济服务能力的提升与突破，构建面向行业的优质专业发展模式。

项目通过在高校布局1个智慧学习平台、5个线下体验中心（即教育大数据中心、创新创业中心、联合教研中心、专业运营中心、虚拟演播中心）、8个计算机类、10个电子信息类实验室，开展课程资源建设、智慧学习实践、"一课双师"嵌入式融合创新、互联网+创新学院、互联网+产业发展研究院等专业内涵建设。

目前，已确定辽宁科技大学等27所新一代信息技术"智慧学习工场（2020）"项目试点院校。

三大基因，助推教育教学模式深度变革

2018年4月13日，教育部正式发布了教育信息化2.0行动计划，其目标是到2022年基本实现"三全两高一大"的发展目标，主要任务是构建一体化的"互联网＋教育"大平台。新一代信息技术"智慧学习工场（2020）"项目实施一年以来，用信息化、技术化改变教学模式、学习方式，实现"互联网＋教学""互联网＋学习""互联网＋运营"、教育大数据建设等目标，帮助高校实现教育教学模式的深度变革。

在项目推进过程中，秉持了三大基因：

1. 极简学习：构建极简线上学习环境

项目的智慧学习平台秉持让使用更简单的原则进行设计。学生能够一站式完成所有与学习相关的事情，如老师讲课视频、知识点强化资料、课后作业、PPT、在线考试、答疑等。老师也可一站式完成线上工作，使用全国共享的视频、考题等，也可随时随地了解每位学生的学习进度，清楚掌握学生学习情况。

2. 校企将共享"资源池"

项目将140所高校链接起来，充分发挥近5万名在校学生，700多名企业工程师共建的专业群和课程资源的资源池优势，使得资源利用率大大提高，这为高校带来价值。

3. 数据分析：实现持续的诊断和改进

项目的智慧学习平台制定了符合校企双方的数据指标体系，涵盖了学生、老师、课程、学校等维度。

对于学生而言，这套标准体系能客观、实时、准确评估其在线学习的情况，也能通过积分成就系统，给学生带来更多附加价值，获得更大参与感。

对于老师而言，能清楚了解每一门课程、每一个班级、每一位学生的学习情况，以及每一门课程的资源利用率。同时，也可以了解到教师团队内部资源

的贡献度、活跃度等，以进行自身的横向对比。

对于课程而言，可清楚了解每一门课程的线上学习情况，包括课程完整度、活跃度、有效性及质量评估等，从各个维度对课程进行评价，并且手机到每一位学生的具体行为数据，甚至是每一个学生在某一个时间点的历史记录，以便于后续对课程的优化和改进。

对于校企合作共建的专业来说，如果把每一个学校当成是一个项目库，就可以清楚了解到各个合作学校的线上使用情况，进行横向对比。

通过对全国专业建设、运营情况、线上学习、就业等进行数据分析，真正实现基于数据诊断和改进，让每一个教学环节都能得到持续优化。

智慧学习实践探索与成果

基于极简学习、资源共享、数据分析的基因构建的新一代信息技术"智慧学习工场（2020）"项目智慧学习平台，项目的实施方华晟经世联合高校开展了众多智慧学习实践与探索。

1. 工程师混合教学场景

通过直播平台，实施"50%课堂教学+50%工程师现场直播"的工程师混合式教学，真正实现了教学与工程现场相结合，让学生在课程上既学习了理论和实践知识，还能够与现场工程师进行互动交流，加深认知。

2. "经世讲堂"汇聚企业精英

基于智慧学习平台，将优质企业大咖、精英讲师、一线企业工程师等引入高校，开设大咖零距离、名师讲坛、实战公开课等栏目，通过在线讲座、公开课的方式，让学生线上真正接触到企业一线实操。

3. 线上教学资源汇聚

目前，智慧学习工场平台已积累1271门课程，6万多个线上教学资源。其中，视频资源达到1万多个，共计近5000个小时。

4. 学生活跃度稳步上升

学生通过智慧学习平台,可完成日常作业、课后复习与练习、考前复习、在线考试、在线学习等,3—9月,学生线上活跃度趋于稳定向上趋势。

经过一年实践与探索,新一代信息技术"智慧学习工场(2020)"项目正在以信息化、技术化推动学习方式改变以及教育形态的变革。智慧学习工场是面对未来教育形态变革、学校形态变革中一个创新性探索,是基于学科专业集成和全要素场景的建构,具备以能力为本位的成长流线,灵巧学习和智慧运行的基础机制,产教融合、开放连接的空间结构,现场和虚拟教育的融合方式,自我演化的创新生态等特点的高等学校的内核平台。

"互联网+中国制造2025产教融合促进计划"平台演化

2016年5月,教育部学校规划建设发展中心与北京华晟经世信息技术有限公司正式启动了"互联网+中国制造2025"产教融合促进计划,旨在服务国家创新驱动与互联网+中国制造2025战略,提升高等学校主动服务产业转型升级能力,为"中国制造"提供强有力的人才和技术支撑。

"互联网+中国制造2025"产教融合促进计划得到ABB、GE、施耐德、菲尼克斯、发那科、中兴通讯等全球领先企业的积极参与。通过在校企共同建设"数字化工厂模拟平台""智能制造学院""智能制造技术中心"三位一体的集成性、系统性创新平台,开展产、学、研、创一体化深度校企合作,打造一批在工业4.0时代具有专业核心竞争优势、制造业转型升级技术能力的专业集群。目前已发展项目合作院校共两批51所。

协同育人——项目演化目标

以人才培养为根本,以技术进步为主轴,建立、完善、运营支持协同、分享、创新机制的产教融合平台,基于这个平台,实现校校之间、校企之间:教学资源分享、协同开发;协同教研;协同科研和创新;协同社会服务。

平台化演进——项目演化方案与内容

1. 项目演化方案

基于华为云及华晟经世"华晟智慧工场"的教育信息化产品和服务能力,

为高校提供具备智慧学习、智慧管理、智慧数据展示等功能的"互联网+华晟产教融合项目平台",推动从教育专用资源向教育大资源转变、从提升师生信息技术应用能力向全面提升其信息素养转变、从融合应用向创新发展转变,构建"互联网+"条件下的人才培养新模式、发展基于互联网的校校协同、校企协同新模式,推动教育信息化2.0的落地实施。包括:教育大数据平台;创新创业平台;联合教研平台;专业运营平台;社会服务平台。

2. 项目演化建设内容

教育大数据平台。构建完整的学习数据、就业数据、专业运营数据;建立和不断丰富数据展示、分析和预测;建立基于国际化专业建设标准的量化考核基准模型。通过数据分析实现对专业建设各方面的诊断、分析与改进。

创新创业平台。以技术、平台、组织、实施方案等创新,实现大学双创工作的实质推进与模式创新。引入区域顶尖企业参与双创教育过程,并构建创新的产业支持环境。通过企业资源整合、全国双创团队的产品技术资源聚合,提高对产业化、大规模行业项目的参与能力。形成创新创业教育有效嵌入专业教育的共识和行为。成立并实质运营创新创业中心,科教融合,通过科研活动提升专业能力。联合教研平台。基于互联网的企业和学校联合教研教改平台;实现课程线上化,作业、考评、答疑线上化,课程资源线上化;实现多校协同课程资源开发和教研教改。

专业运营平台。合作专业的行政管理、运营管理以及学生管理的平台化、线上化。提升专业管理和运营水平。

社会服务平台。整合政府、行业、教育资源,发起主动服务区域经济发展的专业发展模式创新。依托社会服务中心,将专业建设发展成为当地行业及相关产业的技术高地,为当地解决经济社会发展中面临的问题。为教师科研创新工作构建良好的环境与平台。

资源和机制保障

汇聚行业优质企业资源:华晟与ICT及智能制造行业内众多顶尖企业建立了

产教融合战略合作关系，各个专业方向的战略合作伙伴有：

ICT方向：华为、中兴、百度、新华三、江苏省未来网络创新研究院。

智能制造方向：通用电气、施耐德、ABB、发那科、菲尼克斯、欧姆龙。

机制保障：华晟在产教融合行业有着15年的发展历史，成立15年来，一直致力于通过产教融合，将先进技术转化为教育技术，以技术和服务创新职业教育方式与生态，促进简单学习和教育进步。经过15年服务职业教育的发展，公司在国内工程教育和职业教育领域储备了处于领先地位的产教融合服务能力，具有以下优势：

完善的实践教学解决方案和教育信息化产品线：华晟整合行业前沿技术及全球领先企业的设备，为高校提供实践教学解决方案。并不断以创新理念推动高校实验室持续优化，引领高等教育行业实践平台的跨越式发展，实现大学实践教学与行业技术发展同步。目前，已面向ICT专业群及智能制造专业群等开发49个实践教学解决方案。同时，华晟基于互联网、VR、云计算、大数据等技术提供完整的教育信息化产品和解决方案，改变学习、教学、专业管理方式。

卓越的产教融合运营服务能力和组织保障：华晟是国内开展产教融合服务项目最早、实施产教融合校企合作项目最多的企业。开展联合人才培养的院校超过140所，其中，2/3为本科院校，1/3为高职院校。这些项目得到了合作院校的广泛好评，累计通过产教融合联合人才培养的方式培养学生近5万名。华晟在相关专业合作学校均设有驻校团队，为学校提供深度的产教融合服务，包括专业教学、职业素质教学、双创、就业、区域服务等。

强大的教学资源开发能力：华晟以行业需求为导向，以典型项目为载体，开发线上线下一体化教学资源。目前拥有600多人的资源开发团队。其中10名博士专家牵头顶层设计，91名技术研发专家引导专业设计、知识技能核心模块设计与研发，531名行业工程技术专家专注设计、教材开发、微课慕课等资源开发，99名人力资源经理开展区域人力资源研究及职业课程资源开发。

增材制造产业要加速崛起,要走这个发展路径!

增材制造产业是先进制造业的重要组成部分,是推动互联网、大数据、人工智能同实体经济加速融合的颠覆性技术。

加快发展增材制造业是党的战略部署

加快建设制造强国、加快发展先进制造业是党的十九大报告明确的战略部署。

习近平总书记指出:"随着3D打印技术规模产业化,传统的工艺流程、生产线、工厂模式、产业链组合都将面临深度调整。我们必须高度重视、密切跟踪、迎头赶上。"

李克强总理指出:"既要瞄准世界产业技术发展前沿,加强3D打印核心技术和原创技术研发,又要加快成果推广运用和产业化进程。"

一次落实国家战略的重要行动

为服务"中国制造2025"战略,落实工业和信息化部等11部门印发的《增材制造产业发展行动计划(2017—2020年)》,12月19—21日,由教育部学校规划建设发展中心主办,广东技术师范大学和安世亚太科技股份有限公司联合承办的先进设计与增材制造智慧学习工场(2020)研讨会在广州召开。

教育部学校规划建设发展中心主任陈锋提出,增材制造产业加速崛起需要以产教融合为核心机制。以大平台+和共享核建设为抓手的智慧学习工场创新实验,能够为增材制造产业创新研究与产业化发展提供集成载体。

如何做？他们指出了增材制造快速崛起之路径

会议邀请了众多业界知名专家、产教融合项目合作院校、增材制造行业战略合作伙伴等共商增材制造产业发展路径。

华盛顿国际科学与技术学院院长余文华："大数据驱动了决策报告、产业升级和商业模式变革，区块链改变了价值在用户间的交换模式，物联网促进万物互联实现产品全生命周期透明，云计算促进数据分析和数值仿真。以上四种技术均为智能制造搭建了新的应用场景。面向未来的个性化、柔性生产制造需求，要大力培养复合型、创新型、技能型智能制造人才，深化产教融合，创新人才培养机制、模式、流程与场景，让数据为教学和智能制造过程提供更多决策支撑，实现因材施教的智能化终身学习体系。"

中科院广州电子技术研究所所长李耀堂："3D打印的最新工艺包括底部扫描SLA、DLP光固化、连续液面生长（CLIP）、挤出式金属3D打印、多射流熔融、NanoParticle Jetting、双光子直写等。目前，3D打印已经应用于教育研究、教学研辅等领域，应用发展趋势正从原型转向直接制造，另外，3D打印也具有为知识增值、让创意有形的教育价值。在高校创新人才培养过程中可以沿着'增材制造+学科'的建设路径进一步拓展丰富。"

中国工业设计协会理事晋常宝："工业设计为创造产品差异化，推进技术市场化，提升产业附加值，优化和再造产业体系提供了可能，基于'编程+生成'的设计模式能进一步优化计算，提高效率、促进交互，极大拓展了设计边界。工业设计、创成式设计和3D打印的融合式发展为未来个性化定制需求提供了创新解决方案。基于真实项目实训、面向交叉学科集群、立足德智才一体综合能力提升的创成式创新教育是面向未来先进设计与增材制造人才培养的重要途径。"

东莞市3D打印技术重点实验室主任陈盛贵："3D打印是中国制造转型升级弯道超车的重要技术突破口，要将增材制造、大数据与新材料融合于传统机械工业，在工程能力培养上形成比较优势和特色。学校可通过设立具有协同育人体系的特色产业学院，实行专项招生制，采用'3+1'学习与实践相结合的教学模式，整合'政产学协园'混合所有制的优势资源，有效解决国内高端应用型人才供给不足的问题。"

上海优也信息科技有限公司首席科学家郭朝晖："技术发明不等于创新，将发明用于商业活动并取得成功才是创新。创新活动的本质，是企业家对资源的配置。除了技术，工业智能必须做好战略规划，做好细节和风险防控。这都对智能制造人才培养提出了新的挑战，要培养具有良好职业素质和经营管理能力的复合型人才，形成强大的智能制造人才供应体系。"

安世中德咨询有限公司咨询工程师贺进："增材制造能够为传统工艺提供轻量化、多件融合、分布式生产、全新材料、按需生产、个性化的服务，对于降低制造成本、优化开发、改善生产流程和质量具有重要意义。面向增材的设计与制造的完整解决方案需要涵盖结构拓扑优化、设计与模型处理、设计评估与参数优化、工艺模拟与工业优化、增材制造设备与质量检测全过程。目前面向增材等设计制造正应用于卫星支架、机器人手臂、热交换器、汽车零件等。"

安世亚太科技股份有限公司战略合作部总经理邢军："增材制造是天然的数字化生产方式，在产品全生命周期都能体现重要价值。大数据 + AI + 云 + 区块链为大规模个性化定制生产奠定了技术基础。目前增产制造已经在航空航天、医疗器械、珠宝首饰等领域实现了创新应用。智能制造将为各行业带来革命性变化，也需要大量复合型人才。先进设计与增材制造智慧学习工场将致力于构建以学科专业集群为基本单元的知识和能力体系，形成增材制造产业链全要素场景，推动先进设计与增材制造人才培养模式变革，形成智能制造生态体系。"

为增材制造构建培养创新型人才

先进设计与增材制造智慧学习工场将遵循"设计为先，创新引领，技术集成，虚实相胜"的原则，汇聚增材制造领域领先行业企业资源，建设技术供应链体系，以真实产业需求驱动和激励学习者自主学习；设计能力评价与认定机制，保障多种学习方式的等价性；以先进设计能力培养为导向，创新能力培养为核心，实践能力培养为路径，构建增材制造领域创新型人才培养新模式和新机制。

先进设计与增材制造智慧学习工场（2020）主要由1个智慧学习平台、10个中心和1个实习实践基地组成（见图1）。

1个智慧学习平台——包含了6个子平台系统，具体为智慧学习平台系统（智慧课堂+数字学习等）、资源管理平台（企业资源+院校资源）、智慧空间管理系统（虚拟学习共建，云课堂、云会议等）、认证管理系统（线上+线下模式）、教学资源管理系统（课程资源、视频资源）、智慧学习引擎（就业推荐、实习推荐、岗位匹配、岗位能力鉴定等）和教师管理平台（在线演播室+协同创新中心）。

10个中心——包含设计能力训练中心、仿真能力训练中心、增材材料技术中心、增材制造VR训练中心、非金属打印实训中心、金属打印实训中心、技能认证考试中心、在线设计打印中心、先进设计与增材制造体验展示中心和增材设计与工艺中心，将立体呈现基于增材思维的先进设计与智能制造全要素场景、理论学习与工程实践、虚拟场景与岗位现实呼应结合的高度融合等特征。

1个实习实践基地——为学员提供工作岗位体验、设计成果制造、个人创业配套、实践认证考试的生产服务基地。实习实践基地既可以建设在校内，也可以建设于产业园区和企业。通过智慧学习引擎，实现面向各个行业领域的实践基地互联互通，搭建实践基地网络。

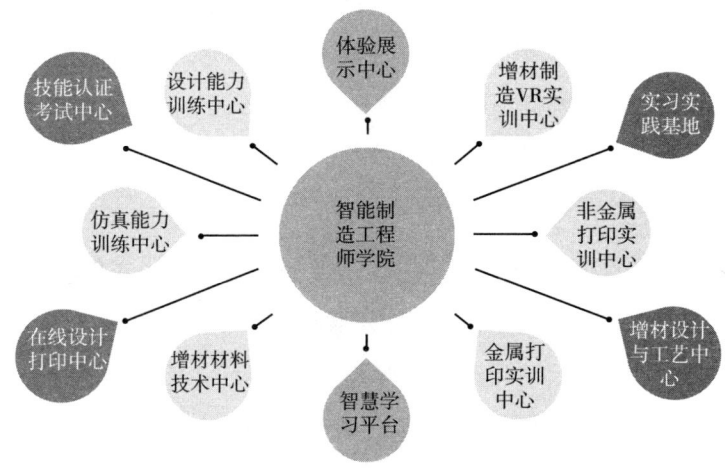

图1　先进设计与增材制造智慧学习工场（2020）

构建教育创新实验大平台：智慧学习工场编码规则发布了

人类教育形态正处在变革的前夜，为了引领未来教育的发展，中心提出了三大引领性教育创新工程，其中智慧学习工场是未来高校和职业院校的核心单元。

智慧学习工场具有开放众筹、多元合作、协同创新、广泛连接、互联共享等诸多重要属性，是产教融合、科教融合深化的成果，是开放融合发展的底层基础结构的重建，是中心关于学科专业集群化发展、大舰战略、美学工业和校园园区2.0等重要思想的集中体现和创新应用，将使未来大学呈现全新的形态特征。

自2017年10月正式启动实施以来，智慧学习工场已经在多个层面开展了多种类型的创新性实验。先后在新金融、先进设计与增材制造、新商科等专业领域开展了学科专业集群型实验，在河南省驻马店市开启了"乡村振兴学院"园区型实验，在广东技术师范大学开展了校区型实验，在首批五家试点单位开展了"学硕创新工作站"单一功能型实验，还在应急安全、网络安全等领域启动了初期实验。

智慧学习工场大事记：

2017年10月，陈锋主任在2017地方本科高校文科应用转型研讨会上作《智慧学习工场：可以开始了》主旨报告，标志着中心智慧学习工场的建设正式拉开序幕。

2017年11月，发布智慧学习工场的概念设计。

2017年12月，发布《智慧学习工场2020建设指南》，建立智慧学习工场的研究及智库平台。

2017年12月，推动多样化实践，包括重要学科专业集群项目、新校区项目、企业基地项目及园区和综合实验区项目。

2018年3月，中心联合国家金融与发展实验室、汉唐教育集团召开新金融智慧学习工场（2020）项目研讨会，并在会上签署三方合作协议。

2018年5月，在第五届产教融合发展战略国际论坛上，正式发布新金融智慧学习工场（2020）项目，随后启动院校试点。

2018年5月，智慧学习工场共享核之一——企业家学院由中心、驻马店市政府和黄淮学院共同启动试点。

2018年5月，中心、驻马店市政府、黄淮学院和汉唐教育集团签署四方合作协议，启动乡村振兴学院（现代农业智慧学习工场）建设。

2018年9月，经过项目专家组对试点院校方案的论证和遴选，最终确定14所学校为新金融智慧学习工场（2020）项目首批试点学校，项目正式进入建设实施阶段。

2018年10月，召开先进设计与增材制造智慧学习工场（2020）项目研讨会，中心与安世亚太科技股份有限公司签署战略合作协议。

2018年12月，在广东技术师范大学召开先进设计与增材制造智慧学习工场（2020）项目第二次研讨会，推进各类型智慧学习工场实验间的联动与发展。

在智慧学习工场实验的全面推进过程中，得到了院校和行业企业的积极响应。为巩固实验成果，扩大实验范围领域，中心依据《智慧学习工场框架设计》《智慧学习工场指南》《智慧学习工场2020认定规则》制定了相应的编码规则。

智慧学习工场编码规则：

（1）智慧学习工场的编码分为建设期和实施期。建设期是指智慧学习工场的建设方案经教育部学校规划建设中心审核同意备案，同意开展智慧学习工场建设在取得正式认定前的编码，具体方式为在编码前加（建）。实施期为具体的智慧学习工场取得正式认定后按智慧学习工场的标准和规则开展建设，具体方式为在编码前加（智慧学习工场2020）。

（2）智慧学习工场编码分为三段，由教育部学校规划建设发展中心将编码授予建设单位，其中以授权第三方企业建设的方式进行，第三段编码为区间号段。

第一段为智慧学习工场类型编码，共有1位。以学校为主申报的学科专业集群型（代码A）、以企业或基地为主申报的学科专业集群型（代码B）、授权第三方服务机构校企共建的学科专业集群型（代码C）、综合能力强化型（代码D）、专项实验型（代码E）、其他型（F）。

第二段为学科集群编码，共5位。以智慧学习工场涉及的主要学科专业的二级学科代码为编码。具体学科代码以《中华人民共和国学科分类与代码（国家标准GBT 13745—2009）》为准。涉及跨学科的以"99999"为代码。

第三段为智慧学习工场的顺序编号，共有6位。学校或企业自主申报的智慧学习工场按照建设时间先后顺序用6位数字编号。通过授权方式合作建设的智慧学习工场，编号前2位为授权方英文首字母缩写，后4位按此授权方建设的先后顺序编号。

如新金融智慧学习工场编码格式为：

自主申报A-79073-000001。

授权建设C-79073-HT0001。

（3）证书代码，用于智慧学习工场授予毕结业学生，分为两段，由建设单位和认定单位按照规则自主授予。

第一段为学习者的类型，共2位。第一位代表层次。其中研究生及研究生后继续教育为A，本科生及本科后继续教育为B，专科及专科后继续教育为C，其他为D。第二位代表学习年限，其中学历教育为A，一年以上课程为B，一年以内课程为C。

第二段为毕结业学生顺序码，为四位毕结业年码（如2018年毕结业为2018）+4位顺序码。

例如：2019第一个研究生后半年期的课程教育的学生的证书代码为：AC20190001。

智慧学习工场是一个全新开放的新型教育的实验平台，以共建共享为核心机制，中心鼓励和支持院校、企业行业、产业园区、科技高新区等围绕流程改造、场景构建、机制探索、底层架构设计、共享核建设、新型空间打造，开展整体或部分的实验；鼓励和支持学校、园区按照相应标准自建或委托专业机构共建智慧学习工场。中心将加强对专业机构建设的规范和指导，对搭建智慧学习工场之间的集成平台做好要素供给、标准指导、协同创新等基础工作。同时，中心将根据智慧学习工场的相关文件，指导参与者优化设计，并对开展的项目进行编码认定。

长三角合作计划启动，中英职业教育迎接"黄金时代"

习近平总书记对我国教育现代化做出了重要指示，强调"要扩大教育开放，同世界一流资源开展高水平合作办学，提升我国教育的世界影响力。"

2018年2月1日，中国国家主席习近平在会见英国首相特雷莎·梅时强调要赋予中英关系新的时代内涵，共同打造"黄金时代"增强版。

为响应习总书记的指示精神，贯彻落实好共同打造中英关系"黄金时代"的重要讲话精神，进一步推动中英关系面向21世纪全球全面战略伙伴关系迈上新台阶，在《中国教育现代化2035》与《国家职业教育改革实施方案》发布之际，中国教育部学校规划建设发展中心、英国国际贸易部教育与技能司、嘉兴市人民政府与鄂尔多斯市人民政府于2019年2月25—26日联合举办了中英技能合作研讨会暨长三角合作计划启动仪式。教育部原副部长、中国职业教育学会会长鲁昕，教育部学校规划建设发展中心主任陈锋、副主任邬国强、副主任陈建荣，英国国际贸易部教育与技能司中国区主任刘静，嘉兴市副市长邢海华，鄂尔多斯市副市长刘建勋等出席会议（见图1）。

中国职业教育开启新征程

教育部原副部长、中国职业教育学会会长鲁昕阐述了现代职业教育的理念，系统回顾了改革开放以来中国职业教育的成就，重点阐释了2014年《国务院关于加快发展现代职业教育的决定》《现代职业教育体系建设规划（2014—2020年）》印发以来现代职业教育体系建设的突破性进展，深入解读了《国家职业教育改革实施方案》（以下简称《实施方案》），并对未来职业教育如何履行新使命提出期望。

图 1　中英技能合作研讨会暨长三角合作计划启动仪式

现代职业教育体系的核心问题：

现代职业教育的定位——应当在学制上、成长通道上采取一系列制度措施为生产和服务一线培养适应科学技术进步和生产方式变革的技术技能人才。如何办学——产教科融合、校企科合作。本科转型——应用型人才培养要占高等教育阶段2/3以上。

1. 中国职业教育已开启新征程

2014年《决定》《规划》印发以来，现代职业教育建设取得了突破性进展：一是确立了职业教育是类型、不是层次。二是明确了职业教育人才培养目标定位。三是搭建了现代职业教育体系架构。四是创建了产教融合制度。五是健全了职业教育经费投入保障体系。六是完善了"双师型"教师培养培训体系。

2019年《实施方案》：一是明确了职业教育与普通教育同等重要的现代教育地位。二是提出了构建职业教育国家标准。三是坚定了产教融合的国家办学制度。四是肯定了多元办学新格局。五是重申了技术技能人才保障政策。六是建立了发展现代职业教育组织保障制度。

2. 中国职业教育履行好新使命

一是要对接科技发展趋势，培养高素质技术技能人才。二要推进供给侧结构改革，解决就业结构性矛盾。三是要担当类型教育，推动教育结构科学合理。四是要服务数字经济，促进经济持续健康发展。五是要紧跟人工智能发展进程，培养结构性短缺人才。六是要服务高质量发展，助推产业转型升级。七是要服务终身学习，助力生命全程教育。八是要完善培训体系，开展各类培训。

推动发展职业教育，中英将携手共赢

教育部学校规划建设发展中心主任陈锋："从时间角度看《国家职业教育改革实施方案》发布有四重意义：一是充分体现党中央和国务院对加快发展现代职业教育的重视；二是反映了当前中国经济发展进入新阶段对职业教育的紧迫需求；三是推进现代教育体系建设的需要；四是开放职业教育、深化融合的模式。"

国家进入新时代，教育处于新周期，科技孕育新革命。职业教育发展要和时代紧密结合，把握未来发展趋势。职业院校需要：坚持适应科技发展和生产方式变化，培养生产生活第一线技术人员的定位；为经济、行业、区域发展和所有的学习者创造价值；坚持产教融合的道路；加快学校形态向数字化、智能化变革。

英国国际贸易部教育与技能司中国区主任刘静："《实施方案》指明了中国政府在促进职业教育发展方面的政策导向。英国政府、行业企业对此深受鼓舞、充满信心，英国国际贸易部有责任有义务做好两国职业教育领域合作的桥梁作用，搭建好行业企业合作的平台，以利于英国优质的职业教育项目在中国更大范围推广与合作。"

培生英国及全球核心市场总裁罗德·布里斯托："培生集团倡导就业导向型职业教育，紧密衔接全球标准和数字化，注重与地方经济需求的关联，并支持和重视终身职业学习。期望通过开展充满活力、灵活且高质量的职业教育来帮助越来越多的年轻一代实现高品质就业和深造。"

嘉兴市副市长邢海华："嘉兴市要紧紧抓住职业教育改革发展的机遇，围绕经济社会转型升级的需要，积极对接国际资源，探索技能教育合作的'嘉兴样板'，努力为嘉兴乃至长三角区域提供高端技能人才，为实施长三角一体化国家战略贡献力量。"

鄂尔多斯市副市长刘建勋："鄂尔多斯市要利用经济、交通、资源等发展优势为新时代职教合作奠定坚实基础，把鄂尔多斯市建设为新时代职教合作的试验田和示范区，树立技能技术创新发展新标杆。"

推荐：做职业教育，他们是榜样！

1. 嘉兴南洋职业技术学院："技创工学辅"人才培养与产教融合国际化的不断深化

该学院全面推行现代学徒制人才培养模式改革，推动学校招生与企业招工相衔接，校企育人"双重主体"，学生学徒"双重身份"。构建"校、企+平台"的三元制新模式。

在人才培养模式上，以学分制管理制度为纽带，形成"技、创、工、学、辅"五位一体育人新体系，在产教融合育人的高度、精准度、宽度、深度等方面不断突破。在此基础上，嘉兴南洋职业技术学院探索搭建产教融合的国际创新技能教育合作平台，参与英国外交部繁荣基金项目——英国国家职业资格证书EAL高技能人才培训，深入了解及参与英国技能证书培训，一线体验英国技能教育理念。

2. 鄂尔多斯理工学校："产教融合国际人才港"为引领的政企校实训基地

该校通过机制创新，建立"政企校"实训基地——"鄂尔多斯国际人才港"，旨在服务地方发展特色，以打造创新理工品牌为契机，以人才培养为目标，对接国际资源，引进英国技能优才中心核心教育服务团队，推进产学国际融合，致力于打造成为中国西部地区重要的应用型人才培养、输出和集散基地。

3.北京理工大学继续教育学院：建设中国特色、国际水准的职业教育师资培养体系

北京理工大学在国际化的合作进程中，以构建政府鼓励、行业认可和学员满意的中国特色国际水平培养体系为目标，结合英国现代学位学徒制，探讨专业学位研究生培养模式。从思想引领和项目设置，规范培养培训各层次技能人才培训师，并颁发资格。

4.中国高科集团：开拓社会资本参与职业教育的"高科模式"

在强化职业教育的职业实践的逻辑框架内，产业对教育的引领和支撑是核心。在实践中，高科集团将职业教育领域作为未来发展的战略方向，高科集团通过开展高等学历职业教育、协助学生获取职业资格和提升职业技能主的职业再教育。

会上，举行了中英技能合作计划长三角中心项目启动仪式、"NSAR中英轨道交通学院"揭牌仪式、"NTAR中英轨道交通公共实训基地"揭牌仪式、"中国高科技能教育院校合作示范中心"揭牌仪式以及"培生技能国际资源中心"揭牌仪式，中英技能合作进一步深化落地，"中国+英国引领和服务第三国"的"技能'一带一路'平台"建设不断推进。

机遇来了！这里将构建一个世界级"数字湾区"

2018年9月，习近平总书记在全国教育大会上提出"扩大教育开放，同世界一流资源开展高水平合作办学"。

2019年3月，李克强总理在第十三届全国人民代表大会第二次会议作政府工作报告，要"壮大数字经济、扩大国际创新合作"。

为深入贯彻落实相关重要精神，助力中美教育双边合作，推动中美产教融合和多层次、多类型数字产业人才培养模式的创新与实践，2019年3月20—21日，教育部学校规划建设发展中心主办的中国浙江—美国加州两湾高等教育战略合作暨首届数字人才培养创新实践研讨会（两湾研讨会）将在浙江宁波召开。

汇资源，打造"数字湾区"

数字经济的本质在于信息化，信息化是由计算机与互联网等生产工具的革命所引起的工业经济转向信息经济的一种社会经济过程。

如今，数字经济正在席卷全球，全球经济向数字经济迁移已经势不可挡。

全球数字经济格局：美国一骑绝尘，中国奋起直追。

根据上海社科院发布《全球数字经济竞争力指数（2018）》与阿里研究院发布《2018全球数字经济发展指数》，美国数字经济发展在世界排名第一，中国第二，全球数字经济呈现"美国一骑绝尘，中国奋起直追，欧洲抱团取暖"的分布格局。美国旧金山湾区作为带动美国经济增长和引领技术变革的领头羊，可以说是当今世界经济形态的龙头，拥有全世界四分之一的数字平台，以斯坦福为代表的80多个高等教育机构和研究所在加州湾区内聚集、生长,推动技术、人才、资本等要素的有机结合并形成良性、活跃的生态系统。

尽管与美国仍有差距,但中国数字经济潜力巨大、动能强劲。《报告》预计,中国数字经济的发展将进一步加快。

浙江,下一个全球数字经济创新高地。

浙江省第十四次党代会提出,发展湾区经济是浙江区域经济发展的重要战略,将着力将"大湾区"打造为全球数字经济创新高地,构建世界级"数字湾区"。加快"数字湾区"建设是浙江省落实网络强国、数字中国战略的具体行动,是浙江推动湾区经济高质量发展的路径选择,也是实现湾区一体化发展的重要支撑。

浙江建设"数字湾区"拥有得天独厚的条件。浙江大湾区以杭州湾区为核心,区位优势突出,人才要素集聚,产业和空间资源厚实,数字经济全国领先,涌现出了一批像阿里云、之江实验室等为代表的全球领先的数字企业、研发平台,完全具备成为以数字经济为主导的世界第四大湾区的潜质,将成为我国在数字经济时代引领世界经济发展的桥头堡。

全方位,共话数字人才培养

随着社会发展,美国的高等教育课程体系的设置和人才创新培养一直处于不断地改革与发展之中,这种主动与社会发展相适应,不断创新与变革的历程,奠定了其在世界高等教育中的地位与特色。

此次两湾研讨会将聚焦数字人才培养创新实践,邀请百余位中外学者、企业代表等聚焦:

两湾协同共享,打造数字产业人才;

引领高等教育深层次变革;

美国数字产业发展与高校人才培养模式改革经验与探索;

推进中美两湾高等教育合作;

……

通过主题报告、专题研讨、中美产教融合国际公开课示范、中美产教融合互通平台应用演示、中美高校合作成果展等多方位立体化的呈现方式，共同推进中美两湾高等教育合作，以加强高水平应用型大学内涵建设为目的，引领各地发展数字化专业人才培养创新模式，提升数字人才服务区域经济发展能力。

搭桥梁，"双百计划"再深化

2016年5月，教育部学校规划建设发展中心启动中美应用技术教育"双百计划"，并于2016年6月被纳入第七轮中美人文交流高层磋商机制，开启两国在应用技术教育领域的深度合作，为地方高校提供国际标准的应用课程体系、培养模式、院校管理模式等资源，帮助地方高校实现成功转型。

在数字化、智能化的新时代背景下，教育部学校规划建设发展中心坚持以"大平台+"战略推动产教融合机制创新，积极谋划中美产教融合向平台化升级，汇聚世界一流教育创新要素，促进实现精准对接国家战略的深度合作与协同共享。

2017年10月，中美应用技术教育"双百计划"全面升级为中美产教融合+高水平应用型高校建设项目。同时，积极开展实施项目2.0平台解决方案，在原本设计制定人才培养方案体系、对标国际专业认证标准、推动中美专业共建的基础上，搭建线上线下相结合的中美产教融合国际教育协同合作云服务平台，最终形成产教融合国际教育新生态（见图1）。

两湾研讨会依托于中美产教融合+高水平应用型高校建设项目不断开拓的中美优质校企研资源，将美国加州高校联盟及其成员组织接入中美产教融合平台，以此借鉴学习加州湾区在数字经济时代如何通过产教融合进行数字产业人才培养，为中美两湾各高校联盟的院校领导和专家学者及企业家代表提供有效的交流平台，促进两湾地区政府、产业和高校的多元合作。

下篇 产教融合 2.0——向"大平台+"迈进

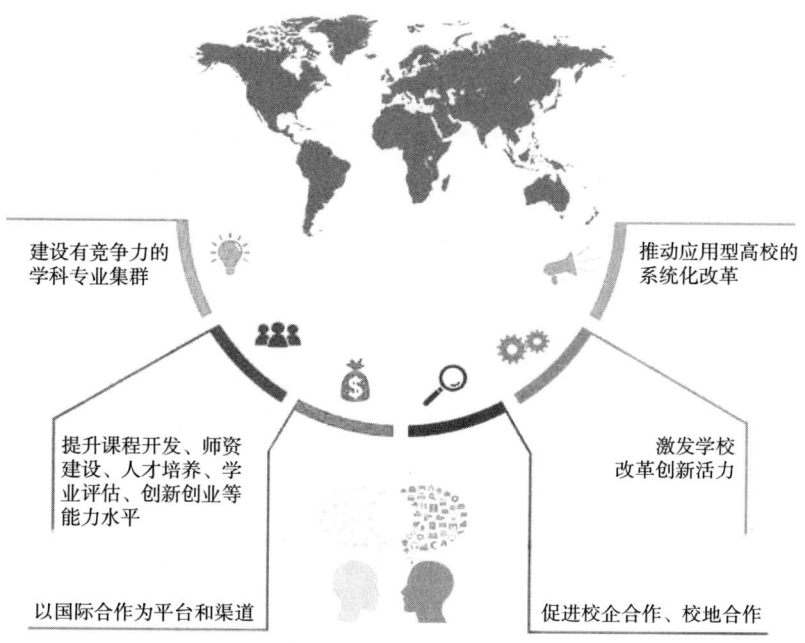

图 1 中美产教融合 + 高水平应用型高校建设项目

数字新丝路！产教融合的国际教育共同体有了

随着数字智能等新兴产业的迅捷演化与全球化扩散，高等教育的发展既面临产教融合模式创新的迫切要求，同时迎来"一带一路"倡议实施的发展契机。

2018年全国教育大会指出："要提升教育服务经济社会发展能力""推进产学研协同创新"。

2019年的全国政府工作报告中也进一步强调了"推动共建'一带一路'""健全以企业为主体的产学研一体化创新机制，扩大国际创新合作。"

为深入贯彻落实上述会议和报告部署精神，2019年3月27日，教育部学校规划建设发展中心将与发展中国家工程技术科学院（The Academy of Engineering and Technology of the Developing World，AETDEW）在北京共同召开数字丝路产教融合研讨会。会议将在数字化智能化背景与"一带一路"框架下，聚焦产教深度融合模式升级与"一带一路"教育共同体构建，为充分发挥数据中国"百校工程"项目平台潜能探索创新发展路径。

数据中国"百校工程"——服务国家发展战略的产教融合共同体

为构建新兴产业领域的服务国家发展战略，推动高校应用型转型的平台化、生态化的产教融合共同体，2016年，教育部学校规划建设发展中心启动数据中国"百校工程"产教融合创新计划。

该计划将在全国范围内遴选百所应用型院校，设立"曙光瑞翼大数据学院"与"大数据应用创新中心"，实现大数据、人工智能领域的人才培养、科研支撑、行业应用、资源开发和社会服务"五位一体"的功能。同时，百校联网形成"大数据应用协同创新网络"，不断完善百校整合与协同机制，逐步引入战略资源，打造百校联合体产业创新服务平台。

目前，该平台：

覆盖24个省市自治区，具有100PB的数据规模，50万通用核和100万流处理核的计算能力；

囊括全国各地区高校近千名学术骨干力量，在校学生近万名；

正在开展的行业应用超过200项，涉及教育、农业、交通、政务、健康医疗、金融、物流、旅游等多个领域。

由于该平台汇聚了庞大计算资源、人才资源，并且能够发挥地方院校显著的在地优势，吸引了包括上海数学中心、联想集团等众多科技龙头企业与顶尖科研机构的合作，逐渐成长为同时面向教育与产业的创新应用生态。

如何充分发挥百校互联平台的潜能，不断完善这一创新应用生态的协同合作机制，同时抓住"一带一路"倡议实施的机遇，拓展百校平台的国际化发展空间，已成为数据中国"百校工程"项目目前着力推动的关键节点，专家学者也将在本次研讨会上共展未来。

数字丝路"百校工程"——国际化教育服务平台

基于数据中国"百校工程"项目在国内众多高校所建立的标准化、协同化科研应用基地，以及围绕大数据、人工智能等新兴技术领域开展的国际化工程教育，联合国教科文组织、联合国南南合作组织等国际组织共同支持的发展中国家工程技术科学院（AETDEW），与数据中国"百校工程"项目共同发起 数字丝路"百校工程"（Digital B&R Double Hundred University Cooperation Program，DHUCP）。

该计划将在"一带一路"沿线国家中挑选100所高校，并与国内挑选的对应100所高校联系起来，建立数字丝路"百校工程"的中国培训中心，并与"一带一路"沿线国家的培训中心一起形成全球培训网络，服务于"一带一路"沿线国家以及国内企业开展"一带一路"建设所急需的数字智能技术人才培养。

2018年11月，在"共建共享——产教融合平台建设经验交流会"上，教育部学校规划建设发展中心与联想（北京）有限公司、瑞翼教育共同签署合作协议,共建"一带一路"数字丝路学院,推动数字丝路"百校工程"的快速实施。联想集团作为全球智能终端设备、数据中心、云及解决方案的领军企业,在亚洲"一带一路"区域为各国提供的智能终端设备占据该领域的首位。通过百校联盟与"一带一路"建设领域的科技龙头企业的合作,将会充分发挥百校平台作为国际化教育服务平台的潜能。

"丝路之行"——"预见"教育共同体

为了高水平实施数字丝路"百校工程"(DHUCP),数据中国"百校工程"项目组接连参访了"一带一路"沿线国家的政府部门及高校。2018年,项目组负责人访问马来西亚拉曼大学,就国际化工程教育的开展深入交换意见。拉曼大学校长、亚太工程学会联合会原主席蔡贤德对数字丝路"百校工程"(DHUCP)给予了高度评价。他也将会在本次研讨会上就产教融合的国际化路径做主题发言。

项目专家施祖美教授带领的代表团一行,赴伊斯兰堡访问了巴基斯坦高等教育委员会、科技部、规范发展改革部、工程理事会、经济合作组织科学基金会(ECOSF)等机构,就数字丝路"百校工程"(DHUCP)项目的规划和实施机制进行磋商。

会谈就巴基斯坦高校与百校工程之间的合作机制和内容达成共识。会议商定,数字丝路"百校工程"(DHUCP)的实施将从邀请中巴两国的成员大学开始,制定双向交流方案。双方合作包括选派巴方优秀的公费院校的学生来我国进行新技术的学习,开展师生互派并设置国家奖学金,以数字丝路"百校工程"(DHUCP)院校为基地,与巴方的合作院校共建新技术科研培训中心。

代表团与迈赫兰工程技术大学、赛义德工程技术大学以及卡拉奇和俾路支斯坦信息技术大学达成以下共识:所有合作大学都认可数字丝路"百校工程"(DHUCP)并愿意加入该项目;合作大学将说明它们的需求并提出行动议案;巴基斯坦高等教育委员将持续参与并协调合作大学与数字丝路"百校工程"的进一步合作与沟通。

施祖美教授指出,在教育部学校规划建设发展中心支持下所实施的数字丝路"百校工程"(DHUCP),目标是发展数字技术的人才资源,对于实现中国"一带一路"合作的可持续发展具有重大的意义。

互学互鉴,数字经济架起中美"两湾"人才培养合作之桥

国家主席习近平日前会见美国哈佛大学校长巴科时指出,教育交流合作是中美关系的重要组成部分,有助于增进中美友好的民意基础。他山之石可以攻玉。我们主张互学互鉴,鼓励留学,支持中外教育交流合作,希望中美人文交流取得更多积极成果。

2019年3月20—21日,中国浙江—美国加州两湾高等教育战略合作暨数字人才培养创新实践研讨会在浙江宁波召开,会议由教育部学校规划建设发展中心主办,浙江省应用型本科高校联盟、美国加州高校联盟(Study California)、宁波工程学院、中美产教融合研究院联合承办,中美专家以"两湾协同共享,打造数字产业人才高地"为主题作精彩报告,来自130余家高校及行业企业的近300位代表出席会议。

教育部学校规划建设发展中心主任陈锋出席并做主旨讲话(见图1),原教育部国际司司长岑建君、美国加州高校联盟(Study California)主席艾米丽·基尔希、浙江省教育厅副厅长丁天乐、宁波市教育局副局长胡赤弟致辞,宁波工程学院党委书记苏志刚主持开幕式。

数字技术与数字经济正在推动教育形态变革

会上,教育部学校规划建设发展中心主任陈锋作《数字经济——贯通世界的桥梁》的主旨报告指出,当前世界呈现新的经济格局和文明格局,中国要坚持走改革开放的道路,以开放的心态推动国际合作平台的建设,要以"一带一路"为重点,为全世界的共同发展增添新动力。在面对经济、金融、技术进步

图1 教育部学校规划建设发展中心主任陈锋作主旨报告

等各种全球化挑战中,大学要担当创新,在中美两国教育领域的交流和合作中担负更重要的使命。

而数字经济正成为全球经济的核心增长点,数字化和智能化推动产业结构升级和教育形态的变革。教育形态的变革要以数字化、智能化时代发展的需要为起点,加强国际合作交流,迎接机遇与挑战,积极探索人才培养和未来大学形态。

高校面临数字化挑战与机遇

陈锋主任表示,高校在迎接数字化和智能化过程中面临诸多挑战与机遇:

(1)需求发生了革命性的变化——数字经济的发展带动新兴产业组织方式和行业成长路径的变革,大量新的行业、新的职业产生,催生高校学科、专业及人才培养方式的变革;

(2)学习方式的革命性变化——互联网、人工智能、大数据等技术革命将推动知识和能力的重构教育将在老师、学生和人工智能的三重叠加下,发生深刻的维度变化;

（3）学习组织与管理方式的变革——打破现有学习方式和学校形态的时代局限性，不断突破各类教育形态及时空的原有边界；

（4）创新方式的变革——科学技术深刻改变传统社会教育产业的分布，基于变革，不断探索当代大学通往未来大学的核心平台；

（5）教师职业的深刻变革——教师面临数字化和智能化时代带来的挑战，不应受限于大学原有学科专业体系、组织架构和教学方式，而是站在前沿角度思考数字化，智能化时代对高等教育的革命性变革。

应该和将要怎么做？他们告诉你

对于教育如何在数字化经济变革中发展，陈锋主任有以下四点建议：

（1）推动建立中国浙江与美国加州在教育领域的长期合作机制和伙伴关系；

（2）以数字化经济、教育和科技发展为主要命题，探讨大学发展的责任、机制、模式；

（3）建立合作平台，鼓励两地高校以开创共享的原则，开展多层次、多形式的合作；

（4）带动中美两地数字化领域领先企业参与合作平台的建设。

科技部中国科学技术发展战略研究院研究员李修全："中美两国是人工智能领域科研国际合作网络的中心，中美两国合作将深刻影响全球人工智能发展。当前人工智能学科交叉不断融合，感知智能日益成熟，认知智能持续突破，数据智能成为主流，类脑智能蓄势待发。人工智能与数字化技术群呈现融合发展趋势，数字化技术有效支撑智能技术发展，人工智能已成为驱动新一轮经济社会变革的驱动力量，引领数字经济向智能化升级。"

中国教育技术协会副会长、中国教育技术标准委员会秘书长钟晓流："智慧校园建设的顶层设计应坚持智慧融通共惠的基本原则，具备互联网+的时代特征、校园特征、智慧标志，包含智慧教学环境、智慧教学资源、智慧校园管理、智慧校园服务四个维度，由物联网+云计算+大数据+人工智能提供技术支撑。应用驱动下的智慧校园建设是'绿色'物理空间与'智慧'信息空间的终极追求。智慧校园的建设应注重环境与资源体系一体化、管理与服务体系一体化的深度融合。"

西交利物浦大学领导与教育前沿研究院常务副院长张晓军：未来大学将以学生为中心，以促进学生的健康成长为中心，大学所有员工所有活动都应以立德树人为先。未来的个性化教育应是基于需求大于基于选择、过程演化大于初始设计、个性设计大于统一方案、资源整合大于资源分配、部门合作大于部门分割。以西交利物浦大学为例，学校成立全球数字公民教育中心，整合全校资源提升数字素养；专业课通过研究导向性学习培养学生数字素养，学生从实际问题出发、搜集整合资料、通过小组讨论提出问题解决方案，从而提升学生批判性思维、针对问题搜集资料的能力、合作能力、沟通能力、领导力、形成和评估方案的能力等。

宁波市经信局副书记、副局长徐云：宁波市在建设智慧城市的探索过程中积累了许多成果——以机制建设和资源整合为抓手，已经拥有了在全国范围内处于领先的数字信息基础设施，形成了利民、高效的大数据共享建设服务系统（政务云），拥有高水平的智慧服务（智慧健康和智慧教育）平台，促进了区域数字经济飞速发展。在未来，宁波将加快5G技术在通讯领域的应用，逐步完善综合应用体系和管理服务机制建设，全力推进数字经济融合发展，从而营造标准建设完备、信息网络空间安全的良好发展环境，让市民得到真正的实惠。

教育部学校规划建设发展中心项目主管张闫肆：数字化、智能化的核心引擎是未来大型的核心技术架构。打造数字共享核将强力弥合技术变革与学校形态演化的时滞差距；基于"数据中台"战略，推动新型学校结构的升级重塑；在万物智能互联时代，即时满足学习者中心的需求。数字共享核具有双向集成、闭环反馈的数据中台，产教融合、内外打通，以及寰球视野、开放互联的特征。打造数字共享核为学校进行数字化转型提供了综合解决方案。

跨界融合——中美数字人才培养的共同趋势

河北民族师范学院院长苏国安、河北环境工程学院副校长耿世刚、浙江万里学院副校长马建荣、美国先进技术教育协会副主席栾晶、美国加州斯凯蓝学院副校长詹妮弗·泰勒、美国加州肯尼亚达先进科技创新教育计划负责人乔纳森·比塞尔分别从学科专业建设、区域经济发展、人才培养模式、国际合作等角度展开对话。

两湾研讨会除主题报告外，还通过公开课、参观考察、学术沙龙、展览展示等多样化形式，呈现中美两湾数字教育合作的现状与前景，方便中美两国代表全方位沟通交流。

国际课堂公开课——通过教育桥国际引智平台，美国南加州大学与美国佛罗里达国际大学教授给宁波工程学院师生带来两场公开课，讲解智能电网与区块链技术。

中美产教融合+高水平应用型高校建设项目公开示范课——依托中美产教融合+高水平应用型高校建设项目，中美专家讲解多元化沟通与VR导论。

中美参会代表在学术沙龙上交流。

会上，浙江应用型高校联盟与美国加州高校联盟（Study California）签署合作协议。双方将支持技术教育合作，共同设计学科和专业，开展合作教学，推动科研合作，推进浙江与加州教育领域的州省合作。

产教深度融合的"数字丝路"路线图有了

习近平总书记在2018年全国教育大会中指出,要加快一流大学和一流学科建设,推进产学研协同创新,积极投身实施创新驱动发展战略,着重培养创新型、复合型、应用型人才。要扩大教育开放,同世界一流资源开展高水平合作办学。

产教融合的数字丝路

2019年3月27日在北京举行的数字丝路产教融合研讨会,是在当前数字化智能化产业发展背景与"一带一路"框架下,聚焦产教深度融合模式的升级与"一带一路"教育共同体的构建,为充分发挥"百校工程"项目的平台潜能探索创新发展路径。

此次会议着眼于搭建大数据、人工智能等新兴产业领域的国际化产教融合平台,引起"一带一路"沿线国家政府、产业及教育界的高度瞩目。厄瓜多尔大使馆、联想集团副总裁唐昭平、曙光信息产业股份有限公司副总裁吴宗友、发展中国家工程技术科学院李怡章院长、经济合作组织科学基金会主席曼祖尔·索莫罗、亚太工程学会联合会原主席拉曼大学蔡贤德校长,以及国际工程教育专家、曾任两届中国人工智能学会理事长的钟义信院士将到会研讨。

百校互联平台:让高校与产业发展同步演化

教育部学校规划建设发展中心自2016年5月开始推动的数据中国"百校工程"项目,由曙光瑞翼教育实施,在全国范围内遴选百所应用型院校,建设兼具人才培养与科研应用服务功能的产教融合基地,依托百校互联平台,为高校在大数据、人工智能领域的人才培养、专业建设、应用服务等方向提供创新发展的强大动能。

创新应用能力的缺失，是地方高校无力服务于区域发展、人才培养滞后于产业趋势的关键原因。

"百校工程"项目通过校企合作方式在高校中建设大数据应用创新中心，发挥地方高校各层次多学科的人才优势，与高校所在区域的政府部门及企业形成紧密合作关系，进而百校联网形成协同创新网络，并与教育部、科技部、科研机构以及科技龙头企业合作，共同构建具有强大计算资源、人才资源、项目资源的百校联合体，依托资源与应用创新的共享协同机制，不断提升参与高校的创新应用的内力，解决与产业发展同步演化的问题。

目前，"百校工程"已建成国内目前唯一的高校互联分布式计算平台，整合了跨地域高校的庞大科研应用资源，同时也在大数据、人工智能的应用型人才培养与行业应用服务方面积累了很多产教融合创新经验。

"百校工程"进阶2.0：面向更多元产业领域

在百校平台的高校接入和功能搭建逐步完成之后，它在协同应用创新方面的优势逐渐显现，也为深度产教融合的机制创新奠定了坚实的基础。

为打造具有市场竞争力的大数据行业应用产品，提升合作院校行业应用水平，瑞翼教育面向合作院校发布了教育大数据行业应用项目，将这一系统应用分解为科研维度、环境维度、生活维度、管理维度以及教学维度等五个方面，分别由"百校工程"的16所参与院校承担。利用高校自身的数据资源优势，在互联平台所提供的协同研发机制与强大计算资源的支撑下，教育大数据协同体已经实现了原型构建和初步的应用。

目前，"百校工程"的院校不仅根据自身区域特点分别开展了近200项行业应用项目，也逐步利用互联平台协同开展应用创新。

随着"大平台+"战略的实施，"百校工程"进入2.0建设阶段，引入以"农校通"项目为代表的跨学校跨学科协同开发集成应用的平台机制，开启互联平台上校企协同创新大规模集成应用的先声。

该项目依托河南、山东地区的多所"百校工程"院校,为农校通临沂基地协同打造绿色食品供应链的大数据系统。根据各个院校的学科特点、技术优势以及地理位置特征,农校通项目的各个子系统由这些院校协同完成。

"百校工程"面向多元的产业领域积极开拓的协同行业应用创新项目已达27项。

国际化工程教育体系:着眼毕业生能力建设

"百校工程"遵循国际工程教育着眼于毕业生能力的精神,以培养目标和毕业出口要求为导向,进行合格性评价,明确界定毕业生能力要求,聚焦解决复杂工程问题的能力,并且围绕这些预期的学习结果来反向设计教学活动,在专业课程体系设置、师资队伍配备、办学条件配置等方面,都围绕毕业生能力达成这一核心任务展开,同时强调建立持续改进机制以保证专业教育质量和专业教育活力。

为了能够让国际工程教育认证能够真正扎根中国高校,建立服务于"一带一路"倡议的国际化工程教育体系,此次会议上,钟义信院士与拉曼大学蔡贤德校长将会领衔展开国际化教育体系构建的深入研讨。

"大平台+"战略助力突破,他们做得不错!

通过"百校工程"项目的建设,许多参与院校抓住以大数据、人工智能为代表的智能产业革命的机遇,提升行业应用服务能力,建构需求导向的人才培养机制,充分发挥出产教深度融合所带来教育变革动能。

1. 广东白云学院

该学院打造新型产业学院的模式,提出"产教融合,校企合作,工学结合"的人才培养途径,采取校企合作"双主体"育人办学模式,注重实践能力和应用能力的培养,通过共建产业学院、共建专业、共建实验室、共建课程、共建教材、共建师资队伍、共同研发项目,在"百校工程"项目建设上取得长足进展。

2.枣庄学院

地处鲁南地区的枣庄学院,提出打造应用型专业集群战略,高度重视"百校工程"产教融合创新基地的建设,从校企的"八个共同"的基础上建立全过程校企协同育人新机制,即共同制定人才培养标准、共同完善人才培养方案、共同构建课程体系、共同开发教材更新教学内容、共同建设实习实训基地、共同组建教学团队、共同实施培养过程、共同评价培养质量。

这些院校的创新改变正是"百校工程"在应用型转型推动作用上一个缩影。

其他学校还有:池州学院与区域内产业发展紧密结合建立具有鲜明区域性特色的产教融合;南宁师范大学聚焦产学研深度融合模式;盐城师范学院大胆探索新建本科院校的产教融合之路;洛阳理工学院构建包括人才培养、资源开发、科研支撑、行业应用及社会服务在内的"五位一体"的大数据生态体系。

实施"大平台+"战略的"百校工程"有哪些产教融合模式的创新与协同应用的机制创新?在面向"一带一路"构建的国际化产教融合平台上,又有哪些国际化人才培养与产教融合的深化探索? 3月27日,在北京举办的数字丝路产教融合研讨会上都会一一揭晓。